Springer-Lehrbuch

Guido Speiser
Hrsg.

Wissenschaftsrecht

 Springer

Hrsg.
Guido Speiser
Berliner Büro der Max-Planck-Gesellschaft
Berlin, Deutschland

ISSN 0937-7433　　　　　　　　ISSN 2512-5214 (electronic)
Springer-Lehrbuch
ISBN 978-3-662-64721-9　　　　ISBN 978-3-662-64722-6 (eBook)
https://doi.org/10.1007/978-3-662-64722-6

Die Deutsche Nationalbibliothek verzeichnet diese Publikation in der Deutschen Nationalbibliografie; detaillierte bibliografische Daten sind im Internet über http://dnb.d-nb.de abrufbar.

Springer
© Der/die Herausgeber bzw. der/die Autor(en), exklusiv lizenziert an Springer-Verlag GmbH, DE, ein Teil von Springer Nature 2022
Das Werk einschließlich aller seiner Teile ist urheberrechtlich geschützt. Jede Verwertung, die nicht ausdrücklich vom Urheberrechtsgesetz zugelassen ist, bedarf der vorherigen Zustimmung des Verlags. Das gilt insbesondere für Vervielfältigungen, Bearbeitungen, Übersetzungen, Mikroverfilmungen und die Einspeicherung und Verarbeitung in elektronischen Systemen.
Die Wiedergabe von allgemein beschreibenden Bezeichnungen, Marken, Unternehmensnamen etc. in diesem Werk bedeutet nicht, dass diese frei durch jedermann benutzt werden dürfen. Die Berechtigung zur Benutzung unterliegt, auch ohne gesonderten Hinweis hierzu, den Regeln des Markenrechts. Die Rechte des jeweiligen Zeicheninhabers sind zu beachten.
Der Verlag, die Autoren und die Herausgeber gehen davon aus, dass die Angaben und Informationen in diesem Werk zum Zeitpunkt der Veröffentlichung vollständig und korrekt sind. Weder der Verlag, noch die Autoren oder die Herausgeber übernehmen, ausdrücklich oder implizit, Gewähr für den Inhalt des Werkes, etwaige Fehler oder Äußerungen. Der Verlag bleibt im Hinblick auf geografische Zuordnungen und Gebietsbezeichnungen in veröffentlichten Karten und Institutionsadressen neutral.

Springer ist ein Imprint der eingetragenen Gesellschaft Springer-Verlag GmbH, DE und ist ein Teil von Springer Nature.
Die Anschrift der Gesellschaft ist: Heidelberger Platz 3, 14197 Berlin, Germany

Zum Geleit

Der berufsbegleitende Weiterbildungsstudiengang Wissenschaftsmanagement an der TU Berlin mit der Management- und der Marketingvertiefung hat sich in den vergangenen Jahren als die fachführende Ausbildung des Fach- und Führungspersonals im Wissenschaftsmanagement und -marketing im deutschsprachigen Raum etabliert. Hervorragende Lehrkräfte, sowohl theoretisch versiert als auch praxiserfahren, haben für die einzelnen Module vertiefte Studientexte verfasst, welche die Grundlage der problem- und lösungsorientierten interaktiven Lehrveranstaltungen bilden. Da fast alle Studierenden verantwortlich im Wissenschaftsmanagement in einer Universität, einem Forschungsinstitut, einer Wissenschaftsverwaltung oder einem Projektträger arbeiten und ihre praktischen Erfahrungen in die Kommentierung der Studientexte über mehrere Jahre eingebracht haben, sind diese Texte praxisseitig vielfach kommentiert, gleichsam evaluiert und durch hunderte von Rückmeldungen im Studienalltag erfahrungsgesättigt.

Ein besonders wichtiges Modul ist das Wissenschaftsrecht, das sich, wie der Herausgeber Dr. Guido Speiser im Vorwort eindrücklich schildert, in den letzten Jahren besonders dynamisch entwickelt hat. Wissenschaftsrecht ist, wie diese Publikation zeigt, nicht nur eine wichtige, zu berücksichtigende Randbedingung für erfolgreiches Wissenschaftsmanagement, sondern ein gestaltendes Instrument für Wissenschaftsmanagement und -politik. Die Essenz der Studientexte für das Wissenschaftsrecht im Studiengang werden hier erstmalig publiziert, um der gewachsenen Bedeutung des Wissenschaftsrechts für das Wissenschaftsmanagement sichtbar Rechnung zu tragen. Die Publikation unterstreicht die Bedeutung des Wissenschaftsrechts, aber darüber hinaus auch die inhaltliche Leistungsfähigkeit und Bedeutung des Berliner Studiengangs, seiner Lehrenden und vielen Alumni.

Dem Herausgeber, einem Absolventen des Studiengangs und langjährigem Lehrbeauftragten, sowie den weiteren Autor*innen möchte ich im Namen des Studiengangs an der TU Berlin und meiner Co-Leiterin Prof. Annette Mayer ausdrücklich für diese Publikation danken. Sie ist ein Meilenstein für das rechtlich kompetente, gestaltende Wissenschaftsmanagement. Dem Sammelband wünsche ich eine weite Verbreitung!

Prof. Dr. Hans-Liudger Dienel
(Sprecher des Studiengangs Wissenschaftsmanagement der TU Berlin)

Vorwort des Herausgebers

Wenige andere Rechtsgebiete haben sich in den vergangenen Jahrzehnten so dynamisch entwickelt wie das Wissenschaftsrecht. Das hat vielfältige und verwobene Gründe – von Hochschulgesetznovellen in den Ländern, neuen bioethischen Fragestellungen bis hin zum viel diskutierten Befristungsrecht. Heute ist das Wissenschaftsrecht eine umfangreiche und verzweigte Rechtsmaterie. Mit der enormen Fülle an Einzelfragen ist der Zwang zur Spezialisierung gewachsen. Mehr denn je werden Expert*innen gebraucht, die sich jeweils mit spezifischen Problemen oder sogar eng gefassten Unterthemen befassen. Die zugehörigen Debatten sind meist komplex, feinkörnig und voraussetzungsreich. Im Wissenschaftsrecht ist die Situation damit nicht anders als in den meisten anderen wissenschaftlichen Gebieten. Der Spezialist für den Grauen Star wird sich regelmäßig nicht mit Kniegelenksersatz-Operationen auskennen (und sich hoffentlich nicht darin versuchen, ebenso wenig wie der Orthopäde in der ophthalmologischen Lasertherapie).

Hier wie dort führt dies aber dazu, dass der Erstzugang zu solchen Stoffgebieten schwierig ist. Der interessierte Einsteiger steht vor einem Übermaß diffizler Einzelprobleme, deren Zusammenhang sich nicht unmittelbar ergibt und selbst intensiven eigenen Erschließungsversuchen widerstehen mag. Hier kommt dieser Band ins Spiel. Die Texte wollen einen fundierten und zugleich zugänglichen Überblick über das Wissenschaftsrecht geben. Nach einer übergreifenden Einleitung werden in sechs Kapiteln wesentliche Themenkreise dargestellt, die jeweils einschlägigen Rechtsgrundlagen erörtert und die aktuellen Diskussionen aufbereitet. Die Kapitel wollen somit einen Orientierungsflug bieten, bei dem Außengrenzen und Topografie des jeweiligen Themas sichtbar werden. Die Texte richten sich ausdrücklich an Laien. Sie setzen deshalb keine Fachkenntnisse voraus und bedienen sich einer allgemein verständlichen Sprache.

Aus dem Gesagten ergibt sich zugleich, dass der Band in doppelter Hinsicht unvollständig sein muss. Zum einen haben wir bewusst Themen ausgewählt, die uns zentral für das Wissenschaftsrecht erschienen oder in der jüngeren Debatte eine Rolle gespielt haben. Andere und gleichfalls wichtige Themen – von der guten wissenschaftlichen Praxis bis zum Zuwendungsrecht – konnten in dieser durchaus wertenden Auswahl leider nicht berücksichtigt werden. Zum anderen streben die Autor*innen, denen für ihr großes Engagement herzlich gedankt sei, bewusst keinen erschöpfenden Überblick zu ihrem jeweiligen Thema an. Vielmehr beleuchten sie in kompakter Form die zentralen Zusammenhänge und verweisen im Übrigen auf weiterführende Diskussionen und Literaturstellen. Die Konzentration auf das Wesentliche – bei gleichzeitiger, kontrollierter Auslassung des etwas Weniger-Wesentlichen – hat also auch innerhalb der Kapitel System. Das ist schwierig genug. Denn, frei nach Voltaire: es ist einfacher alles aufzuschreiben als nur das Wichtige. Wir hoffen, der Versuch gelingt.

Berlin   Guido Speiser
Frühjahr 2022

Inhaltsverzeichnis

1	**Einführung**		1
	Guido Speiser		
	1.1	Überblick	1
		1.1.1 Entwicklung des Rechtsgebiets	1
		1.1.2 Systematische Struktur	5
	1.2	Bund und Länder	9
		1.2.1 Kompetenzen in der Wissenschaft	9
		1.2.2 Art. 91b des Grundgesetzes	12
	Literatur		14
2	**Hochschulorganisation**		15
	Margrit Seckelmann		
	2.1	Vorbemerkung	15
	2.2	Einleitung	16
	2.3	Die Rahmenbedingungen	16
		2.3.1 Rahmenbedingungen im Bundesstaat	17
		2.3.2 Hochschulautonomie: Grundgesetz und Landesverfassungen	18
	2.4	Die Binnenorganisation der Hochschulen	21
		2.4.1 Zentrale Organe	21
		2.4.2 Die grundsätzlichen Modelle: Rektorats- und Präsidialverfassung	22
	2.5	Das „Neue Steuerungsmodell"	26
		2.5.1 Deregulierung und „*steering at a distance*"	26
		2.5.2 Veränderung der Aufsicht und Hochschulräte	27
	Literatur		28
3	**Hochschulfinanzierung**		31
	Peer Pasternack und Justus Henke		
	3.1	Grundlegende Begrifflichkeiten	31
	3.2	Hochschulfinanzierung im engeren Sinne	35
		3.2.1 Laufende Trägermittel	35
		3.2.2 Projektfinanzierungen und Drittmittel	39
		3.2.3 Investitionsmittel	44

3.3 Hochschulsystemfinanzierung im weiteren Sinne 46
    3.3.1 Hochschulunterstützende Einrichtungen 46
    3.3.2 Individualförderungen 48
    3.3.3 Weiteres 51
3.4 Fazit 54
Literatur 58

4 Wissenschaftsfreiheit im Grundgesetz 61
Guido Speiser
4.1 Einleitung 61
4.2 Die Grundrechtsträger 63
    4.2.1 Das Ausgangsbild 63
    4.2.2 Einschränkungen 64
4.3 Der Schutzbereich 66
    4.3.1 Abwehrrechte 66
    4.3.2 Pflichten des Staates 72
4.4 Eingriffe 77
    4.4.1 Überblick 77
    4.4.2 Eingriffe in die Forschung 78
    4.4.3 Eingriffe in die Lehre 80
Literatur 82

5 Arbeitsrecht in der Wissenschaft 83
Milena Herbig
5.1 Grundlagen 83
    5.1.1 Begriff des Arbeitsrechts 83
    5.1.2 Beschäftigungsverhältnisse an Hochschulen 85
    5.1.3 Rechtsquellen 88
5.2 Begründung eines Beschäftigungsverhältnisses 92
    5.2.1 Anbahnung 92
    5.2.2 Vertragsschluss 94
    5.2.3 Berufung von Professor*innen 94
5.3 Rechte und Pflichten im Beschäftigungsverhältnis 95
    5.3.1 Hauptpflichten beider Seiten 95
    5.3.2 Zahlung von Entgelt ohne Arbeitsleistung 97
    5.3.3 Nebenpflichten im Arbeitsverhältnis 99
    5.3.4 In der Professur 101
5.4 Beendigung 102
    5.4.1 Kündigung des Arbeitsverhältnisses 102
    5.4.2 Auflösung des Arbeitsverhältnisses durch
           Aufhebungsvertrag 105
    5.4.3 Befristung oder auflösende Bedingung
           im Arbeitsverhältnis 106
5.5 Arbeitnehmervertretungen 112
    5.5.1 Gewerkschaften 112
    5.5.2 Personalrat und Betriebsrat 112
Literatur 114

6	**Rechtsfragen des Studiums** 117		
	Jana Weber und Alexander Rindfleisch		
	6.1	Der Bologna-Prozess – von Europa in die Hochschulen 117	
		6.1.1 Die europäische Studienreform im Überblick 117	
		6.1.2 Das Handeln der Hochschulen – im Spannungsfeld zwischen gesetzlichem Auftrag und Hochschulautonomie 119	
		6.1.3 Grundlagen des Verwaltungshandelns 119	
		6.1.4 Management des Bologna-Prozesses an Hochschulen 121	
		6.1.5 Anwendungsbeispiele 122	
	6.2	Zugang und Zulassung 124	
		6.2.1 Zugang zum Hochschulstudium 124	
		6.2.2 Zulassungsbeschränkungen 126	
		6.2.3 Auswahl- und Zulassungsverfahren 127	
		6.2.4 Aus der Praxis 129	
	Literatur 130		
7	**Urheber-, Marken- und Patentrecht** 133		
	Wolf Albin und Guido Speiser		
	7.1	Urheberrecht 133	
		7.1.1 Schutzbereich und Urheber 133	
		7.1.2 Rechte, Übertragung und Grenzen 135	
		7.1.3 Verwertungsgesellschaften 143	
		7.1.4 Durchsetzung von Urheberrechten 144	
	7.2	Markenrecht 145	
		7.2.1 Eintragung und Nutzung 145	
		7.2.2 Schutzumfang und Verletzungen 149	
	7.3	Patentrecht 150	
		7.3.1 Patent und Erfindung 150	
		7.3.2 Rechte und Grenzen des Patents 152	
		7.3.3 Arbeitnehmererfindungen 153	
	Literatur 155		

Einführung

Guido Speiser

1.1 Überblick

1.1.1 Entwicklung des Rechtsgebiets

Das Wissenschaftsrecht ist ein junges Rechtsgebiet, das in den vergangenen Jahrzehnten einen rasanten Aufschwung erfahren hat. Dies liegt zuallererst an der **dynamischen Entwicklung** seines Gegenstands, der **Wissenschaft**. 1960 gab es weniger als 250.000 Studierende in Deutschland, 1984 war die Zahl auf 1,3 Mio. angewachsen und lag 2020 schließlich bei 2,9 Mio. Schon früh war die Steigerung der tertiären Bildungsbeteiligung politisch gewollt. „Bildung für alle" lautete ein verbreitetes politisches Motto ab Mitte der 1960er, der s. g. „Öffnungsbeschluss" der Hochschulen 1977 sicherte den Ausbau strukturell ab (Wolter, 2017, S. 101 ff.). Folgerichtig stieg die Zahl der Universitäten in den 1960er- und 1970er-Jahren stark an, hinzu kamen die neu gegründeten Fachhochschulen. Auch jenseits der Hochschulen wuchs der Wissenschaftssektor beträchtlich. Beispielsweise verdreifachte sich die Zahl der Max-Planck-Institute zwischen 1949 und 2018. Analog zu anderen Indikatoren wuchs der in der Wissenschaft beschäftigte Personalbestand ebenfalls erheblich.

Mit der Expansion **wuchs der rechtliche Regelungsbedarf**. Ende der 1960er- wurden die ersten **Landeshochschulgesetze** erlassen (zur Geschichte des Hochschulrechts seit dem Mittelalter: Thieme, 2004, Rn. 1 ff.). Bis dahin beruhte das Hochschulrecht auf „ungeschriebenen […] Grundsätzen und ständigen Übungen" (Pallme König, 2015, S. 1; vgl. Löwer, 2017, S. 330) sowie den vom Staat erlassenen Hochschulsatzungen (Thieme, 2004, Rn. 96). Ab Mitte der 1960er-Jahre folgte die Politisierung der Universitäten, die s. g. Studentenrevolte und Hochschulreformen, die insbesondere tiefgreifende Änderungen der Hochschulorganisation mit sich

---

G. Speiser (✉)
Berliner Büro der Max-Planck-Gesellschaft, Berlin, Deutschland

© Der/die Autor(en), exklusiv lizenziert an Springer-Verlag GmbH, DE, ein Teil von Springer Nature 2022
G. Speiser (Hrsg.), *Wissenschaftsrecht*, Springer-Lehrbuch,
https://doi.org/10.1007/978-3-662-64722-6_1

brachten (s. Abschn. 1.1.2). Nach jahrelangem politischem Ringen wurde 1976 das **Hochschulrahmengesetz** (HRG) beschlossen, das grundlegende Aspekte des Hochschulwesens regelte. Als Rahmenrecht des Bundes, das die Länder auszufüllen hatten, löste das HRG die erneute Änderung zahlreicher Landeshochschulgesetze aus und prägte das Hochschulrecht für Jahrzehnte. Auch in weiteren Gesetzgebungen (etwa der Hochschulbauförderung nach Art. 91a GG (1969) und dem BAföG (1971)) zeigte sich ein zunehmendes „Eingreifen des Bundes" in den Wissenschaftsbereich (Thieme, 2004, Rn. 42 ff.). Das **BVerfG** befasste sich Anfang der 1970er-Jahren erstmals ausführlich mit dem Hochschulrecht. Das s. g. **„NC-Urteil" von 1972** betraf Zulassungsbeschränkungen zum Studium (BVerfGE 33, 303), das s. g. **„Hochschul-Urteil" von 1973** zentrale Aspekte der Wissenschaftsfreiheit und der Hochschulorganisation (BVerfGE 35, 79). Spätestens mit diesen Rechtssetzungen und den darin enthaltenen maßgeblichen Auslegungen etablierte sich das Wissenschaftsrecht als eigenes Rechtsgebiet.

Auch seit dieser ereignisreichen Anfangsphase spiegeln sich im Wissenschaftsrecht das **Wachstum** und die damit einhergehende **Differenzierung** der Wissenschaft. Das Spektrum der Akteure hat sich über die Jahrzehnte erheblich erweitert. Heute gibt es staatliche Universitäten, außeruniversitäre Forschungseinrichtungen, Fachhochschulen, private Förderstiftungen, Forschungsabteilungen in Unternehmen, Akademien und zahlreiche weitere Institutionen und Organisationen. Viele Rechtsfragen betreffen mehrere oder alle Akteurs-Typen. Zugleich haben die Einrichtungstypen – manchmal sogar einzelne Einrichtungen – ihre jeweils spezifischen Rechtsthemen. Aus diesem Grund ist Wissenschaftsrecht heute mehr als Hochschulrecht, wenngleich dieses nach wie vor eine zentrale Unterkategorie darstellt (Schmidt-Aßmann, 1989, S. 206). Überdies ist die **Kooperation von Akteuren** immer wichtiger geworden. In vielen Gebieten hat die Verbund- und Großforschung das frühere Paradigma der Forschung in „Freiheit und Einsamkeit" (ein Begriff, den v. a. der Soziologe Helmut Schelsky bekannt gemacht hat) abgelöst. Augenfällig wird diese Entwicklung in der Exzellenzstrategie oder bei der oft regional verorteten, gemeinsamen Nutzung von Forschungsinfrastruktur. Fast alle Kooperationsformate werfen regelmäßig komplexe und oft einzelfallbezogene Rechtsfragen auf.

Die wachsende Zahl von Beschäftigten im Wissenschaftssektor hat zu einer **Differenzierung der Personalkategorien** geführt. An Hochschulen zählen Studierende, wissenschaftliche Mitarbeiter*innen, Professor*innen, Tutor*innen, Dozent*innen und Beschäftigte im wissenschaftsakzessorischen Bereich dazu. Einige personalrechtliche Fragen betreffen alle oder mehrere dieser Gruppen. Viele Rechtsfragen beziehen sich aber auf die jeweiligen Spezifika einer Gruppe, etwa auf die Rechtsstellung, die organisatorischen Teilhaberechte und die Arbeitsbedingungen von wissenschaftlichen Mitarbeiter*innen an Hochschulen. Die **wissenschaftliche Lehre** entwickelt und **diversifiziert** sich ebenfalls rasch. Digital geprägte Lehr- und Lernformate wie MOOCs, Blended Learning und Micro-Degrees verändern die traditionelle Lehre erheblich. Auch dies wirft rechtliche Fragestellungen auf, etwa mit Blick auf die Studien- und Prüfungsordnungen der Hochschulen. Hinzu kommen die mit der Corona-Pandemie veränderten Lehr-, Lern- und Prüfungsbedingungen, die rechtliche Probleme nach sich ziehen.

Zu berücksichtigen sind überdies **Entwicklungen in der Wissenschaft** selbst, die eine **rechtliche Begleitung** und Bearbeitung erfordern. Dazu gehören disruptive Forschungsergebnisse, die Wissenschaftsgebiete grundlegend verändern und zugleich weitgehende rechtliche und gesellschaftliche Fragen aufwerfen. Beispielsweise revolutioniert die oft als „Genschere" bezeichnete Technologie Crispr-Cas (die ihrerseits auf jahrzehntelanger Grundlagenforschung fußt) nicht nur die biomedizinische Forschung, sondern erfordert auch neue bioethische und forschungsrechtliche Grenzziehungen. In analoger Weise ziehen zahlreiche weitere Forschungs- und Innovationsfelder – von künstlicher Intelligenz, autonomem Fahren bis hin zu erneuerbaren Energien – auch wissenschaftsrechtliche Fragen nach sich.

Das Wissenschaftsrecht ist auch deshalb bedeutsamer und arbeitsteiliger geworden, weil es fortlaufend neue und sich wandelnde **wissenschaftspolitische Ziele abbildet**. Ohne den Anspruch auf Vollständigkeit seien im Folgenden einige politisch initiierte Themenbereiche genannt (in Klammern jeweils ausgewählte Entwicklungen und Ereignisse in diesen Bereichen):

- Bologna-Reform (Einführung der gestuften Studienstruktur und der Akkreditierung von Studiengängen bzw. Einrichtungen ab 1999)
- Studiengebühren (Einführung in vielen Bundesländern ab 2006, sukzessive Wiederabschaffung in den Folgejahren und zuletzt Diskussionen über partielle Wiedereinführung)
- Digitalisierung (Open-Science-Bewegung und Digitalisierung der Hochschulbildung ab etwa 2000, KI-Strategie der Bundesregierung 2018, Beschluss der Nationalen Forschungsdateninfrastruktur 2018)
- Hochschulmedizin (Veränderung der Rechtsnatur und Finanzierung der Universitätskliniken ab Anfang der 2000er-Jahre)
- Studienplatzvergabe in Medizin (Urteil des BVerfG 2017, reformiertes Vergabeverfahren ab 2020, „Masterplan Medizinstudium 2020")
- Erfindungsrecht in der Wissenschaft (Abschaffung des Hochschullehrerprivilegs 2002)
- Beamten- und Personalrecht (Einführung der Juniorprofessur sowie Einführung der W-Besoldung Anfang der 2000er-Jahre)
- Befristung von Arbeitsverhältnissen in der Wissenschaft (Beschluss des Wissenschaftszeitvertragsgesetzes 2007 und Novellierung 2016)
- Wissenschaftliches Fehlverhalten (prominente Fälle wie die Aberkennung von Doktortiteln von Politiker*innen, Replikationskrise in einigen empirischen Wissenschaften, Neufassung wichtiger Kodizes und Leitlinien)
- Großvolumige Bund-Länder-Programme in der Wissenschaftsförderung (Exzellenzinitiative und Exzellenzstrategie ab 2006, Hochschulpakt und Zukunftsvertrag ab 2007, Pakt für Forschung und Innovation ab 2006)

Wissenschaftspolitische Themen werden zunächst in der komplexen und von vielfältigen gesellschaftlichen Interessen durchdrungenen Arena des **Policy-Makings** verarbeitet. Am Ende des Prozesses steht fast immer das Wissenschaftsrecht, in dem sich die politischen Prozesse in **rechtsverbindliche Realität** verdichten. In gewisser Weise ist das Recht der Transmissionsriemen, der politische Ziele und Maßnahmen in die Wirklichkeit überträgt. Beispielsweise ist in den vergangenen Jahren immer wieder die schwierige Situation des wissenschaftlichen Nachwuchses diskutiert worden. Kritisiert wurde die zu hohe Zahl und zu kurze Dauer befristeter Arbeitsverträge in der Wissenschaft. Um diesen Defiziten zu begegnen, wurde nach heftigem politischem Ringen 2016 das Wissenschaftszeitvertragsgesetz novelliert, also das für die befristete Beschäftigung von wissenschaftlichem Personal einschlägige Bundesgesetz. Nicht selten hat sich auch das **Bundesverfassungsgericht in die Verarbeitung von Themen eingeschaltet** – etwa indem es vom Gesetzgeber erlassene Neuerungen für nicht verfassungsgemäß erklärt und damit deren Revision erzwungen hat. Auch dieses Wechselspiel zwischen Politik und Justiz hat dazu beigetragen, das Wissenschaftsrecht zu einer „enorm dynamischen Rechtsmaterie" (Seckelmann, 2016, S. 113) zu machen.

Aus der großen Vielfalt ragen zwei wissenschaftspolitische Themen heraus. Zum einen stand die **Hochschulorganisation** schon früh im Visier hochschulpolitischer Reformbemühungen und damit des Wissenschaftsrechts. Die **Reformwelle ab den späten 1960er-Jahren**, die den Übergang von der althergebrachten Ordinarien- zur Gruppenuniversität markierte und sich erstmals in der niedersächsischen Hochschulgesetzgebung niederschlug, wurde von intensiven Auseinandersetzungen geprägt und führte zum erwähnten BVerfG-Hochschulurteil von 1973 (Löwer, 2017, S. 331; Thieme, 2004, Rn. 41 ff.; vgl. die Erläuterungen in Abschn. 2.3 und 4.3). Spätestens ab Mitte der 1990er-Jahre galt die deutsche Universität dann wieder als reformbedürftig – Peter Glotz spitzte dieses Grundgefühl in seinem 1996 erschienen Buch „Im Kern verrottet? Fünf vor zwölf an Deutschlands Universitäten" zu.

Als Ausweg aus der Krise galt der Wettbewerb. Das **Wettbewerbsmotiv** führte in den Folgejahren zu einer vollständig gewandelten Vorstellung davon, wie das Verhältnis zwischen Staat und Hochschule aussehen sollte. New Public Management, die Autonomisierung der Hochschulen, Output-Steuerung, Globalhaushalte, leistungsorientierte Mittelvergabe und Evaluationen gehören zu den wesentlichen Teilaspekten dieser bis heute andauernden, vielschichtigen Entwicklung (zu diesem Themenfeld: Seckelmann, 2018, S. 307 ff.; Fehling, 2011, S. 10 ff.; Thieme, 2004, Rn. 47 ff.). Zu nennen sind überdies neue Organisationsmodelle wie Stiftungshochschulen und Fusionen (vgl. Pallme König, 2015, S. 3) sowie eine stark veränderte und in vielerlei Hinsicht umstrittene Hochschulgovernance, v. a. die Stärkung der Hochschulleitungen und die Einführung von Hochschulräten (vgl. Pautsch & Dillenburger, 2016, S. 49 ff.; Löwer, 2017, S. 332 ff.). Umgesetzt wurden viele dieser politischen Vorstellungen, indem die Länder ihre **Hochschulgesetze** – mitunter in iterativer Weise – **weitreichenden Revisionen** unterzogen. Dabei waren die in einem Land vorgenommenen Reformschritte nicht immer konsistent oder bauten aufeinander auf. Auch diese legislativen Umwälzungen haben das Bundesverfassungsgericht auf den Plan gerufen, das sich in einer **Serie von Entscheidungen** insbesondere mit dem delikaten Verhältnis von hochschulorganisatorischen Regelungen und der Wissenschaftsfreiheit befasste (ausführliche Anmerkungen dazu in

Kap. 4). Das Hochschulorganisationsrecht dürfte ein betriebsames Teilgebiet des Wissenschaftsrechts bleiben. Ob die Veränderungsgeschwindigkeit auch künftig so hoch sein wird wie in den vergangenen zwei Jahrzehnten, bleibt allerdings abzuwarten.

Zum anderen sind die **Hochschulfinanzierung und ihre verfassungsrechtlichen Rahmenbedingungen** herauszuheben. Nach der seit 1949 unverändert geltenden Regelung des Grundgesetzes sind die Länder für die Hochschulen zuständig (s. Abschn. 1.2). Ebenso lange ist allerdings diskutiert worden, in welcher Weise sich der Bund an dieser rasant wachsenden und quantitativ bedeutsamen Aufgabe beteiligen kann und soll. Die **verfassungspolitische Debatte** über diese Frage ist seitdem nahezu **durchgängig präsent**. Sie hat dem Wissenschaftsrecht auch jenseits der fachlichen Community erhebliche Prominenz verschafft – nicht zuletzt deshalb, weil sich in ihr grundsätzliche Fragen des Föderalismus spiegeln und parspro-toto debattiert werden. Die immer wieder veränderten grundgesetzlichen Rahmenbedingungen haben die Förderaktivitäten von Bund und Ländern stark geprägt, etwa weil spezifische Förderformate zu bestimmten Zeiten möglich waren und andere nicht (vgl. Seckelmann, 2016, S. 101 ff.). Insbesondere in den vergangenen 15 Jahren ist die Debatte virulent gewesen und hat zu folgenreichen Grundgesetzänderungen geführt, die das föderale Zusammenspiel in der Wissenschaftsförderung jeweils neu kalibriert haben. Im Zentrum des Interesses stand der **Grundgesetzartikel 91b**, der in der Föderalismusreform 2006 und dann wieder 2015 verändert wurde (vgl. Abschn. 1.2.2).

Zuletzt sei darauf verwiesen, dass **Wissenschaft** für Wirtschaft, Politik und Gesellschaft in den vergangenen Jahrzehnten immer **bedeutsamer** geworden ist. Der ökonomische Erfolg wissensbasierter, rohstoffarmer Volkswirtschaften hängt zunehmend davon ab, wie leistungsfähig ihr Wissenschafts- und Innovationssystemen ist. Auch das gesellschaftliche und politische Gewicht der Wissenschaft ist gewachsen. Von ihr werden Antworten auf die drängenden Fragen der Menschheit erwartet, also den s. g. grand challenges wie Klimawandel, Mobilität oder Energiegewinnung. Politische Diskurse und Entscheidungen werden immer stärker von wissenschaftlichen Fakten und Bewertungen geprägt. Jüngstes eindrückliches Beispiel ist die Corona-Pandemie, in der Wissenschaft und wissenschaftlicher Politikberatung eine enorme Bedeutung zukam. Dabei waren sowohl Problembeschreibungen und Analysen als auch Lösungsansätze von der Wissenschaft geprägt. Die derart gestiegene Bedeutung der Wissenschaft strahlt auf ihr begleitendes Rechtsgebiet aus und verschafft auch diesem erheblich mehr Aufmerksamkeit. Denn das **Wissenschaftsrecht fundiert, katalysiert und ermöglicht** jenen gesellschaftlichen Funktionsbereichs, der für die Leistungskraft, den Fortschritt und die Resilienz des Landes zentral ist.

1.1.2 Systematische Struktur

Das Wissenschaftsrecht ist heute ein umfangreiches und differenziertes Rechtsgebiet. Auf den ersten Blick ist schwer zu erkennen, was die vielfältigen wissenschaftsrechtlichen Fragen außer ihrem Bezug zur Wissenschaft gemeinsam haben. Die **Unübersichtlichkeit** liegt auch darin begründet, dass das Wissenschaftsrecht, systematisch betrachtet, auf **allen Normebenen** angesiedelt ist (vgl. Thieme, 2004, Rn. 73 ff.). Dazu gehören das Bundesrecht (Grundgesetz, einfaches Bundesrecht wie das Hochschulstatistikgesetz oder das Wissenschaftszeitvertragsgesetz sowie Rechtsverordnungen), das Landesrecht (Landesverfassungsrecht, einfaches Landesrecht wie die Hochschulgesetze) und das Satzungsrecht der Hochschulen (etwa die Grund-, Studien und Prüfungsordnungen). Auch das Europarecht spielt eine zunehmend wichtige Rolle, etwa beim Datenschutz, beim Beihilferecht oder bei der Forschungsförderung.

Schon aufgrund dieser Verteiltheit gibt es keine einheitliche Rechtsquelle oder auch nur einen überschaubaren Katalog an Rechtsquellen, mit dem sich das Gros der wissenschaftsrechtlichen Einzelfragen jeweils beantworten ließe. Vielmehr sind **unterschiedliche Rechtsquellen** für das Wissenschaftsrecht einschlägig – allein im Arbeitsrecht, um nur ein Beispiel zu nennen, ist dies eine erhebliche Anzahl (s. Kap. 5). Für die Streitfrage, ob der Ablehnungsbescheid für einen Studienplatz rechtmäßig ist, ist beispielsweise regelmäßig Art. 12 GG von Bedeutung, in dem die freie Wahl von Beruf und Ausbildungsstätte normiert ist. Wie hoch die Besoldung eines/einer Professor*in an einer Landesuniversität auszufallen hat und aus welchen Bestandteilen sie sich zusammensetzt, wird hingegen im Landesbesoldungsgesetz und der Leistungsbezügeverordnung des betreffenden Landes geregelt.

Die fehlende einheitliche Kodifikation ist nicht ungewöhnlich für ein thematisch abgegrenztes Rechtsgebiet. Analoges gilt etwa für das das Sportrecht oder das Medizinrecht. Diesen Rechtsgebieten ähnelt das Wissenschaftsrecht auch in einer weiteren Hinsicht. Wissenschaftsrechtliche Fragestellungen werden zugleich anderen Rechtsgebieten zugeordnet, weil sie weitere, für jene Rechtsgebiete charakteristische Merkmale aufweisen. Anders formuliert: Die Kategorie des Wissenschaftsrechts **„überschneidet" andere Rechtsgebiete**, die oft systematisch und nicht thematisch abgegrenzt sind.

Zwei Beispiele mögen dies verdeutlichen. Die Frage, welche Einzeltätigkeiten von der in Art. 5 Abs. 3 GG garantierten **Wissenschaftsfreiheit** erfasst sind, gehört zum Wissenschaftsrecht. Da es sich um einen Grundgesetzartikel handelt, ist die Fragestellung zugleich dem Verfassungsrecht zuzuordnen. Die Grundrechte, zu denen die Wissenschaftsfreiheit gehört, sind zentraler Teil des Staatsrechts. Das Staatsrecht wird wiederum zum öffentlichen Recht gezählt, das die Beziehungen zwischen privaten Rechtssubjekten und dem Staat, die Beziehungen zwischen staatlichen Hoheitsträgern untereinander und die Gesamtorganisation des Staats regelt. Die genannte Frage ist also nicht nur wissenschaftsrechtlicher, sondern zugleich verfassungsrechtlicher, staatsrechtlicher und öffentlich-rechtlicher Natur. Anders herum erschöpfen sich die genannten Rechtsgebiete selbstverständlich nicht in denen ihnen zugehörigen wissenschaftsrechtlichen Problemstellungen.

Das zweite Beispiel: Wie lang und unter welche Bedingungen **wissenschaftliches Personal befristet beschäftigt** werden darf, ist ebenfalls eine wissenschaftsrechtliche Frage. Zugleich ist sie dem Individualarbeitsrecht zuzuordnen, das die Rechtsbeziehungen zwischen Arbeitgeber*innen und Arbeitnehmer*innen regelt (vgl. Kap. 5). Da dabei der Arbeitsvertrag, also ein freiwillig von Rechtssubjekten geschlossener Vertrag, im Mittelpunkt steht, fällt dieses Rechtsgebiet in das Privatrecht. Das Privatrecht regelt die Beziehungen gleichgestellter Rechtsteilnehmer*innen, etwa natürlicher Personen und Unternehmen. Auch in diesem Fall gilt zugleich: Nur ein kleiner Teil der unter das Arbeitsrecht oder unter das Privatrecht insgesamt fallenden Materien sind zugleich wissenschaftsrechtlicher Natur.

Aus zwei Gründen wird die Heterogenität des Wissenschaftsrechts tendenziell aber etwas reduziert. Zum einen fallen **viele Einzelthemen** unter das **besondere Verwaltungsrecht**, einem Teilgebiet des öffentlichen Rechts. Dazu zählen beispielsweise die Hochschulgesetze und Kapazitätsverordnungen der Länder, die Verwaltungsvereinbarungen zwischen Bund und Ländern zur Wissenschaftsförderung, die Hochschulverträge zwischen den Ländern und ihren Hochschulen, das Dienstrecht und das Satzungsrecht der Hochschulen wie Grund- Studien- und Prüfungsordnungen (vgl. Kempen, 2016, Rn. 138 ff.). Vor diesem Hintergrund ist die Vorstellung entwickelt worden, das Wissenschaftsrecht sei konzeptionell als eines der Rechtsgebiete des besonderen Verwaltungsrechts aufzufassen (Schmidt-Aßmann, 1989, S. 205 ff.; Pallme König, 2015, S. 1). Mit der Ausrichtung am Ordnungsrahmen des öffentlichen Rechts soll eine überwölbende Systematisierung konturiert oder gar erzeugt werden. Unabhängig von seinen rechtstheoretischen Vorzügen kann dieser Ansatz freilich **nur bis zu einem Grad** gelingen (vgl. dazu das genannte Beispiel aus dem Privatrecht sowie Schmidt-Aßmann selbst: Schmidt-Aßmann, 1989, S. 211)). Andere Autor*innen weisen darauf hin, dass mit der zunehmenden Wettbewerbsorientierung im Hochschulsektor das Regulierungsrecht bedeutsamer geworden ist (Fehling, 2011: passim); diese systematische Zuordnung des Wissenschaftsrechts wäre analog zu kommentieren. In keinem Fall entbehrlich werden die genaue Betrachtung einer wissenschaftsrechtlichen Problemstellung, ihre Zuordnung zu einschlägigen Rechtsgebieten und die Konsultation der entsprechenden Rechtsquellen.

Zum anderen sind einige – allerdings bei Weitem nicht alle – wissenschaftsrechtliche Regelungen inhaltlich verbunden. Ihr **gemeinsamer Orientierungspunkt** ist die in Art. 5 Abs. 3 GG garantierte **Wissenschaftsfreiheit** (vgl. Seckelmann, 2018, S. 225 ff. sowie 5). Die Verpflichtung des Staats, aktiv für eine freie Wissenschaft einzustehen, unterliegt im weiteren Sinn einer Reihe von Einzelregelungen, etwa den Vereinbarungen zur Wissenschaftsförderung. Vor allem aber begrenzt Art. 5 Abs. 3 GG den staatlichen Zugriff auf den geschützten Tätigkeitsbereich des/der Grundrechtsträger*innen. Das beeinflusst die Gestaltbarkeit und somit die tatsächliche Gestaltung zahlreicher Einzelnormen, die spezifische Aspekte des Wissenschaftsgeschehens regeln. Wie bereits erwähnt hat das BVerfG immer wieder hochschulorganisatorische Regelungen in Landeshochschulgesetzen als nicht mit Art. 5 Abs. 3 GG vereinbar beurteilt und den Gesetzgeber zu Änderungen verpflichtet (s. Abschn. 4.3.2).

Trotz dieser partiellen Verklammerungen bleibt das **Wissenschaftsrecht** äußerst vielfältig und **ohne erkennbare innere Systematik**. Das ist per se nicht problematisch, macht das Rechtsgebiet aber unübersichtlich. Die folgende **Taxonomie** soll eine beispielhafte Orientierung zu wissenschaftsrechtlichen Themenkategorien bieten (Abb. 1.1). Der gedankliche Ausgangspunkt ist eine typisierte Hochschule, deren wissenschaftsrechtlich relevante Strukturen, Prozesse und Beziehungen aufgefächert werden. Dargestellt werden **ausgewählte Themenkategorien**, innerhalb

Abb. 1.1 Ausgewählte Themenkategorien des Rechtsgebiets Wissenschaftsrecht am Beispiel einer Hochschule

derer zuletzt relevante wissenschaftsrechtliche Diskussionen oder Veränderungen stattgefunden haben. Die Übersicht erhebt mithin keinen Anspruch darauf, vollständig oder die einzige Systematisierungsmöglichkeit zu sein (vgl. Hartmer & Detmer, 2016; Pautsch & Dillenburger, 2016; Thieme, 2004). Vielmehr ist sie als **heuristisches Instrument** gedacht, mit dem das Rechtsgebiet mit Blick auf einen zentralen Einrichtungstyp strukturiert werden kann.

1.2 Bund und Länder

1.2.1 Kompetenzen in der Wissenschaft

Deutschland ist ein Bundesstaat, der aus Einzelstaaten, den Ländern, und dem Bund gebildet wird (Art. 20 GG). Die **Länder** sind somit nicht nur Verwaltungsbezirke oder Gebietskörperschaften des Bundes, sondern verfügen über eine „**Eigenstaatlichkeit**" (BVerfGE 1, 14 (34)). Die föderale Anlage des Staatswesens bezeichnet man auch als vertikale Gewaltenteilung. Um die Staatlichkeit der Länder mit Leben zu füllen, müssen ihnen substanzielle Kompetenzen in allen drei Staatsfunktionen zukommen. Dies sind die Rechtsprechung, die Gesetzgebung und die Exekutive (s. g. horizontale Gewaltenteilung). Ausüben können die Länder ihre Kompetenzen überdies nur, wenn sie über die notwendigen Ressourcen verfügen. Wie der Bund haben sie deshalb **Anspruch auf eine Mittelausstattung**, die sie zur Bewältigung ihrer Aufgaben befähigt (Art. 106 Abs. 3 GG).

In einem föderalen Staat müssen die Staatsaufgaben zunächst auf Bund und Länder aufgeteilt werden. In einem zweiten Schritt muss geklärt werden, welcher Akteur auf der jeweiligen Staatsebene die Aufgabe übernimmt. Hier von Interesse ist vor allem die erste Frage, die in verschiedenen Artikeln des Grundgesetzes beantwortet wird. Die Regelungen, die die **Verteilung der Aufgaben auf die Staatsebenen** betreffen, werden **Kompetenzrecht** genannt. Das Kompetenzrecht regelt somit eine Materie nicht inhaltlich, sondern verleiht die Kompetenz zu einer solchen Regelung. Das Kompetenzrecht kann nur durch eine Grundgesetzänderung modifiziert werden – und auch das nur, wie das BVerfG immer wieder deutlich gemacht hat (etwa BVerfGE 4, 115 (139)), in begrenztem Rahmen. Ansonsten können Bund und Länder nicht über die Aufgabenverteilung verfügen, auch nicht in gegenseitigem Einvernehmen.

Es sind verschiedene Prinzipien denkbar, wie Kompetenzen auf die Staatsebenen verteilt werden können, etwa nach Themen oder Sachmaterien. Das Grundgesetz wählt einen anderen Weg. Nach Art. 30 GG hat der **Bund nur dann eine Kompetenz**, wenn das **Grundgesetz** diese ausdrücklich **vorsieht oder zulässt**. Ansonsten gilt die alleinige Zuständigkeit der Länder. Kein Kompetenztitel der Länder, aber alle Kompetenztitel des Bundes bedürfen der Rechtfertigung (BVerfGE 88, 203 (332)). Das gilt für alle Themengebiete und Staatsfunktionen. Im Umkehrschluss heißt dies: Liegt eine Ausnahmeregelung nicht vor, hat der Bund keine Kompetenzen. Gemäß dieses **Regel-Ausnahme-Prinzips** benennt das Grundgesetz die Bundeszuständigkeiten in der Gesetzgebung (Art. 71–74 GG), der Verwaltung

(Art. 83–90 GG) und der Rechtsprechung (Art. 92–96 und 98–100 GG). Diese Regelungsmechanik hat einen entscheidenden Vorzug. Es entstehen **keine Regelungslücken** für Sachbereiche, die im Grundgesetz nicht erwähnt werden bzw. sich neu entwickeln (Korioth, 2020, § 19 II. 5). Der Ansatz ist überdies historisch begründet. Die föderalistische Tradition war seit jeher stark in Deutschland. Nach dem Krieg legte man aus ersichtlichen Gründen Wert auf eine stark dezentralisierte Staatlichkeit und einen vergleichsweise schwachen, zumindest aber eingehegten und kontrollierbaren Bund.

Wie in den meisten anderen Sachbereichen sind auch in Bildung und Wissenschaft die Länder für das Gros der Aufgaben zuständig. Welche Kompetenzen weist das Grundgesetz aber ausnahmsweise dem Bund zu? Im klassischen **Bildungsbereich** hat der **Bund Gesetzgebungskompetenzen** für Ausbildungsbeihilfen (Art. 74 Abs. 1 Nr. 13 Alt. 1 GG), berufliche Bildung (Art. 74 Abs. 1 Nr. 11 GG („Recht der Wirtschaft")), bestimmte arbeitsrechtliche Themen (Art. 74 Abs. 1 Nr. 12 GG („Arbeitsrecht")) sowie – allerdings ist das umstritten – für die frühkindliche Infrastruktur und die energetische Sanierung von Schulinfrastruktur und Hochschulen (Art. 74 Abs. 1 Nr. 7 GG („öffentliche Fürsorge")).

In der **Wissenschaft** hat der Bund eine Gesetzgebungskompetenz für **Hochschulzulassung und Hochschulabschlüsse** (Art. 74 Abs. 1 Nr. 33 GG), die er bislang allerdings nicht genutzt hat. Ein Grund dafür ist, dass die Länder von einer einmal erlassenen Bundesregelung unter bestimmten Bedingungen abweichen können (Art. 72 Abs. 3 Satz 1 Nr. 6 GG). Dies hat es für den Bund unattraktiv gemacht, seine Kompetenz auszuüben. Überdies sind die betreffenden Materien heute weitgehend und in abgestimmter Weise durch die Länder geregelt. Der Bund hat ferner eine Gesetzgebungskompetenz für die **Förderung der wissenschaftlichen Forschung** (Art. 74 Abs. 1 Nr. 13 Alt. 2 GG). Auf dieser Grundlage könnte er ein Forschungsförderungsgesetz beschließen (vgl. Meusel, 1996, S. 1240 ff.; Bode, 1972, S. 222 f.). In der bundesrepublikanischen Geschichte wurde sporadisch über ein solches Gesetz diskutiert, umgesetzt wurde es aber nie. Dies lag an mit einem solchen Vorhaben verbundenen, zusätzlichen verfassungsrechtlichen Hürden sowie daran, dass die gemeinsame Forschungsförderung ein solches Gesetz entbehrlich erscheinen ließ (s. dazu auch unten). Weitere spezialisierte Gesetzgebungskompetenzen des Bundes, die die Wissenschaft berühren, ergänzen das Bild (u. a. zu Statusrechten und -pflichten der Beamten, also auch der Hochschulbeamten (Art. 74 Abs. 1 Nr. 27 GG); gewerblicher Rechtsschutz, Urheberrecht und Verlagsrecht (Art. 73 Abs. 1 Nr. 9 GG)). Insgesamt sind die **Gesetzgebungskompetenzen des Bundes** in der Wissenschaft somit **überschaubar**, überwiegend sind die Länder zuständig. Die Länder nutzen ihre Kompetenzen beispielsweise mit ihren Hochschulgesetzen oder mit ihren Haushaltsgesetzen, mit denen die für die Wissenschaft verfügbaren Mittel jeweils verankert werden.

Im Verwaltungsbereich ist für die Wissenschaft insbesondere die s. g. **gesetzesfreie Verwaltung** einschlägig. Damit ist Verwaltungshandeln gemeint, das nicht in der Ausführung von Gesetzen besteht. Vielmehr handelt die Exekutive auf eigene Initiative und weitgehend nach Maßgabe eigener Vorstellungen. Dabei ist sie aber selbstverständlich an Recht und Gesetz gebunden – insofern lädt der Begriff „gesetzesfrei" durchaus zu Missverständnissen ein. Ein **wichtiger Teil der Wissen-**

schaftsförderung ist der gesetzesfreien Verwaltung verortet. Mit Blick auf die vertikale Gewaltenteilung schreibt das Grundgesetz – von wenigen Ausnahmen abgesehen – dem Bund in der gesetzesfreien Verwaltung keine ausdrücklichen Kompetenzen zu. Nach der Grundregel des Art. 30 GG sind deshalb die Länder zuständig. Dennoch spielt der Bund in diesem Bereich heute eine wichtige Rolle (zu den Gründen, s. u.). Zur gesetzesfreien Verwaltung zählen etwa die Projektförderung, hochschulbezogene Förderprogramme von Bund und Ländern (etwa der Zukunftsvertrag oder die Exzellenzstrategie) und die ebenfalls föderal getragene Förderung der großen außeruniversitären Forschungseinrichtungen. Mit diesen Fördermaßnahmen werden keine Gesetze ausgeführt, die inhaltliche oder organisatorische Bestimmungen enthalten. Vielmehr werden die Maßnahmen auf Verwaltungsebene konzipiert (i. d. R. durch die zuständigen Ministerialbürokratien), ggf. zwischen beteiligten Partnern verhandelt (z. B. zwischen Bund und Ländern), schriftlich vereinbart (z. B. in Form von Verwaltungsvereinbarungen), als Verwaltungsakt erlassen und umgesetzt (z. B. in Form einer Förderbekanntmachung) sowie administriert (z. B. durch das zuständige Ministerium oder einen beliehenen Projektträger). Den Parlamenten kommt bei dem Prozess die Aufgabe zu, die für die Maßnahmen notwendigen Haushaltsmittel in ihren jeweiligen Haushaltsgesetzen zu beschließen. Die **Dominanz der Exekutiven** in der Wissenschaftsförderung und die mangelnde inhaltliche Beteiligung der Legislativen haben immer wieder für **Kritik** und gerade in jüngster Zeit auch für Friktionen gesorgt.

Neben den explizit in der Verfassung verankerten Zuständigkeiten gibt es allerdings auch **ungeschriebene Bundeszuständigkeiten**. Diese lassen sich auf drei wesentliche Arten begründen („kraft Sachzusammenhang", „Annexkompetenz" und „aus der Natur der Sache", vgl. Stern, 1984, S. 783 ff.; Meusel, 1996, S. 1255 ff.). Nach Auffassung des BVerfG sind ungeschriebene Kompetenzen zwar anzuerkennen, allerdings nur als strikt begrenzte Ausnahmen vom Text des Grundgesetzes (BVerfGE 22, 180 (217); 98, 265 (299)). Ansonsten drohe die Gefahr eines schleichenden Verfassungswandels, der verfahrensmäßig zweifelhaft ist und überdies in Spannung zur Intention des Verfassungsgebers geraten kann. In der Praxis beruft sich der Bund jedoch bei einem Großteil seiner Projektförderung, dem Betrieb bundeseigener Hochschulen und der Ressortforschung auf ungeschriebene Kompetenzen.

Als Zwischenfazit lässt sich festhalten: Sowohl in der Gesetzgebung als auch in der Verwaltung hat der **Bund nur wenige exklusive Kompetenzen in der Wissenschaft**. Ein ähnliches Bild ergibt sich in den Bereichen Bildung und Kultur. Im Ergebnis sind die Länder weitgehend für Schule, Hochschule, Rundfunk, Medien und Kunst zuständig. In diesen Bereichen gestalten sie ihre Aktivitäten autonom – abhängig von ihren jeweiligen Voraussetzungen, Möglichkeiten und politischen Prioritäten. Die sich daraus ergebende **Kulturhoheit** ist das „Kernstück der Eigenstaatlichkeit der Länder", wie das BVerfG schon 1957 formulierte (BVerfGE 6, 309 (346)). Die Kulturhoheit hatte immer schon eine identitätsprägende Bedeutung für die Länder, die in den vergangenen Jahrzehnten nochmals gestiegen ist. Denn die Gebiete, in denen die Länder über eigenverantwortliche Gestaltungsmöglichkeiten verfügen, sind zunehmend geschrumpft. Tatsächliche oder vermeintliche Eingriffe in die Kulturhoheit sind deshalb meist sensible und strittige Fragen.

Zu kommentieren ist schließlich die **Finanzierung von Wissenschaftsaufgaben**. Grundsätzlich bindet das Grundgesetz die Finanzierungszuständigkeit an die Verwaltungszuständigkeit. Das heißt: Diejenige Staatsebene, die für eine Aufgabe verwaltungsmäßig zuständig ist, ist auch für deren Finanzierung zuständig. Dieser s. g. **Lastentragungsgrundsatz** ist in Art. 104a Abs. 1 GG festgeschrieben und wird oft auf Formel „die Ausgabenlast folgt der Aufgabenlast" verkürzt. Er ist Gebot und Verbot zugleich: Die Staatsebenen *müssen* ihre jeweils eigenen Aufgaben finanzieren. Zugleich *dürfen* sie keine anderen als die jeweils eigenen Aufgaben finanzieren. Der Bund darf deshalb grundsätzlich keine Länderaufgaben quersubventionieren, und damit auch keine Aufgaben in Bildung und Wissenschaft. Mit dem Lastentragungsgrundsatz sollen finanzielle und in der Folge auch sachliche **Abhängigkeiten** der Länder vom Bund **vermieden** werden, die in den ersten Jahrzehnten der Bundesrepublik immer wieder beklagt wurden (s. g. **„goldener Zügel"**). Für den quantitativ bedeutsamen Hochschulsektor (vgl. Kap. 3) bedeutet diese Regelung: Weil die Länder weitgehend für die Hochschulen zuständig sind, müssen sie diese grundsätzlich auch finanzieren. Der Bund darf hingegen vom Prinzip her nicht mitfinanzieren, weil er keine originäre Verwaltungszuständigkeit in diesem Bereich hat. Der Vollständigkeit halber erwähnt seien Ausnahmen von Art. 104a Abs. 1 GG, die in bestimmten Fällen Finanzhilfen des Bundes an die Länder erlauben (Art. 104b-c GG). Diese Bestimmungen lassen sich zwar für bestimmte Vorhaben im Bildungsbereich nutzen (v. a. Art. 104c GG), nicht jedoch in systematischer Weise für die Wissenschaft.

1.2.2 Art. 91b des Grundgesetzes

Die weitgehende Zuständigkeit der Länder für die Wissenschaft wird mit einem Grundgesetzartikel durchbrochen, allerdings nicht in dem Sinne, dass dem Bund damit alleinige Kompetenzen zugesprochen würden. **Art. 91b Abs. 1 GG** normiert vielmehr **gemeinsame Verwaltungszuständigkeiten von Bund und Ländern**. Der Artikel wurde zuletzt 2015 novelliert und lautet:

> *Bund und Länder können auf Grund von Vereinbarungen in Fällen überregionaler Bedeutung bei der Förderung von Wissenschaft, Forschung und Lehre zusammenwirken. Vereinbarungen, die im Schwerpunkt Hochschulen betreffen, bedürfen der Zustimmung aller Länder. Dies gilt nicht für Vereinbarungen über Forschungsbauten einschließlich Großgeräten.*

Art. 91b Abs. 1 GG ist eine „Kann-Vorschrift", d. h. Bund und Länder können auf dieser Grundlage tätig werden, müssen es aber nicht. Besteht der politische Wille für eine gemeinsame Förderung, wird i. d. R. eine Verwaltungsvereinbarung geschlossen. Darin werden Fördergegenstand, Fördermodalitäten und Finanzierung festgelegt (zu den dabei geltenden Verfahrungs- und Abstimmungsdetails, s. Speiser, 2017, S. 112 ff.). Mit der Vereinbarung wird eine s. g. Gemeinschaftsaufgabe geschaffen, die eine besondere Form des gesetzesfreien Verwaltungshandelns darstellt.

In der **Gesetzesnovelle von 2015** wurde der Sachbereich erweitert, der auf diese Weise von Bund und Ländern gefördert werden kann. Zuvor konnten nur befristete Vorhaben an Hochschulen gefördert werden, seitdem ist auch die institutionelle Förderung von Hochschulen möglich. Die Fördermöglichkeit außeruniversitärer Forschungseinrichtungen blieb hingegen weitgehend unverändert. Im Ergebnis ist die **Reichweite** von Art. 91b Abs. 1 GG heute **so groß wie nie zuvor**. Bund und Länder können ohne wesentliche Einschränkung wissenschaftliche Projekte und Einrichtungen in der Wissenschaft fördern.

Die Bedeutung von Art. 91b Abs. 1 GG ist kaum zu überschätzen. Zum einen ist der Artikel eine paradigmatische und weithin geschätzte Form des **kooperativen Föderalismus** – also des Zusammenwirkens von Bund und Ländern, um sich bei der jeweiligen Aufgabenerfüllung zu unterstützen und abgestimmte Entscheidungen zu treffen. Zum anderen hat Art. 91b Abs. 1 GG erheblichen **förderpraktischen Einfluss** – ohne die Norm sähe die deutsche Wissenschaftslandschaft heute anders aus. Denn faktisch eröffnet der Artikel dem Bund eine ansonsten nicht gegebene Möglichkeit, im Wissenschafts- und v. a. im Hochschulsektor mitzuwirken und mitzufinanzieren.

Auf die Norm stützen sich die zentralen Fördermaßnahmen der vergangenen Jahre. **2020 wurden rund 15,6 Mrd. Euro** von Bund und Ländern auf Grundlage von Art. 91b Abs. 1 GG vergeben (GWK, 2020; Soll-Zahlen). Von diesem Betrag bestritt der Bund rund zwei Drittel. Von der Gesamtsumme wendeten Bund und Länder für die Finanzierung der außeruniversitären Forschungsorganisationen 9,8 Mrd. Euro auf, wovon der Bund mehr als 70 Prozent trug. Für die Gesamtheit der hochschulbezogenen Maßnahmen flossen etwa 5,5 Mrd. Euro, mit einem Bundesanteil von rund 60 Prozent. Davon wurden für die erste Säule des Hochschulpakts (Programm für zusätzliche Studienanfänger) 3,4 Mrd. Euro, für die zweite Säule des Hochschulpakts (DFG-Programmpauschalen) ca. 0,5 Mrd. Euro, für das Forschungsbautenprogramm ca. 0,6 Mrd. Euro und für die Exzellenzstrategie ca. 0,5 Mrd. Euro aufgewendet (vgl. die ausführlichen Informationen zur Hochschulfinanzierung in 4).

Eindrücklich wird die Bedeutung der „91b-Förderung" überdies, wenn man nicht Jahres-, sondern Programmausgaben in den Blick nimmt. Für die **Exzellenzinitiative** (heute Exzellenzstrategie) flossen in den ersten beiden Programmphasen von 2005 bis 2017 insgesamt 4,6 Mrd. Euro. Ab 2018 stellen Bund und Länder unbefristet 533 Mio. jährlich für dieses hochschulpolitisch zentrale Vorhaben zur Verfügung. Für den **Hochschulpakt** wurden über die ersten drei Programmphasen hinweg (bis 2020) rund 38 Mrd. Euro bereitgestellt, wovon der Bund rund 20 Mrd. Euro und die Länder rund 18 Mrd. Euro trugen. Für die außeruniversitären Forschungseinrichtungen – v. a. jene Einrichtungen, die über den seit 2005 laufenden **Pakt für Forschung und Innovation** finanziert werden – gaben Bund und Länder zwischen 2006 und 2019 rund 81 Mrd. Euro aus.

Im Sommer 2019 schlossen die Regierungschef*innen von Bund und Ländern auf Grundlage von Art. 91b Abs. 1 GG Vereinbarungen für die Zeit ab 2021 ab. Gemäß der Nachfolgevereinbarung zum Hochschulpakt („**Zukunftsvertrag** – Studium und Lehre stärken") stellt der Bund von 2021 bis 2023 jährlich 1,88 Mrd. Euro und ab 2024 dauerhaft jährlich 2,05 Mrd. Euro bereit. Die Länder ko-finanzieren in derselben Höhe, sodass bis 2023 jährlich rund 3,8 Mrd. Euro und ab 2024 jährlich 4,1 Mrd. Euro für die Hochschulen zur Verfügung stehen. Überdies wurden Nachfolgevereinbarungen zum Qualitätspakt Lehre („**Innovation in der Hochschullehre**") und zu den DFG-Programmpauschalen geschlossen. Die Fortschreibung des Pakts für Forschung und Innovation ab 2021 sieht einen jährlichen Aufwuchs von drei Prozent für die Wissenschaftsorganisationen vor. Über die Programmlaufzeit von zehn Jahren stellen Bund und Länder insgesamt rund 120 Mrd. Euro zur Verfügung.

Literatur

Bode, C. (1972). Möglichkeiten und Grenzen einer Gesetzgebung des Bundes zur Förderung der wissenschaftlichen Forschung. *Wissenschaftsrecht, 5*(3), 222–238.
Fehling, M. (2011). Das Wissenschaftsrecht als Regulierungsrecht. In H. M. Heinig, C. Langenfeld, T. Mann & C. Möllers (Hrsg.), *Aktuelle Probleme des Wissenschaftsrechts* (S. 9–27). Universitätsverlag Göttingen.
Gemeinsame Wissenschaftskonferenz (GWK). (2020). Gemeinsame Förderung des Bundes und der Länder auf der Grundlage des Artikels 91b GG (Stand 14.09.2020). https://www.gwk-bonn.de/fileadmin/Redaktion/Dokumente/Papers/GemFofoe-2019-2020_final.pdf. Zugegriffen am 15.04.2021.
Hartmer, M. (2016). Das Recht des wissenschaftlichen Nachwuchses. In M. Hartmer, & H. Detmer (Hrsg.), *Hochschulrecht – ein Handbuch für die Praxis* (3. Aufl., S. 241–298). Heidelberg: Flämig.
Kempen, B. (2016). Grundfragen institutionellen Hochschulrechts. In M. Hartmer & H. Detmer (Hrsg.), *Hochschulrecht – ein Handbuch für die Praxis* (3. Aufl., S. 1–52). C.F. Müller.
Korioth, S. (2020). *Staatsrecht I – Staatsorganisationsrecht unter Berücksichtigung europäischer und internationaler Bezüge* (5. Aufl.). Kohlhammer.
Löwer, W. (2017). Art. 5 III GG im Blick – „Kunst und Wissenschaft, Forschung und Lehre sind frei". *Wissenschaftsrecht, 4*, 317–346.
Meusel, E.-J. (1996). Außeruniversitäre Forschung in der Verfassung. In C. Flämig et al. (Hrsg.), *Handbuch des Wissenschaftsrechts* (2. Aufl., S. 1235–1284). Springer.
Pallme König, U. (2015). Die Entwicklung des Wissenschaftsrechtes – Ein Blick zurück und nach vorn (Juni 2015). https://www.verein-wissenschaftsrecht.de/data/file/2015artikelentwicklung-deswissenschaftsrechts_neu_frhp.pdf. Zugegriffen am 20.09.2021.
Pautsch, A., & Dillenburger, A. (2016). *Kompendium zum Hochschul- und Wissenschaftsrecht* (2. Aufl.). de Gruyter.
Schmidt-Aßmann, E. (1989). Wissenschaftsrecht im Ordnungsrahmen des öffentlichen Rechts. *JuristenZeitung (JZ)*, 205–211.
Seckelmann, M. (2016). Rechtliche Rahmenbedingungen der Wissenschaftspolitik. In D. Simon, S. Hornbostel, A. Knie & K. Zimmermann (Hrsg.), *Handbuch Wissenschaftspolitik* (S. 99–117). Springer.
Seckelmann, M. (2018). *Evaluation und Recht – Strukturen, Prozesse und Legitimationsfragen staatlicher Wissensgewinnung durch (Wissenschafts-)Evaluationen*. Mohr Siebeck.
Speiser, G. (2017). *Der deutsche Wissenschaftsföderalismus auf dem Prüfstand – der neue Art. 91b Abs. 1 GG*. Speyer.
Stern, K. (1984). *Das Staatsrecht der Bundesrepublik Deutschland*. Beck.
Thieme, W. (2004). *Deutsches Hochschulrecht* (3. Aufl.). Heymann.
Wolter, A. (2017). The expansion and structural change of postsecondary education in Germany. In P. G. Altbach, L. Reisberg & H. de Wit (Hrsg.), *Responding to massification* (S. 100–109).

Dr. Guido Speiser ist Geistes- und Sozialwissenschaftler und im Berliner Büro der Max-Planck-Gesellschaft tätig.

Hochschulorganisation

Margrit Seckelmann

2.1 Vorbemerkung

„Hochschulorganisation" ist ein vielgestaltiger Begriff (vgl. nur Herberger, 2020). Er bezeichnet – sofern nicht anders gekennzeichnet – die hochschulinterne Organisation und die Zuordnung von Aufgaben, also einen Organisationsbegriff im engeren Sinne (**Binnenorganisation**). Er lässt sich aber auch weiter verstehen und bezeichnet dann die Einbettung einer Hochschule oder eines Fachbereichs in das Umfeld (namentlich die Beziehung zu den Hochschulministerien und zum Wissenschaftsrat bzw. beim Fachbereich diejenige zur Hochschulleitung, „**Hochschulgovernance**", Schimank, 2016, S. 39), auf das nur kurz in Abschn. 2.4 eingegangen werden soll (vgl. zu den entsprechenden „Politikarenen" Stucke, 2016, S. 490 ff.).

Organisation ist im rechtlichen Sinne letztlich eine Darstellung der **Zuständigkeitsverteilung** (Herberger, 2020, S. 171, dort Randnummer [Rn.] 318). Wenn nachfolgend also **Organstrukturen** dargestellt werden, so wird in erster Linie deren normative Umrahmung skizziert (Soll-Zustand), nicht so sehr eine rechtsrealistische Abbildung des Ist-Zustands. Der Umstand, dass das Soll und das Ist im Hochschulalltag durchaus auseinanderfallen können, wird vom Recht jedoch durchaus reflektiert und ist dann auch Gegenstand der unter Abschn. 2.3.2 und 2.4.2 dargestellten Urteile des Bundesverfassungsgerichts.

Nachfolgend ist von „Hochschulen" im Allgemeinen die Rede. Das ist insofern richtig, als dass sich **Universitäten und Fachhochschulen** immer stärker angleichen bzw. ihr Programm im Sinne der gestuften Bachelor-Masterausbildung auch konsekutiv studiert werden kann (Enders, 2016, S. 509). Auf die genauen Unterschiede kann an dieser Stelle nicht eingegangen werden (vgl. Speiser, 2021,

---

M. Seckelmann (✉)
Leibniz Universität Hannover, Universitätsprofessur für Öffentliches Recht und das Recht der digitalen Gesellschaft, Hannover, Deutschland
E-Mail: margrit.seckelmann@iri.uni-hannover.de

© Der/die Autor(en), exklusiv lizenziert an Springer-Verlag GmbH, DE, ein Teil von Springer Nature 2022
G. Speiser (Hrsg.), *Wissenschaftsrecht*, Springer-Lehrbuch,
https://doi.org/10.1007/978-3-662-64722-6_2

S. 19 ff.). Ebenso wenig kann an dieser Stelle auf die Gemeinsamkeiten und Unterschiede **öffentlicher und privater Hochschulen** eingegangen werden. Wenn also im Folgenden die Rechtslage an „Hochschulen" dargestellt wird, so ist dieses primär bezogen auf die staatlichen Universitäten. Die Ausführungen lassen sich aber *ceteris paribus* auch auf private Universitäten sowie auf staatliche und private Fachhochschulen (neuerdings oft: „Hochschule" oder *„University of Applied Sciences")* genannt) übertragen (zur Differenzierung und Entdifferenzierung der Hochschultypen vgl. Enders, S. 506 ff.).

Die nachfolgenden Ausführungen beziehen sich auf das **Recht der Bundesrepublik Deutschland** (Bundes- und Landesebene bzw. das Satzungsrecht).

2.2 Einleitung

„Hochschul- und Hochschulorganisationsrecht befinden sich derzeit in einer Phase tiefgreifenden Umbruchs" (Gärditz, 2009, S. 1). Man kann diesen Umbruch sogar relativ genau datieren: Die **4. Novellierung des Hochschulrahmengesetzes** (HRG) vom 20. August 1998[1] sorgte für eine weitgehende Flexibilisierung der Hochschulmodelle. Nachdem im Gefolge der **„Föderalismusreform I" von 2006** die Rahmengesetzgebungskompetenz aus dem Grundgesetz gestrichen worden war, stellte sich die Frage nach der Zukunft des **Hochschulrahmengesetzes** (HRG), welches auf die (nunmehr nicht mehr im Grundgesetz vorhandene) Rahmengesetzgebungskompetenz nach Art. 75 Abs. 1 Nr. 1a des deutschen Grundgesetzes (GG) a. F. (alter Fassung) gestützt worden war. Das HRG gilt aufgrund der Übergangsnorm des Art. 125a Abs. 1 S. 1 GG seither „torsohaft" als Bundesgesetz fort (Seckelmann, 2016, S. 104), kann aber durch Landesrecht ersetzt werden (Art. 125a Abs. 1 S. 2 GG).

Seit 1998 (und erst recht seit 2006) ist die Debatte um Hochschulreformen nicht zur Ruhe gekommen und wurde – zumindest in den 2000er-Jahren – mit einer Heftigkeit geführt, wie man sie nur aus der Zeit der Studentenbewegung nach 1968 kannte. Die entsprechenden Reformversuche wurden regelmäßig auf dem Klageweg angegriffen und führten zu Entscheidungen des **Bundesverfassungsgerichts**, die unter Abschn. 2.3.2 und 2.4.2 näher dargestellt werden sollen.

2.3 Die Rahmenbedingungen

Staatliche Hochschulen weisen in der Bundesrepublik Deutschland eine Doppelnatur („Janusköpfigkeit") auf (Seckelmann, 2018, S. 265). Sie sind in der Regel zugleich eine **öffentlich-rechtliche Körperschaft** und eine **„staatliche Einrichtung"**, so das **Hochschulrahmengesetz** (§ 58 Abs. 1 S. 1 HRG). Vergleichbare

---

[1] Viertes Gesetz zur Änderung des Hochschulrahmengesetzes vom 20. August 1998, Bundesgesetzblatt (BGBl.) I/1998, S. 2190.

Aussagen finden sich auch in vielen Landeshochschulgesetzen (z. B. in § 8 Abs. 1 S. 1 des Baden-Württembergischen Landeshochschulgesetzes, LHG BW).

Im Rahmen der bereits erwähnten 4. Novelle des Hochschulrahmengesetzes von 1998 wurden in § 58 Abs. 1 S. 1 HRG die Worte „in der Regel" eingefügt (zuvor war das eine feste Vorgabe) und im Anschluss daran eine neue Bestimmung aufgenommen, die besagt, dass Hochschulen auch in anderer Rechtsform errichtet werden können (§ 58 Abs. 1 S. 2 HRG). Zu denken ist etwa an **Stiftungshochschulen** wie die Johann Wolfgang-Goethe Universität Frankfurt am Main, die TU Darmstadt, die Universität zu Lübeck (und die Spezialfälle der Stiftungshochschulen in Niedersachsen sowie das Karlsruher Institut für Technologie, dazu Krausnick, 2012, S. 360 ff.; Pautsch & Dillenburger, 2016, S. 32 ff. Rn. 41 ff.).

2.3.1 Rahmenbedingungen im Bundesstaat

Man unterscheidet im Verfassungsrecht typischerweise zwischen den Bestimmungen über die **Grundrechte** (dazu sogleich), die (nicht ohne eine gewisse Symbolik) am Anfang des GG stehen und dem s. g. Staatsorganisationsrecht. Zu Letzterem gehört die **Kompetenzverteilung im Bundesstaat**. Da Hochschulen in Deutschland (insbesondere Universitäten) nach dem klassischen Humboldt'schen Universitätsmodell „Forschung" und „Lehre" (rechtlich: „Bildung") vereinen, sind die Gesetzgebungskompetenzen danach zu beurteilen, welcher dieser Bereiche konkret betroffen ist (wobei Art. 30 GG eine Zuständigkeitsvermutung zugunsten der Länder enthält). Man unterscheidet **Gesetzgebungskompetenzen** und **Verwaltungskompetenzen**. Nachfolgend sollen die **Gesetzgebungskompetenzen** angesprochen werden (vgl. Kap. 1).

Wichtig ist an dieser Stelle, dass **Bildungsrecht** (zu dem auch die Hochschullehre gehört) **nahezu ausschließlich Landesrecht** ist. Hier verfügt der Bund nur über **Gesetzgebungskompetenzen** bezüglich der Ausbildungsbeihilfen (Art. 74 Abs. 1 Nr. 13 Alt. 1 GG), der beruflichen Bildung (Art. 74 Abs. 1 Nr. 11 GG („Recht der Wirtschaft") bzw. Art. 74 Abs. 1 Nr. 12 GG („Arbeitsrecht") sowie – diese Ansicht vertritt zumindest der Bund – für die frühkindliche Infrastruktur („öffentliche Fürsorge", Art. 74 Abs. 1 Nr. 7 GG). Neuerdings wird auf die letztgenannte Bestimmung auch eine (zumindest vom Bund für sich in Anspruch genommene) Kompetenz für die energetische Sanierung von Schulinfrastruktur und Hochschulen gestützt (vgl. dazu Kap. 1). Als Ergebnis der „Föderalismusreform I" (dazu u. a. Holtschneider & Schön (Hrsg.), 2007; Meyer, 2006; Seckelmann, 2010, S. 61 ff.) wurde von Bund und Ländern bei der Grundgesetzreform (in Erwartung der baldigen Abschaffung des Hochschulrahmengesetzes, die dann doch nicht eingetreten ist) dem Bund die Gesetzgebungskompetenz für **Hochschulzulassung und Hochschulabschlüsse** zuerkannt (Art. 74 Abs. 1 Nr. 33 GG), die man in gewisser Weise als eine Art materielles (nicht formelles) Residuum der abgeschafften Rahmengesetzgebungskompetenz ansehen kann (vgl. auch Schmidt-Aßmann, 2007, S. 405 ff.; Pautsch & Dillenburger, 2016, S. 12 ff., Rn. 17 ff.).

Der Bund hat ferner die Möglichkeit, im Wege der konkurrierenden Gesetzgebung die Förderung der wissenschaftlichen **Forschung** (Art. 74 Abs. 1 Nr. 13 Alt. 2 GG) zu regeln, wovon er aber ebenfalls noch nicht durch ein „Forschungsförderungsgesetz" Gebrauch gemacht hat (vgl. dazu Seckelmann, 2018, S. 281 ff.).

2.3.2 Hochschulautonomie: Grundgesetz und Landesverfassungen

Die **rechtliche Umrahmung der organisatorischen Struktur** findet sich primär in folgenden Normen:

- Verfassungen (Grundgesetz und Landesverfassungen)
- Landeshochschulgesetze
- Untergesetzliche Regelungen wie
  - Verordnungen (z. B. Leistungsbezügeverordnungen)
  - Grundordnungen

Diese Trias lässt sich im Sinne einer Normenpyramide darstellen, bei der die ‚unterste' Norm jeweils in ihren Geltungsvoraussetzungen an allen darüberstehenden gemessen wird. Entsprechend der grundgesetzlichen Normenpyramide aus **Grundgesetz – einfachem Gesetz – Verordnungen** (hier nicht so relevant) und **Satzungen** (z. B. **Grundordnungen**) ergibt sich das Schaubild aus Abb. 2.1.

Allerdings lassen sich die verschiedenen Verschränkungen der Organkompetenzen zumeist nicht aus einer einzelnen Norm ableiten. Das Hochschulrecht als **Recht „kooperativer Verwaltungsvorgänge"** (Trute, 1994) ist gerade gekennzeichnet durch Kooperationsnormen wie **Zustimmungs- oder Beteiligungsregelungen** (zu denen das s. g. Benehmen gehört).

Das **Bundesverfassungsgericht** stellt seit seiner Entscheidung zum **Hamburgischen Hochschulgesetz (BVerfGE 127, 87)** aus dem Jahr 2010 auf das **„organisatorische Gesamtgefüge"** der Hochschule ab (dazu Näheres unter Abschn. 2.4.2).

Abb. 2.1 Normenhierarchie (eigene Darstellung)

Grundgesetz und Landesverfassungen

Das Bundesverfassungsgericht misst also seither eine Organisationsnorm am Maßstab des Grundgesetzes. Das ist nicht evident, weil **das Grundgesetz** – anders als viele Landesverfassungen (vgl. etwa Art. 20 Abs. 1 und 2 der Verfassung von Baden-Württemberg) – **keine ausdrücklichen Garantien für Hochschulen** nennt.[2] Jedoch hat das Bundesverfassungsgericht schon früh, nämlich in seinem (s. g. Ersten) **Hochschul-Urteil** (BVerfGE 35, 79) von 1973 herausgearbeitet, dass auch die Möglichkeit, die eigene Wissenschaftsfreiheit in einer Hochschule (hier vor allem: einer Universität) zu betätigen, unter die Wissenschaftsfreiheit nach Art. 5 Abs. 3 S. 1 GG fällt (dazu Kap. 4). Seither stellt das Bundesverfassungsgericht (zumeist dessen Erster Senat) in ständiger Rechtsprechung auf die Frage ab, ob es um „wissenschaftsrelevante" Belange geht.

In seiner Entscheidung zur **Medizinischen Hochschule Hannover** (BVerfGE 136, 338) von 2014 hat es das Bundesverfassungsgericht deutlich ausgesprochen: „Je mehr, je grundlegender und je substantieller wissenschaftsrelevante personelle und sachliche Entscheidungsbefugnisse dem Vertretungsorgan der akademischen Selbstverwaltung entzogen und einem Leitungsorgan zugewiesen werden, desto stärker muss die Mitwirkung des Vertretungsorgans an der Bestellung und Abberufung und an den Entscheidungen des Leitungsorgans ausgestaltet sein" (Leitsatz 2).

Das setzt auch der Möglichkeit Grenzen, das altakademische **Kollegialprinzip** abzuschaffen oder es durch ‚schlagkräftigere' Abstimmungsformen zu ersetzen (Gärditz, 2009, S. 467 ff.).

Die Landeshochschulgesetze

Ein Ergebnis der weitgehenden Länderzuständigkeit im Hochschulbereich sind sechzehn mehr oder weniger verschiedene **Landeshochschulgesetze**, auf deren Gemeinsamkeiten und Unterschiede hier nicht näher eingegangen werden kann.

Erwähnt sei an dieser Stelle nur die **Wesentlichkeitstheorie** des Bundesverfassungsgerichts, die bezogen auf **„grundrechtswesentliche" Fragen** besagt, dass im Bereich der untergesetzlichen Normsetzung wesentliche Fragen der Grundrechtsausübung und -eingriffe durch das Parlament selbst geregelt werden müssen[3] (oder etwas verkürzend ausgedrückt: alle „grundrechtswesentlichen" Fragen müssen in einem Parlamentsgesetz und nicht ‚nur' in Verordnungen geregelt sein). Die Rechtsprechung zieht für Satzungen (wie Grundordnungen) diesen Gedanken analog heran. Das heißt, dass die Aussagen darüber, welche zentralen (und dauerhaften) **Organe** eine Hochschule hat, im **Hochschulgesetz** geregelt werden müssen (vgl. etwa §§ 15 ff. LHG BW) und dass dort auch ihre **Aufgaben und ihre**

---

[2] Grundgesetz und Landesverfassungen werden gleichermaßen als Maßstäbe für die verfassungsgerichtliche Beurteilung wissenschaftsrechtlicher Sachverhalte herangezogen. Im Zweifel gilt „Bundesrecht bricht Landesrecht" (Art. 31 GG).

[3] Vgl. etwa die „Kalkar I-Entscheidung" des Bundesverfassungsgerichts von 1978 (BVerfGE 48, 89).

Kompetenzausstattung in den wesentlichen Umrissen beschrieben werden muss. Der Rest liegt in der Satzungsautonomie der Hochschule.[4]

Grundordnung - die „Verfassung der Hochschule"
Die Grundordnung bildet die „Verfassung der Hochschule". Sie hat den Normcharakter einer **Satzung**. Eine Satzung ist eine untergesetzliche Rechtsnorm, die von einer mit Satzungsautonomie ausgestatteten juristischen Person des öffentlichen Rechts für ihren Bereich erlassen wird. Nach den Landeshochschulgesetzen (z. B. nach § 8 Abs. 4 S. 1 LHG BW) geben sich die Hochschulen unter Berücksichtigung der gesetzlichen Regelungen („nach Maßgabe des Gesetzes") eine Grundordnung (Herberger, 2020, Rn. 355). Flankierend treten weitere Satzungen (z. B. Promotionsordnungen, Habilitationsordnungen) hinzu. Da sich diese Satzungen nicht lediglich auf Gegenstände beziehen, die im Selbstorganisationsbereich der Hochschulen anzusiedeln sind (so betreffen z. B. die Promotions- und Habilitationsordnungen auch wissenschaftliche Abschlüsse, die auch von anderen Hochschulen anerkannt werden), so bedürfen diese Satzungen der **Genehmigung** des zuständigen Ministeriums (vgl. etwa § 8 Abs. 4 S. 2 LHG BW).

Der grundsätzlichen normativen Rahmung nach gibt es also zwei Bereiche, die bei den Hochschulen nebeneinanderstehen: 1. der **Selbstverwaltungsbereich** (mit seinem Satzungsrecht) und 2. derjenige Bereich, in dem die Hochschule als „staatliche Einrichtung" fungiert, also z. B. Lehrer*innen ausbildet und dafür Geld vom Staat bekommt (s. g. **„übertragene" staatliche Aufgaben**).

Dieses Modell ist natürlich etwas simplizistisch. Denn in Wirklichkeit spielt ja gerade das Prüfungsrecht in einer Art **Überschneidungsbereich** zwischen „autonomer" Entscheidung der Hochschule und ihrer Mitglieder über die Lehrinhalte und der Wahrnehmung staatlicher Aufgaben (wobei bei Lehrer*innen und Jurist*innen die Qualitätssicherung der Examina insbesondere über die Landesprüfungsämter erfolgt – was aber auch wieder nicht ganz genau ist, da z. B. die Erste Juristische Prüfung derzeit in einen Staatsteil [Justizprüfungsamt] und einen anderen Teil aufgeteilt ist, den die jeweilige Universität abnimmt).

Man nennt den Bereich, in dem sich beide Aufgaben- bzw. Kompetenzbereiche verschränken, **„Kooperationsbereich"** (vgl. Kahl, 2005, S. 250; Seckelmann, 2016, S. 111; Krausnick, 2012, S. 102 f. Rn. 178 ff.; früher sagte man auch „Kondominialbereich", von *con-dominium*, Mitherrschaft bzw. Herrschaft zur gesamten Hand). Rechtlich wird diese faktische Verschränkung in einem System der *„checks and balances"* (vgl. etwa Seckelmann, 2018, S. 257) durch **Zustimmungserfordernisse** der Ministerialverwaltung gelöst, z. B. das bereits erwähnte Zustimmungserfordernis nach § 8 Abs. 4 S. 2 LHG BW. Dieses findet sich auch im Hochschulrahmengesetz (§ 68 Abs. 2 S. 1 HRG), wobei zugleich festgelegt wird, dass die Voraussetzungen für eine Versagung der Genehmigung gesetzlich zu regeln sind (§ 68 Abs. 2 S. 2 HRG). Letzteres ist Folge der erwähnten Wesentlichkeitstheorie

---

[4] Die Anwendbarkeit der Wesentlichkeitstheorie gegenüber dem autonomen Satzungsrecht eigenständiger Körperschaften ist nur eine analoge, aber nachfolgend wird dieser Aspekt nicht weiter vertieft.

des Bundesverfassungsgerichts, nach der alle „wesentlichen" Aspekte schon im LHG umrissen sein werden müssen – auch ein so zentraler Punkt wie die Versagung einer ministeriellen Genehmigung im Kooperationsbereich.

Der Inhalt der Grundordnung
Der Inhalt der Grundordnung sind 1. die **Aufgaben** der Hochschule (unter Bezugnahme auf das Landeshochschulgesetz), 2. die **organisatorische Struktur** der Hochschule, 3. die **Rechtsstellung** (Rechte und Pflichten) ihrer Mitglieder und weiteren Angehörigen (Herberger, 2020, Rn. 355). Unter 2. wird dann die **Untergliederung der Hochschule** in Fakultäten, Fachbereiche, Departments bzw. Sektionen geregelt sowie die **Kompetenzen der Organe** festgelegt (Herberger, 2020, Rn. 355). Nach der Wesentlichkeitstheorie des Bundesverfassungsgerichts müssen erneut die „wesentlichen" Aspekte schon im LHG umrissen sein werden, gleichzeitig aber stehen die Regelungen zur genauen Selbstorganisation im satzungsgemäßen Organisationsrecht des Senats – dieser Konflikt wird dadurch aufgelöst, dass die Landeshochschulgesetze Zustimmungserfordernisse des Ministeriums zu Satzungen der Hochschulen vorsehen (vgl. etwa § 8 Abs. 4 S. 2 LHG BW).

2.4 Die Binnenorganisation der Hochschulen

2.4.1 Zentrale Organe

Zentrale Organe der Hochschulen[5] sind:

- **Präsident*in/Rektor*in** (ggf. auch ein Team wie das **Rektorat**)
- der **(Akademische) Senat** und
- neuerdings auch (in allen Bundesländern außer Bremen) der **Hochschulrat**,

wobei bestimmte **Wahl- bzw. Kreationsorgane** (z. T. gibt es eine Hochschulversammlung, das Konzil, einen „Erweiterten Senat" o. ä.) hinzukommen können (z. T. aber wählt der Akademische Senat den/die Rektor*in, neuerdings ggf. im Zusammenwirken mit dem Hochschulrat, vgl. etwa § 19 Abs. 1 S. 2 Nr. 1 LHG BW).

Der/die Präsident*in/Rektor*in bzw. das **Rektorat** ist für das operative Geschäft der Hochschule zuständig und setzt die Beschlüsse der Gremien (Senat, Hochschulrat, Kommissionen) um (Herberger, 2020, Rn. 353).

Der **Senat** entscheidet über „akademische Angelegenheiten von grundsätzlicher Bedeutung" (Herberger, 2020, Rn. 353), wobei zu zentralen strategischen Fragen (wie etwa der Profilbildung bzw. der Weiterentwicklung der Hochschule) der **Hochschulrat** hinzugezogen wird. Alle Entscheidungen, die die Hochschule als Ganzes betreffen, werden von **Präsident*in/Rektor*in bzw. Rektorat** unter Unterstützung seines/ihres Stabes (bzw. der Hochschulverwaltung) vorbereitet.

---

[5] Auf das Thema der verfassten Studierendenschaft soll in diesem Abschnitt nicht näher eingegangen werden.

Erneut zeigt sich, dass es um eine **Verschränkung von Kompetenzen** geht, die immer die Gefahr der gegenseitigen Blockade, aber auch das Potenzial zu einem harmonischen Zusammenwirken bieten (dass dieses in der Praxis nicht immer genutzt wird, zeigen die unter Abschn. 2.3.2 und 2.4.2 umrissenen Hochschulurteile des Bundesverfassungsgerichts).

2.4.2 Die grundsätzlichen Modelle: Rektorats- und Präsidialverfassung

Die Rektoratsverfassung
Die **Rektoratsverfassung** hat als operatives Organ eine/n **Rektor*in**. Er/sie tritt nach Ende des Amtes zurück in die Reihe der wissenschaftlichen Kolleg*innen. Es handelt sich beim Rektorenamt um ein Wahlamt mit einer relativ kurzen Amtsperiode (traditionell vier Jahre, oftmals Wechsel mit **Prorektor*in** nach zwei Jahren). Rektor*in und Prorektor*in bilden ein „**Rektorat**", das von der Rektoratsverwaltung (als Teil der Universitätsverwaltung, oftmals organisiert in Form einer Stabsstelle) unterstützt wird.

Die Rektoratsverfassung ist Ausdruck des **altakademischen Kollegialprinzips**. Der/die **Rektor*in** wird als „*primus/prima inter pares*" („erste*r unter Gleichen") von einem **hochschulinternen Kreationsorgan** gewählt (als ein solches Kreationsorgan fungiert der Akademische Senat, in manchen Hochschulgesetzen werden auch eigene Kreationsorgane gebildet – dann wählen das Konzil, der s. g. Erweiterte Senat bzw. die Hochschulversammlung den/die Rektor*in). Zumeist sehen die Hochschulgesetze vor, dass der/die so gewählte Rektor*in dann durch das für das Hochschulwesen zuständige Ministerium ernannt wird (bzw. in den Stadtstaaten die entsprechenden Senatsverwaltungen). Der **Akademische Senat** wird seinerseits durch die Hochschulmitglieder gewählt. Er hat das s. g. Satzungsrecht für die Universität, d. h. er beschließt alle Satzungen der Universität (s. g. Grundordnungsgewalt, vgl. Krausnick, 2012, S. 107, Rn. 194; zum Genehmigungserfordernis s. o.).

Der/die Rektor*in verfügt insoweit über eine „**doppelte" demokratische Legitimation** als Hochschulorgan: Einmal im Sinne s. g. „**funktionaler Selbstverwaltung**" (dazu Seckelmann, 2018, S. 265; zum Grundmodell vgl. Kluth, 1997, S. 373 ff.; anderer Ansicht aber wohl Krausnick, 2012, S. 100, Rn. 171) durch Wahl und zum anderen im Sinne der klassischen Legitimationsstränge des grundgesetzlichen **Demokratieprinzips** (Art. 20 Abs. 2 in Verbindung mit Abs. 1 GG) durch Ernennung durch ein selbst durch „**Legitimationsketten**" (Volk → Wahl des Parlaments → Wahl/Ernennung der Regierungsspitze → Ernennung der Beamten) demokratisch legitimiertes Organ (vgl. auch Gärditz, 2009).

Die Zusammensetzung des (Akademischen) Senats
Der **Senat**, der bei Universitäten in manchen Hochschulgesetzen auch als „**Akademischer Senat**" bezeichnet wird, ist das **höchste akademische Gremium** einer Hochschule. Er entscheidet – wie es etwa § 19 Abs. 1 S. 1 LHG BW formuliert – „in Angelegenheiten von Forschung, Kunstausübung, künstlerischen Entwicklungsvor-

haben, Lehre, Studium, dualer Ausbildung und Weiterbildung, soweit diese nicht durch Gesetz einem anderen zentralen Organ, den Fakultäten oder Studienakademien zugewiesen sind". Er ist das **zentrale Repräsentationsorgan** der Hochschule in ihrer Eigenschaft als öffentlich-rechtlicher Körperschaft (die eine Hochschule in der Regel zusätzlich zu einer „staatlichen Einrichtung" ist). Eine Körperschaft wird gebildet durch ihre **Mitglieder**. Sie ist auf Dauer angelegt und verfolgt einen überindividuellen Zweck, ist also nicht durch die Zugehörigkeit eines bestimmten Mitglieds bedingt. Gleichwohl ist sie gänzlich ohne Mitglieder nicht denkbar.

Wie eine Gebietskörperschaft (z. B. ein Bundesland) von ihrem Volk abhängig ist, so ist es eine Personalkörperschaft (oder Korporation) von ihren Mitgliedern. Die Mitgliedschaft in einer Hochschule wird heute durch die **Hochschulgesetze** festgelegt. Diese enthalten einen Abschnitt „Mitgliedschaft", in dem zumeist zwischen dem **hauptberuflich tätigen wissenschaftlichen und nichtwissenschaftlichen Personal** sowie den **Studierenden** unterschieden wird. In der Gruppe des hauptberuflich tätigen wissenschaftlichen Personals wird zumeist zwischen den **hauptamtlich tätigen (ordentlichen) Professor*innen**, den **akademischen Mitarbeiter*innen** und dem „sonstigen" akademischen Personal (vgl. etwa § 44 Abs. 2 LHG BW) wie etwa **Privatdozent*innen**, **außerplanmäßigen Professor*innen**, **Lehrbeauftragten** und **Hilfskräften** unterschieden. Die **Juniorprofessor*innen** nehmen zumeist eine Zwischenstellung ein und werden (die Landeshochschulgesetze sind an diesem Punkt oftmals merkwürdig offen formuliert) in manchen universitären Grundordnungen den hauptamtlich tätigen Professor*innen und manchmal (unberechtigterweise) dem „sonstigen Personal" zugerechnet.

Der **Senat repräsentiert alle Mitgliedergruppen nach einem bestimmten Schlüssel**. Das heißt, alle Mitgliedergruppen haben mindestens einen Sitz im Senat und wählen ihre Vertreter*innen hierfür. In den späten 1960er- bzw. frühen 1970er-Jahren wurde daher z. B. von der Bundesassistentenkonferenz gefordert, in den Hochschulgesetzen eine Drittelparität vorzusehen (Verteilung der Stimmrechte in den Organen also: 1/3 Professor*innen, 1/3 Wissenschaftliche Mitarbeitende, 1/3 Studierende, was – nebenbei gesagt – auch zu Lasten der nichtwissenschaftlich Mitarbeitenden gegangen wäre, dazu Meinel, 2017, S. 3 ff.).

Dieser Forderung wurde durch das s. g. (Erste) **„Hochschul-Urteil" des Bundesverfassungsgerichts (BVerfGE 35, 79)** der Boden entzogen. Dieses Urteil aus dem Jahr 1973 bezog sich auf das s. g. Vorschaltgesetz für ein Niedersächsisches Gesamthochschulgesetz vom 26. Oktober 1971,[6] das nicht ganz so radikal war, wie von der Bundesassistentenkonferenz gefordert. Gleichwohl traf das Bundesverfassungsgericht anlässlich entsprechender Klagen betroffener Hochschulmitglieder in seinem Urteil (auch „Urteil zur Gruppenuniversität" genannt) folgende Aussage: „Auf dem Gebiet der organisatorischen Gestaltung des Hochschulwesens verbleibt somit **dem Gesetzgeber ein breiter Raum** zur Verwirklichung seiner hochschulpolitischen Auffassungen. Diese Gestaltungsfreiheit wird jedoch bestimmt und begrenzt durch das Freiheitsrecht des Art. 5 Abs. 3 GG und durch die in dieser Norm

---

[6] Gesetz- und Verordnungsblatt (GVBl.) für Niedersachsen 1971, S. 317.

enthaltene Wertentscheidung. Unter diesem verfassungsrechtlichen Gesichtspunkt sind Organisationsnormen von Hochschulgesetzen danach zu beurteilen, ob und in welchem Grade sie das Grundrecht der einzelnen Wissenschaftler auf Freiheit der Forschung und Lehre oder die Funktionsfähigkeit der Institution ‚freie Wissenschaft' als solche begünstigen oder behindern" (BVerfGE, 79 [120]; Fettsatz durch mich, M. S.). Es müssten dabei „die Interessen der verschiedenen Hochschulangehörigen, der Wissenschaftler, ihrer Mitarbeiter und der Studenten sowie der übrigen Bediensteten miteinander abgestimmt und koordiniert werden"; sie alle müssten „sich – bedingt durch das Zusammenwirken mit den anderen Grundrechtsträger und mit Rücksicht auf den Ausbildungszweck der Universität – Einschränkungen gefallen lassen" (BVerfGE, 79 [128]). Dabei habe der Gesetzgeber die widerstreitenden Interessen in einen Ausgleich zu bringen. Er sei aber in seiner gesetzgeberischen Gestaltungsfreiheit in denjenigen Bereichen nicht völlig frei, die als **„wissenschaftsrelevant"** anzusehen seien, da sie Fragen von Forschung und Lehre unmittelbar berührten (BVerfGE, 79 [123]; Fettsatz durch mich, M. S.).

Die Wissenschaftsfreiheit nach Art. 5 Abs. 3 S. 1 GG der hauptamtlichen (ordentlichen) Professor*innen führe (um es kurz zu machen) letztlich dazu, dass bei Entscheidungen, die die **Lehre** betreffen, immer ein **maßgebender Einfluss** (mindestens 50 % der gewichteten Stimmen) – und bei Fragen, die die **Forschung** betreffen, ein **ausschlaggebender Einfluss** (51 % dito) gewährleistet sein müsse (BVerfGE 35, 79 [132]). Damit wurde letztlich klargestellt, dass die ordentlichen Professor*innen (zumeist Lehrstuhlinhaber*innen) eine **privilegierte Stellung** innerhalb der Mitglieder einnehmen. Inwieweit man dieses begrüßt, ist von der persönlichen Einstellung abhängig (kritisch etwa Trute, 1994; äußerst kritisch Blankenagel, 1980).

In einer späteren Entscheidung, die sich erstmals mit den Instrumenten des „Neuen Steuerungsmodells" beschäftigte, hat das Bundesverfassungsgericht versucht, den Einfluss der Lehrstuhlinhaber*innen wieder etwas einzugrenzen. In seiner **Entscheidung zum Brandenburgischen Hochschulgesetz (BVerfGE 111, 333)** aus dem Jahr 2004 hat es darauf abgehoben, ob von einer bestimmten Organisationsnorm (hier dem LHG) eine „strukturelle Gefährdung" der Wissenschaftsfreiheit des klagenden Hochschulmitglieds ausgehe.

Nachdem diese Entscheidung ein breites negatives Echo hervorgerufen hatte (prononciert: Gärditz, 2005, S. 407 ff.; zusammenfassend Gärditz, 2009; von Coelln, 2014, S. 36, Rn. 77) nahm das Bundesverfassungsgericht in seiner bereits erwähnten **Entscheidung zum hamburgischen Hochschulgesetz (BVerfGE 127, 87)** folgende Modifizierung vor: Es stellte auf das **„organisatorische Gesamtgefüge"** der Hochschule ab. Das heißt, dass es die normative Prüfung der Stellung (bzw. der Zuständigkeiten und Rechte/Pflichten) der Organe und der Mitglieder der Hochschule in einer **Gesamtschau** von Landeshochschulgesetz, Grundordnung und ggf. weiteren Regelungen vornahm. Das klagende Hochschulmitglied muss also nicht mehr darlegen, welche konkrete Norm genau es in seiner Wissenschaftsfreiheit verletzt (dieser Nachweis ist zumeist schwer zu führen, da sich das kaum aus einer einzelnen Norm ergibt), sondern welche (konkreten) Normen es in ihrem Zusammenwirken sind.

2 Hochschulorganisation

Die Präsidialverfassung

Unter zumindest zwischenzeitlicher **Orientierung an Unternehmen** (besonders weitgehend war in diesem Zusammenhang Baden-Württemberg, nach dessen Hochschulgesetz der sogleich darzustellende Hochschulrat als „Aufsichtsrat" bezeichnet wurde), sollten die Hochschulen nach 1998 dadurch ‚handlungsfähiger' gemacht werden, dass die **operative Ebene gestärkt** würde. Viele Autor*innen hatten zuvor die zahlreichen verschränkten Kompetenzen und Zustimmungsregeln (wir erinnern uns: diese sind eine Folge des Handelns im Kooperationsbereich) als „Reformhindernisse" kritisiert (eine Darstellung dessen findet sich bei Seckelmann, 2010, S. 61 f.).

Daher enthielten etwa das Hochschulreformgesetz des Landes NRW von 2005 und stärker noch das reformsymbolisch aufgeladene „Hochschulfreiheitsgesetz" desselben Landes von 2006 zahlreiche Änderungen des Landeshochschulgesetzes NRW, zu denen die Ergänzung der Rektoratsverfassung um eine **„Präsidialverfassung"** gehörte. Hiermit sollte „der unternehmerische Geist" Eingang „in die Hochschule[n] finden" (Fraenkel-Haeberle, 2014, S. 49). Die Rolle des/der Präsident*in wurde gegenüber derjenigen des/der Rektor*in gestärkt: Er/Sie ist in der **„Präsidialverfassung" Dienstvorgesetzte/r des gesamten Hochschulpersonals**, was allerdings weniger den Senat als den/die **Kanzler*in** als Hochschulorgan schwächte (Fraenkel-Haeberle, 2014, S. 49).

Wie so oft sind Organisationsformen (auch die Präsidialverfassung) je nach Landeshochschulgesetz unterschiedlich ausgestaltet. Es lässt sich aber generalisierend sagen, dass ihr zufolge der/die **Präsident*in** eine **herausgehobene Stellung** hat (Pautsch & Dillenburger, 2016, S. 50, Rn. 68). Er/sie muss auch nicht unbedingt aus dem Elektorat (also der Universität) selbst) stammen (anders als bei der Rektoratsverfassung). Dieses führt dazu, dass die Wahl andere Züge annimmt als die ‚klassische' akademische Wahl zum Senat und zum Rektorat. Oftmals wurden zur Wahl von Präsident*innen neue Kreationsorgane geschaffen (oder bestehende Regelungen verändert). Der Umstand, dass Präsident*innen nicht aus der Hochschule selbst stammen müssen, führt teilweise dazu, dass sie nach Ablauf ihrer Amtsperiode(n) ein Führungsamt an einer anderen Hochschule oder in einem Wissenschaftsministerium antreten. Auch sie werden ernannt (typischerweise vom Wissenschaftsministerium, es gab aber in NRW zur Zeit des „Hochschulfreiheitsgesetzes" auch die Regelung, dass die Hochschulräte dieses taten).

Die Schaffung **hauptamtlicher** Präsidentenstellen (die oftmals auf längere Zeit gewählt werden als die Rektoren) wurde – positiv gewendet – auch als eine „Professionalisierung" der Amtsinhaber*in und ihrer Verwaltungsstäbe bezeichnet (vgl. Blümel, 2016; Krücken et al., 2013, S. 417 ff.).

Sicher war jedoch: Nicht nur der (Akademische) Senat wurde durch die Organisationsreformen geschwächt, sondern letztlich auch die **Universitätskanzler*in**, die sich zwar nach neueren Hochschulgesetzen mit dem neuen Titel eines/einer „Vizepräsident*in" (für den Haushalt) schmücken konnten, dafür aber ihre Lebenszeitanstellung verloren (Pautsch & Dillenburger, 2016, S. 51 f., Rn. 70). Darauf reagierte das Bundesverfassungsgericht in seiner **Entscheidung zu den Hochschulkanzlern in Brandenburg (BVerfGE 149, 1)** von 2018 (die Entscheidung lässt sich auch auf andere Hochschulgesetze übertragen). Das Bundesverfassungsgericht forderte als Kompensation für den Verlust einer Anstellung eines/einer Beamt*in auf Lebenszeit (s. g. Lebenszeitprinzip, das das Bundesverfassungsgericht zu den „hergebrachten Grundsätzen des Berufsbeamtentums nach Art. 33 Abs. 5 GG zählt) einen rechtfertigenden Grund. Denn da die Stellung der Kanzler*innen rechtlich dadurch beschränkt werde, dass sie nicht mehr auf Lebenszeit bei einer Universität angestellt seien, sondern nur auf Zeit, würden sie abhängiger vom Wohlwollen des/der Präsident*in. Das Vorliegen eines solchen Grundes, der etwa in den erweiterten Kompetenzen eines/einer **genuinen „Vizepräsident*in"** begründet sei, lasse sich nur im Wege „einer konkreten, alle erheblichen Gesichtspunkte berücksichtigenden Bewertung der jeweiligen Regelungsstruktur im Einzelfall" beurteilen (Leitsatz 2c). Erneut wurde also (wie auch immer man dieses beurteilen mag) dem Reformwillen des (einzig unmittelbar demokratisch) legitimierten Gesetzgebers durch das Bundesverfassungsgericht Grenzen gesetzt.[7]

2.5 Das „Neue Steuerungsmodell"

Die Einführung der Präsidialverfassung ist im Zusammenhang mit dem „Neuen Steuerungsmodell" im Hochschulbereich zu sehen (dazu statt vieler Bogumil & andere, 2013; Kracht, 2006, S. 117 ff. und passim; Krausnick, 2012, S. 70 ff.; Löwer 2012, S. 7 ff.; von Coelln 2014, S. 44, Rn. 91; Sterzel & Perels, 2003). Dieses war eine „deutsche" Variante der **internationalen Reformbewegung** des *New Public Management* (Sieweke, 2010).

Die Veränderungen waren keinesfalls auf das deutsche Hochschulsystem begrenzt: Auch beispielsweise in Italien, Österreich und der Schweiz (und zuvor in den Niederlanden) hatten entsprechende Reformen stattgefunden (zu den Gemeinsamkeiten und Unterschieden Fraenkel-Haeberle, 2014).

Theoretisch wurde den Reformen die Realfiktion eines „neuen Gesellschaftsvertrags" zugrunde gelegt, die zum einen stärker auf einen Nutzen von Forschung für die Gesellschaft setzte (Maasen & Dickel, 2016), sich zum anderen aber an Leitbildern wie demjenigen der „unternehmerischen Hochschule" orientierte. Letzteres wurde zwischenzeitlich insbesondere in Baden-Württemberg propagiert (dazu Gärditz, 2009; Krausnick, 2012), stärker aber noch in Österreich (vgl. Fraenkel-Haeberle, 2014, S. 133 ff.).

2.5.1 Deregulierung und *„steering at a distance"*

Der Steigerung der operativen Handlungsfähigkeit der Universitäten sollte nicht nur die Stärkung der Universitätsspitze (für Fachbereiche gilt *ceteris paribus* dasselbe bezogen auf das Dekanat) gelten (von Coelln, 2017, S. 378 ff, Rn. 69 ff.). Vielmehr sollten (unbestritten sinnvoll) die Universitäten auch mit mehr Kompetenzen

---

[7] Das ist letztlich ein Problem der Gewaltenteilung, das hier aber nicht weiter vertieft werden kann.

bezogen auf Haushalt und Personal ausgestattet werden, z. B. durch Globalhaushalte (dazu Behrens, 1996; Kracht, 2006, S. 123 ff.). Die **Aufsicht** durch die Wissenschaftsministerien wandelte sich (dazu Abschn. 2.3.2; vgl. auch Kahl, 2004; Kempen, 2017, S. 49 f., Rn. 138 ff.; Kingreen, 2017, S. 711 sowie Seckelmann, 2018, S. 347 ff.). Zur neuen *„steering at a distance"* gehörten nicht nur die sogleich vorzustellenden Hochschulräte, sondern auch formelgebundene Verfahren zur Ermittlung des Finanzbedarfs und der „Leistungen" von Hochschulen (**leistungsbezogene bzw. outputorientierte Mittelvergabe**; dazu Seckelmann: 369 ff.; Sieweke, 2010).

Letztlich ist – Stichwort Bologna – auch die **Akkreditierung und Zertifizierung von Studiengängen bzw. Qualitätssystemen** eine Form von *„steering at a distance"* (dazu eingehend Seckelmann, 2018, S. 484 ff.).

2.5.2 Veränderung der Aufsicht und Hochschulräte

Etwas intensiver eingegangen sei auf das relativ neue Organ der **Hochschulräte** (dazu Kahl, 2005; Hüther, 2009, S. 50 ff., Hüther, 2010, S. 337 ff.; Pallme König, 2007, S. 174 ff.; Pautsch & Dillenburger, 2016, S. 57 ff., Rn. 78). Diese wurden eingeführt, um die weitgehende Rücknahme der ministeriellen Fachaufsicht über die Wahrnehmung der übertragenen staatlichen Aufgaben zu kompensieren (Seckelmann, 2018, S. 357 ff.). Bislang war es so, dass der Bereich der akademischen Angelegenheiten, in denen die Universität als autonome Körperschaft im Sinne funktionaler Selbstverwaltung agiert, der **Rechtsaufsicht** unterlag (innerhalb derer nur rechtliche Fragen überprüft wurden) und dass die Wahrnehmung derjenigen Aufgaben, die die Universität für den Staat vornimmt (übertragene Aufgaben), von der ministeriellen Aufsicht auf ihre rechtliche und fachliche Korrektheit überprüft werden konnte (**Rechts- und Fachaufsicht**). Bei der Fachaufsicht können auch **Zweckmäßigkeitsüberlegungen** angestellt werden (Kahl, 2004; differenzierend Kingreen, 2017, S. 716 f., Rn. 14). Das war auch nach dem Demokratieprinzip (Stichwort: „Legitimationsketten") notwendig so, da (außer im Bereich funktionaler Selbstverwaltung) alles Handeln der Verwaltung durch eine nächsthöhere Stelle dahingehend überwacht werden sollte (und soll), ob sie mit dem Willen des Volks bzw. des von ihm gewählten Parlaments (etwa des von ihm beschlossenen Landeshaushalts) übereinstimmt.

Um nun im Zeichen der Deregulierung und des Neuen Steuerungsmodells Aufgaben (etwa im Haushalts- und/oder Personalbereich) an die Hochschulen zu übertragen, wurden (nach US-amerikanischen Vorbild) neuartige *„boards of trustees"* geschaffen (wie sie in den **USA** die Aufsicht über US-amerikanische Universitäten vornehmen). Diese *„boards of trustees"* nannte man in Deutschland „Hochschul-" bzw. „Universitätsräte" (dazu im Einzelnen Hüther, 2010, S. 337 ff.; Pautsch & Dillenburger, 2016, S. 57 ff., Rn. 78; Wendel, 2016).

Diese für Deutschland neuartigen Organe „der Hochschule" nahmen (und nehmen) eine demokratisch nicht unproblematische Zwitterstellung zwischen „Außen" und „Innen" ein (dazu Näheres bei Seckelmann, 2018, S. 357 ff.). Ihre **demo-**

kratische Legitimation lässt sich aber nur dann konkret überprüfen, wenn man ihre genauen Kompetenzen kennt. So hatten bis vor einiger Zeit (vor allem zu Zeiten des „Hochschulfreiheitsgesetzes") die Hochschulräte in Nordrhein-Westfalen sehr weitgehende Kompetenzen, die aber inzwischen wieder zurückgenommen wurden. Denn es hatte sich insbesondere als Problem herausgestellt, dass man den Hochschulratsvorsitzenden nicht abwählen kann. Da man für solche Positionen aber in der Regel herausgehobene Persönlichkeiten der Wirtschaft suchte, war es nicht ausgeschlossen, dass diese *in concreto* den Umfang ihres Amtes überschätzt hatten und ihm nicht in der gebotenen Intensität nachkamen – was wiederum zur Folge hatte, dass Entscheidungen verschleppt wurden. Das Gegenteil des Erhofften war eingetreten: Die betroffene Hochschule wurde in diesen Fällen keinesfalls handlungsfähiger nach außen als zuvor. Die Novellierung des nordrhein-westfälischen Hochschulgesetzes durch das „Hochschulzukunftsgesetz" (als s. g. Mantelgesetz, das – wie auch das „Hochschulfreiheitsgesetz" – die Novelle des HG NRW als einen seiner Artikel enthielt) nahm viele der Probleme, aber auch der Freiheiten der Vorgängerregelung zurück. Ob es dabei über das Ziel hinausgeschossen ist (auch die Kompetenzen anderer Hochschulorgane wurden beschränkt), liegt im Auge des/der Betrachter*in.

Literatur

Behrens, T. (1996). *Globalisierung der Hochschulhaushalte. Grundlagen, Ziele, Erscheinungsformen und Rahmenbedingungen*. UniversitätsVerlag Webler.
Blankenagel, A. (1980). Wissenschaftsfreiheit aus Sicht der Wissenschaftssoziologie. *Archiv des öffentlichen Rechts, 105*, 35–78.
Blümel, A. (2016). Hochschulleitung und Hochschulmanagement. In D. Simon, A. Knie, S. Hornbostel & K. Zimmermann (Hrsg.), *Handbuch Wissenschaftspolitik* (2. Aufl., S. 517–532). Springer VS.
Bogumil, J., & andere. (2013). *Modernisierung der Universitäten. Umsetzungsstand und Wirkungen neuer Steuerungsinstrumente*. Edition Sigma.
von Coelln, C. (2014). Kommentierung von Art. 5 GG (3. Teil). In Karl Heinrich Friauf (Begründer) & W. Höfling, S. Augsberg & S. Rixen (Hrsg.), *Berliner Kommentar zum Grundgesetz*. Erich Schmidt. 44. Ergänzungslieferung XI/14 (Gesamtstand des Werks: Lieferung1/2021).
von Coelln, C. (2017). Das Binnenrecht der Hochschule (7. Kapitel). In M. Hartmer & H. Detmer (Hrsg.), *Hochschulrecht. Ein Handbuch für die Praxis* (3. Aufl., S. 349–413). C. F. Müller.
Enders, J. (2016). Differenzierung im deutschen Hochschulsystem. In D. Simon, A. Knie, S. Hornbostel & K. Zimmermann (Hrsg.), *Handbuch Wissenschaftspolitik* (2. Aufl., S. 503–516). Springer VS.
Fraenkel-Haeberle, C. (2014). *Die Universität im Mehrebenensystem. Modernisierungsansätze in Deutschland, Italien und Österreich*. Mohr Siebeck.
Gärditz, K. F. (2005). Hochschulmanagement und Wissenschaftsadäquanz. *Neue Zeitschrift für Verwaltungsrecht*, S. 407–410.
Gärditz, K. F. (2009). *Hochschulorganisation und verwaltungsrechtliche Systembildung*. Mohr Siebeck.
Herberger, K. (2020). Rechtsstellung und Organisation der Hochschulen. In V. M. Haug (Hrsg.), *Das Hochschulrecht in Baden-Württemberg. Systematische Darstellung (Kapitel B)* (S. 42–287). C. F. Müller.

Holtschneider, R., & Schön, W. (Hrsg.). (2007). *Die Reform des Bundesstaates. Beiträge zur Arbeit der Kommission zur Modernisierung der bundesstaatlichen Ordnung und bis zum Abschluss des Gesetzgebungsverfahrens 2006*. Nomos.
Hüther, O. (2009). Hochschulräte als Steuerungsakteure. *Beiträge zur Hochschulforschung, 31*, 50–73.
Hüther, O. (2010). *Von der Kollegialität zur Hierarchie? Der New Managerialism in den Landeshochschulgesetzen*. VS Verlag.
Kahl, W. (2004). *Hochschule und Staat. Entwicklungsgeschichtliche Betrachtungen eines schwierigen Rechtsverhältnisses unter besonderer Berücksichtigung von Aufsichtsfragen*. Mohr Siebeck.
Kahl, W. (2005). Hochschulräte – Demokratieprinzip – Selbstverwaltung. Unter besonderer Berücksichtigung des Aufsichtsratsmodells in Baden-Württemberg. *Archiv des öffentlichen Rechts, 130*, 225–262.
Kempen, B. (2017). Grundfragen des institutionellen Hochschulrechts (1. Kapitel). In M. Hartmer & H. Detmer (Hrsg.), *Hochschulrecht. Ein Handbuch für die Praxis* (3. Aufl., S. 1–52). C. F. Müller.
Kingreen, T. (2017). Hochschulaufsicht (9. Kapitel). In M.-E. Geis (Hrsg.), *Hochschulrecht im Freistaat Bayern. Ein Handbuch für die Praxis* (2. Aufl.). C. F. Müller.
Kluth, W. (1997). *Funktionale Selbstverwaltung. Verfassungsrechtlicher Schutz – verfassungsrechtlicher Status*. Mohr Siebeck.
Kracht, S. (2006). *Das neue Steuerungsmodell im Hochschulbereich. Zielvereinbarungen im Spannungsverhältnis zwischen Konsens und hierarchischem Verwaltungsaufbau*. Nomos.
Krausnick, D. (2012). *Staat und Hochschule im Gewährleistungsstaat*. Mohr Siebeck.
Krücken, G., Blümel, A., & Kloke, K. (2013). The managerial turn in higher education? On the interplay of organizational and occupational change in German Academia. *Minerva, 51*(4), 417–452.
Löwer, W. (2012). Ein Jahrzehnt Hochschulreform in Deutschland. *Zeitschrift für Hochschulrecht, 11*, 7–23.
Maasen, S., & Dickel, S. (2016). Partizipation, Responsivität, Nachhaltigkeit. Zur Realfiktion eines neuen Gesellschaftsvertrags. In D. Simon, A. Knie, S. Hornbostel & K. Zimmermann (Hrsg.), *Handbuch Wissenschaftspolitik* (2. Aufl., S. 225–242). Springer VS.
Meinel, F. (2017). Das erste Hochschulurteil des Bundesverfassungsgerichts vom Mai 1973. *Wissenschaftsrecht*, S. 3–28.
Meyer, H. (2006). *Die Föderalismusreform 2006*. Duncker und Humblot.
Pallme König, U. (2007). Implementierung der Hochschulräte an den Hochschulen in NRW. *Nordrhein-Westfälische Verwaltungsblätter*, 174–180.
Pautsch, A., & Dillenburger, A. (2016). *Kompendium zum Hochschul- und Wissenschaftsrecht* (2. Aufl.). De Gruyter.
Schimank, U. (2016). Governance der Wissenschaft. In D. Simon, A. Knie, S. Hornbostel & K. Zimmermann (Hrsg.), *Handbuch Wissenschaftspolitik* (2. Aufl., S. 39–57). Springer VS.
Schmidt-Aßmann, E. (2007). Die Bundeskompetenzen für die Wissenschaftsförderung nach der Föderalismusreform. In O. Depenheuer et al. (Hrsg.), *Staat im Wort, Festschrift für Josef Isensee* (S. 405–421). C. F. Müller.
Seckelmann, M. (2010). Konvergenz und Entflechtung im Wissenschaftsföderalismus von 1998 bis 2009, insbesondere in den beiden Etappen der Föderalismusreform. In dies, S. Lange & T. Horstmann (Hrsg.), *Die Gemeinschaftsaufgaben von Bund und Ländern in der Wissenschafts- und Bildungspolitik: Analysen und Erfahrungen* (S. 61–86). Nomos.
Seckelmann, M. (2016). Rechtliche Rahmenbedingungen der Wissenschaftspolitik. In D. Simon, A. Knie, S. Hornbostel & K. Zimmermann (Hrsg.), *Handbuch Wissenschaftspolitik* (2. Aufl., S. 99–117). Springer VS.
Seckelmann, M. (2018). *Evaluation und Recht – Strukturen, Prozesse und Legitimationsfragen staatlicher Wissensgewinnung durch (Wissenschafts-)Evaluationen*. Mohr Siebeck.

Sieweke, S. (2010). *Managementstrukturen und outputorientierte Finanzierung im Hochschulbereich: zum Instrumentarium es Neuen Steuerungsmodells im Hinblick auf Wissenschaftsfreiheit und Hochschulautonomie*. Nomos.
Speiser, G. (2021). Das Promotionsrecht für Fachhochschulen. *Ordnung der Wissenschaft, 1*, 19–32.
Sterzel, D., & Perels, J. (2003). *Freiheit der Wissenschaft und Hochschulmodernisierung. Das Niedersächsische Hochschulgesetz und das Selbstverwaltungsrechts der Universitäten*. Nomos.
Stucke, A. (2016). Staatliche Akteure in der Wissenschaftspolitik. In D. Simon, A. Knie, S. Hornbostel & K. Zimmermann (Hrsg.), *Handbuch Wissenschaftspolitik* (2. Aufl., S. 485–501). Springer VS.
Trute, H.-H. (1994). *Die Forschung zwischen grundrechtlicher Freiheit und staatlicher Institutionalisierung. Das Wissenschaftsrecht als Recht kooperativer Verwaltungsvorgänge*. Mohr Siebeck.
Wendel, P. (2016). *Der Hochschulrat. Unter besonderer Berücksichtigung der Hochschule als ausschließlicher Körperschaft des öffentlichen Rechts*. Nomos.

Prof. Dr. Margrit Seckelmann ist Juristin und Geisteswissenschaftlerin. Sie hat die Universitätsprofessur für Öffentliches Recht und das Recht der digitalen Gesellschaft an der Leibniz Universität Hannover inne.

Hochschulfinanzierung 3

Peer Pasternack und Justus Henke

3.1 Grundlegende Begrifflichkeiten

Hochschulfinanzierung umfasst die Gesamtheit der bereitgestellten, eingeworbenen oder erwirtschafteten Finanzmittel, mit denen Hochschulen errichtet und unterhalten werden. Davon zu unterscheiden ist die Mittelbewirtschaftung, d. h. die Gesamtheit aller Maßnahmen, mit denen der Haushaltsplan einer Hochschule ausgeführt, ihr Zahlungsverkehr abgewickelt und ihre materiellen Werte verwaltet werden.

Hochschulfinanzierung und Mittelbewirtschaftung stehen allerdings in einer Hinsicht in einem Zusammenhang, der niemals ignoriert werden darf: Die Hochschulfinanzierung besteht zum größten Teil aus den vom jeweiligen Trägerbundesland bereitgestellten Grundfinanzierungs- und Investionsmitteln (sogenannte **Trägermittel**); deren Höhe wird im Haushaltsplan des Landes festgelegt,[1] und den Haushaltsplan eines Landes beschließt das Parlament als Haushaltsgesetz, d. h. er hat Gesetzeskraft. Damit müssen sich die Hochschulen in ihrem Ausgabeverhalten daran halten.

Jenseits dessen ist das Thema dieses Beitrags aber ausschließlich die Hochschulfinanzierung, nicht die hochschulinterne Mittelbewirtschaftung. Die deutsche Hochschulfinanzierung ist Außenstehenden, etwa ausländischen Gästen, häufig nicht leicht zu vermitteln: Worin bestehen ihre verschiedenen Quellen? Wie ver-

---

[1] In vielen Bundesländern aufgrund von befristeten Hochschulverträgen oder Zielvereinbarungen zwischen Land und Hochschulen, die mehrjährige Finanzierungszusagen an die Hochschulen enthalten.

P. Pasternack · J. Henke (✉)
Institut für Hochschulforschung Halle-Wittenberg, Wittenberg, Deutschland
E-Mail: peer.pasternack@hof.uni-halle.de; justus.henke@hof.uni-halle.de

© Der/die Autor(en), exklusiv lizenziert an Springer-Verlag GmbH, DE, ein Teil von Springer Nature 2022
G. Speiser (Hrsg.), *Wissenschaftsrecht*, Springer-Lehrbuch,
https://doi.org/10.1007/978-3-662-64722-6_3

halten sich die diversen Mittelflüsse zueinander? Die **schwierige Vermittelbarkeit** ergibt sich wesentlich aus zwei Umständen:

- Zum einen sind die **Länder** zwar die Träger und damit Hauptfinanziers der Hochschulen; zugleich ist der **Bund** auf eine stark verflochtene Weise in die Hochschulfinanzierung eingebunden. Dadurch ist die Finanzierung der Hochschulen komplexer als gemeinhin angenommen.
- Zum zweiten ist die Finanzierung des Hochschulsystems als Ganzes **mehr als die Finanzierung der Hochschulen**. Insbesondere geht sie deutlich über die laufenden Trägermittel hinaus – auch wenn diese wegen ihrer leichten Zugriffsfähigkeit in Landes- und Bundesstatistiken häufig herangezogen werden, um die Entwicklung der Hochschulfinanzierung im Zeitverlauf darzustellen. Doch machen die laufenden Trägermittel nur 60 Prozent der öffentlichen Finanzierung des Hochschulsystems aus.

Für Hochschulmanager*innen ist es sinnvoll zu wissen, dass sich die Finanzierung des Hochschulsystems aus mehr Quellen speist als nur den konsumtiven und investiven Zuschüssen der Länder. Dieses Wissen ist nicht zuletzt dann bedeutsam, wenn finanzielle Mittel für bestimmte Anliegen benötigt werden, im regulären Hochschulhaushalt dafür aber keine Mittel zur Verfügung stehen.

Zunächst aber ist es hilfreich, abzuschichten, um dann im weiteren Verlauf schrittweise die Komplexität der deutschen Hochschulsystemfinanzierung zu erschließen (siehe Abb. 3.1):

Abb. 3.1 Größenordnungen der Hochschulfinanzierungströme (in Mrd. Euro, 2018) Deutsche Hochschulen einschließlich Verwaltungsfachhochschulen, Hochschulen in Trägerschaft des Bundes sowie kirchliche Hochschulen und private Hochschulen. A. = Andere Einnahmen aus Zuweisungen und Zuschüssen (ohne Träger). (Quelle: StatBA, 2020b; eigene Berechnungen)

3 Hochschulfinanzierung

- Als die wichtigsten Finanzierungsquellen der öffentlichen Hochschulen lassen sich die sog. laufenden **Trägermittel**, die **Investitionsmittel** und die **Drittmittel** unterscheiden.
- Der in der offiziellen Statistik verwendete Begriff „Trägermittel" fasst die laufenden Trägermittel und die Investitionsmittel zusammen.
- Daneben bilden **Projektfinanzierungen** und **Drittmittel** einen substanziellen Posten in den Hochschulbudgets.
- Bedeutsam sind **Bundesmittel**, die im Rahmen von Verwaltungsvereinbarungen zwischen Bund und Ländern oder durch programmgebundene Förderungen ausgereicht werden. Letztere überschneiden sich zum Teil mit der Einnahmenart „Drittmittel", wenn sie als Projekte bewirtschaftet werden, bzw. der Einnahmenart „laufende Trägermittel", soweit die Gelder über die Landeshaushalte an die Hochschulen fließen.
- In Darstellungen der Hochschulfinanzierung werden daneben die Verwaltungseinnahmen aus **Beiträgen der Studierenden** und **wirtschaftlicher Tätigkeit** (ohne Kliniken) sowie Fundraising, Sponsoring und Merchandising genannt, die aber von den Größenordnungen her für öffentliche Hochschulen meist untergeordnete Bedeutung haben. Für die privaten Hochschulen sind die Studiengebühren hingegen sehr bedeutsam.
- Große Summen fließen überdies als sog. Verwaltungseinnahmen über die **Vergütungen der Krankenkassen** an die Universitätskliniken.
- Schließlich gibt es in vergleichsweise geringem Umfang andere öffentliche Zuweisungen und Zuschüsse, die nicht vom Träger, also dem jeweiligen Land, stammen und für Studierende sowie sonstige Zwecke eingesetzt werden.

Wird die Entwicklung der Mittelzuflüsse im Zeitverlauf betrachtet, so müssen die Finanzvolumina immer ins Verhältnis zu zweierlei Umständen gesetzt werden: Zum einen sind **Tarif- und Preissteigerungen** einzubeziehen, da diese zu Geldentwertungen führen. Zum anderen ist zu berücksichtigen, wie sich zeitgleich die **Leistungsanforderungen** an die Hochschulen entwickelt haben, z. B. durch gewachsene Studierendenzahlen.

Die öffentlichen Hochschulfinanzierungen beziehen sich zum allergrößten Teil auf das **öffentliche Hochschulwesen**. Auch dieses ist vorab näher zu bestimmen, da es Sonderfälle enthält:

- Der im engeren Sinne öffentliche Hochschulsektor setzt sich zusammen aus Universitäten, Pädagogischen Hochschulen, künstlerischen Hochschulen, allgemeinen Fachhochschulen (Hochschulen für angewandte Wissenschaften, HAW) sowie einigen Spezialhochschulen. Zu letzteren zählen auch die Berufsakademien, in Baden-Württemberg und Thüringen jeweils zur Dualen Hochschule zusammengefasst. Daneben gibt es Hochschulen in Trägerschaft des Bundes (etwa Bundeswehruniversitäten). Die bundesweite Zahl aller öffentlich unterhaltenen Hochschulen beträgt 240 (HRK, 2020).
- Zu diesen 240 staatlichen Hochschulen kommen noch 33 Verwaltungsfachhochschulen, die zum Beispiel in den Veröffentlichungen der Hochschulrektoren-

konferenz (HRK) nicht berücksichtigt werden, da sie nicht Mitglieder der HRK werden können.
- Daneben gibt es 39 Hochschulen in kirchlicher Trägerschaft (HRK, 2020), die ebenfalls weitestgehend mit staatlichen Zuschüssen unterhalten werden.

In Summe ergibt dies **312 von der öffentlichen Hand finanzierte Hochschulen**. Diese erhalten vom Staat ihre Grundausstattungen und profitieren darüber hinaus von programmgebunden ausgereichten Mitteln.

Oben war darauf verwiesen worden, dass die laufenden Trägermittel nur 60 Prozent der für das Hochschulsystem aufgewendeten Mittel ausmachen. Hierbei unterscheiden wir zwischen Hochschulfinanzierung im engeren Sinne und Hochschulsystemfinanzierung in einem weiteren Sinne (Abb. 3.2). Das heißt:

Die *Hochschulfinanzierung* umfasst die direkte Finanzierung der Hochschulen, wie sie in den Landeshaushaltsplänen abgebildet ist. Sie setzt sich aus drei Arten zusammen, die zum Teil quer zu den Definitionen von Träger- und Drittmitteln liegen:

- Grundausstattung als institutionelle Finanzierung,
- Programm- und Projektmittel als temporäre und an einen konkreten Sachzweck gebundene Zuflüsse sowie
- Investitionen als jeweils einmalige Zuwendungen.

Die **Hochschul*system*finanzierung** beinhaltet zum einen zwei weitere gewichtige Mittelzuflüsse:

- die an hochschulunterstützende Einrichtungen innerhalb des Systems, die selbst keine Hochschulen sind, und
- individualisiert vergebene Zuwendungen.

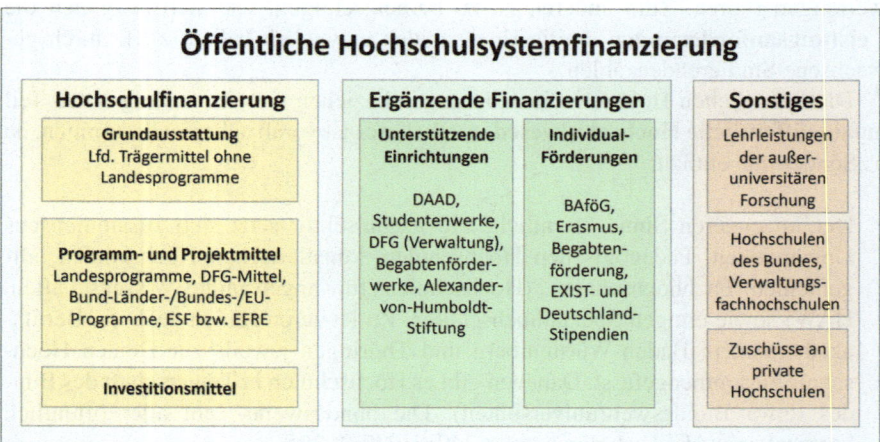

Abb. 3.2 Unterscheidung öffentliche Hochschul- und Hochschulsystemfinanzierung. (Quelle: eigene Darstellung)

Zum anderen enthält die Hochschulsystemfinanzierung je einen indirekten und direkten Ressourcenzufluss, die untergeordnete Bedeutung haben:

- Lehrleistungen der außeruniversitären Forschung, die den Hochschulen als geldwerte Vorteile zugutekommen,
- sechs Hochschulen des Bundes mit 16 Standorten, die aus dem Bundeshaushalt finanziert werden und
- Zuschüsse an private Hochschulen.

Das Ziel der weiteren Ausführungen ist, die Herkunft und Zusammensetzung der Mittelvolumina des öffentlich finanzierten Hochschulsystems durchsichtig zu machen.

3.2 Hochschulfinanzierung im engeren Sinne

Als Träger der öffentlichen Hochschulen stehen die Bundesländer in der Hauptverantwortung für deren Finanzierung. Sie sind aber nur eine Akteursebene in einem Kreis verschiedener Mittelgeber. Unter den weiteren Geldgebern sind der Bund und die Fördereinrichtungen der Europäischen Union am bedeutsamsten. Einige der Finanzierungen werden von Bund und Ländern auch gemeinsam geleistet.

3.2.1 Laufende Trägermittel

Definitorisches
Begrifflich zu unterscheiden sind Trägermittel, Grundmittel und Grundausstattung, desweiteren konsumtive und investive Mittel:

- Die Trägermittel sind untergliedert in *laufende Trägermittel* und *Investitionsmittel*. Die laufenden Trägermittel sind für die **konsumtiven Ausgaben** bestimmt. Investitionen sind die Ausgaben zum Erwerb von Grundstücken und Gebäuden, Baumaßnahmen und Ausstattungsfinanzierungen, also jeweils einmalige Ausgaben. Sie werden unten gesondert behandelt. Zu beachten ist ferner, dass bis 2013 in der Bundesstatistik nicht „Trägermittel", sondern „Grundmittel" der Hochschulen ausgewiesen wurden, die etwas breiter definiert waren.[2]

---

[2] Bei den *Grundmitteln* wurden Einnahmen aus Zuweisungen und Zuschüssen anderer Länder (als des Sitzlandes einer Hochschule), von Kommunen oder Behörden mitgezählt, sofern sie nicht als Drittmittel einzuordnen waren, bei den *Trägermitteln* dagegen nicht. Dazu zählten etwa Zuschüsse aus dem öffentlichen Bereich (z. B. der EU oder Landesbehörden) an die Hochschulen, die an Studierende (inkl. Promovierender und Postdoktoranden) weitergegeben werden. Diese Zuweisungen und Zuschüsse machten rund zwei Prozent der Grundmittel aus und werden seither als eigene Position in der Hochschulstatistik ausgewiesen.

- Die beiden Hauptkomponenten der laufenden Trägermittel sind zum einen die *institutionellen Förderungen* der Hochschulen und zum anderen die Mittel, die das Land *förderprogrammgebunden* ausreicht.
- Will man letztere für die Betrachtung ausschließen, weil sie nicht dauerhaft zur Verfügung stehen, dann kann man auf den Begriff der *Grundausstattung* zurückgreifen. Damit lassen sich die institutionellen Förderungen des Landes bezeichnen. Dies ist zwar keine offizielle Bezeichnung, aber sie eignet sich für den Zweck der Unterscheidung fester und programmgebundener Mittel des Landes.[3] Auf die Grundausstattung können sich die Hochschulen mittelfristig verlassen und auf ihrer Basis Planstellen und Fixkosten bewirtschaften.

Mit den Landesprogrammmitteln ist bereits eine der Besonderheiten benannt, die man im Blick haben muss, wenn die Grund- bzw. Trägermittel und ihre Entwicklung im Zeitverlauf angemessen bewertet werden sollen. Es lassen sich aber noch mehr solcher Besonderheiten entdecken.

Vier Besonderheiten
Als Lesehilfe für die Angaben in den Landeshaushaltsplänen und Finanzstatistiken ist im Zusammenhang mit den laufenden Trägermitteln auf vier Besonderheiten aufmerksam zu machen, die der Intuition widersprechen. Es handelt sich um (a) die Finanzierungen für befristete Landesprogramme, (b) öffentliche Zuschüsse für private Hochschulen bzw. (c) für kirchliche Hochschulen sowie (d) den Fließweg der Bundesanteile für den Hochschulpakt bzw. seit 2021 den „Zukunftsvertrag Studium und Lehre stärken":

- Intuitiv muss es überraschen, wenn die *Ausgaben für befristete und wettbewerblich ausgereichte Programme* des *Landes* in der Statistik in den Trägermitteln verbucht werden. Denn immerhin handelt es sich dabei um Mittel, die im Prinzip kurzfristig den Hochschulen entzogen werden könnten und jedenfalls langfristig nicht als gesichert gelten dürfen. Der Grund, sie in der Bundesstatistik dennoch zu den Trägermitteln zu zählen: Da das Land als Hochschulträger kein ‚Dritter' ist, kann es auch keine Drittmittel im herkömmlichen Sinne vergeben, aber irgendwo müssen auch die Programmmittel verbucht werden. Möchte man diese befristeten Zahlungen ausklammern, so kann man auf den Begriff *Grundausstattung* rekurrieren, der nur abgesicherte laufende Trägermittel des Landes enthält.
- Eine zweite Besonderheit ist, dass die Trägermittel in der Bundesstatistik auch Beträge zur *Förderung privater Hochschulen* enthalten, obgleich es sich um

---

[3] Das Statistische Bundesamt benutzt den Begriff nur indirekt, zur Abgrenzung von Drittmitteln und „regulärem Hochschulhaushalt (Grundausstattung)" (StatBA, 2020b, S. 172). Da aber Drittmittel nach der Definition des StatBA keine projektgebundenen Landesmittel enthalten (weil das Land gegenüber seinen Hochschulen kein ‚Dritter' ist), ist diese Verwendung etwas irreführend. Denn so gehören auch wettbewerbliche und befristete Landesprogrammmittel zur Grundausstattung bzw. zu den „regulären" Hochschulhaushalten.

Förderungen privater Einrichtungen handelt. Dieser Sektor ist insgesamt expandierend, wenn auch immer noch vergleichsweise klein: Neun Prozent aller in Deutschland immatrikulierten Studierenden sind dort eingeschrieben. 2018 waren das 246.739 Studierende (gegenüber 54.000 im Jahre 2005) (StatBA, 2019a, S. 8). Die öffentlichen Zuschüsse für private Hochschulen beliefen sich 2017 bundesweit auf 74 Mio. Euro (StatBA, 2019a, S. 9). Das ist weniger als ein Prozent der Trägermittel für alle Hochschulen. Für die privaten Hochschulen selbst ist der öffentliche Finanzierungsanteil allerdings etwas bedeutsamer: Bei Gesamtausgaben (ohne Humanmedizin) im privaten Hochschulsektor von 1,3 Mrd. Euro (2017; 2006 noch 324 Mio. Euro) beträgt der öffentliche Anteil fünf Prozent (ebd.).

- Ähnliches gilt für die 39 staatlich anerkannten *Hochschulen in kirchlicher Trägerschaft*. Diese sind zwar nicht staatlich, gelten aber in der Betrachtung des Statistischen Bundesamtes auch nicht als privat, da sie als Körperschaften des öffentlichen Rechts verfasst sind.[4] Hier waren im Wintersemester 2018/19 insgesamt 31.442 Studierende eingeschrieben, bei Gesamtausgaben von rund 236 Mio. Euro (StatBA, 2019, S. 8). Der Anteil der staatlichen Mittel wird in der amtlichen Statistik nicht aufgeschlüsselt[5] und auch im Übrigen sehr diskret behandelt.

Die laufenden Trägermittel der Hochschulen werden überwiegend von den Sitzländern aufgebracht. Allerdings nicht ganz: Die *Bundesanteile im Hochschulpakt* bzw. seit 2021 *Zukunftsvertrag Studium und Lehre stärken*[6] werden den Ländern überwiesen und fließen als Durchlaufmittel über die Landeshaushalte an die Hochschulen. Dadurch erscheinen sie optisch als laufende Trägermittel der Länder, obgleich es sich nicht um Landesmittel handelt. Dies hier festzuhalten ist deshalb wichtig, weil dadurch der Bund für bedeutsame Anteile der laufenden Trägermittel in den Länderhaushalten aufkommt. So waren 2,4 Mrd. Euro der 21 Mrd. Euro (2017) an laufenden Trägermitteln der Länder tatsächlich **durchgereichte Mittel des Bundes**. Auch in den Jahren zuvor lag der Anteil dieser Bundesmittel bei rund zehn Prozent der hochschulstatistisch ausgewiesenen laufenden Trägermittel (GWK, 2019; StatBA, 2020b).

Entwicklung der laufenden Trägermittel
Auch wenn man die wettbewerblich ausgerichteten Programmmittel sowie die Mittel, die der Bund über die Länder im Hochschulpakt/Zukunftsvertrag Studium und Lehre stärken bereitstellt, unberücksichtigt lässt, zeigt sich seit Jahren eine **dynami-**

---

[4] Davon unberührt ist der Umstand, dass auch im konfessionellen Bereich in den letzten Jahren private Hochschulen gegründet wurden, die sich durch Studiengebühren und Trägerzuschüsse finanzieren, etwa die FH der Diakonie Bielefeld oder die Akkon-Hochschule Berlin der Johanniter Unfallhilfe.
[5] Hierfür wäre eine Sonderauswertung des Statistischen Bundesamts notwendig.
[6] Als wichtigste Änderung des Zukunftsvertrags ist hier zu erwähnen, dass dieser auf Dauer gestellt ist, während der Hochschulpakt befristet war.

sche Entwicklung der laufenden Trägermittel. Lagen diese länderübergreifend im Jahr 2006 noch bei 14,6 Mrd. Euro, so waren es 2018 bereits 22,5 Mrd. Euro. Damit sind in diesen zwölf Jahren die Mittel um 55 Prozent gestiegen, d. h. durchschnittlich um 4,6 Prozent pro Jahr. Das liegt deutlich über der Preissteigerungsrate, die für diesen Zeitraum im Schnitt 1,4 Prozent pro Jahr betrug. Berücksichtigt man diese, so beträgt das reale Wachstum der laufenden Trägermittel immer noch 31 Prozent (Abb. 3.3).

Zugleich muss immer die Frage gestellt werden, ob diese Grundausstattung der Hochschulen mit den **wachsenden Leistungserwartungen** Schritt hält. Von 2006 bis 2018 gab es z. B. erhebliche Steigerungen der **Studierendenzahlen**. Gab es im Wintersemester 2006/2007 noch 1,9 Mio. Studierende, so waren es im Wintersemester 2018/2019 2,9 Mio., dies entspricht einer Steigerung von 34 Prozent. Das liegt unterhalb der Steigerungsrate bei den laufenden Trägermitteln von 58 Prozent. Allerdings überstieg das Wachstum der laufenden Trägermittel erst seit 2016 die Entwicklung der Studierendenzahlen. Diese positive Entwicklung ist in erster Linie der Bundesbeteiligung am Hochschulpakt zu verdanken, die in den laufenden Trägermitteln enthalten ist.

Rechnet man die Hochschulpaktmittel des Bundes heraus, bezieht also nur die von den Ländern aufgebrachten Beträge ein, so sinken die Wachstumsraten bis 2017 deutlich unterhalb des Wachstums der Studierenden: 2017 würde der Mittelaufwuchs gegenüber 2006 lediglich 32 Prozent anstelle der in der Statistik berichteten 49 Prozent betragen und damit klar unterhalb des Wachstums der Studierendenzahlen um 44 Prozent im gleichen Zeitraum liegen. Erst 2018 schloss die Landesfinanzierung mit der Entwicklung der Studierendenzahlen auf. (Abb. 3.4)

Auch diese Entwicklungen beseitigen aber nicht – oder nur minimal – die **strukturelle Unterfinanzierung des Hochschulsystems**. So hat sich durch den Studierendenaufwuchs das Verhältnis von Studierenden je Professur zwischen 2006 und 2013 deutlich verschlechtert: Betreute 2006 jede hauptamtliche Professorin oder Professor noch 53 Studierende, waren es 2013 schon 58. Seit 2015 stagniert

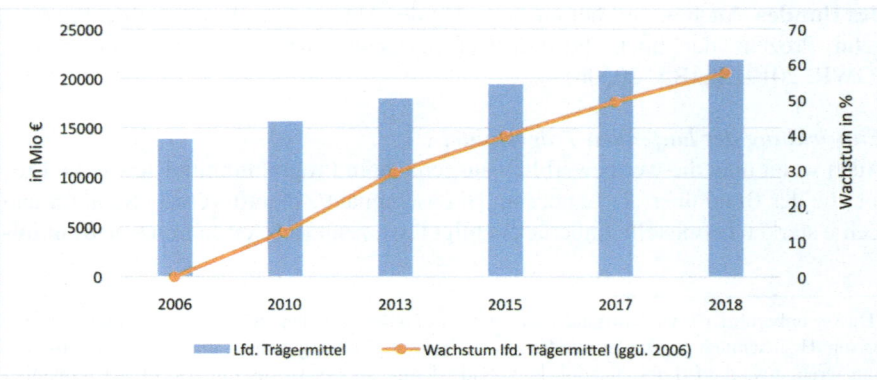

Abb. 3.3 Entwicklung der lfd. Trägermittel 2006–2018 Anmerkung: Zahlen inkl. private Hochschulen. Quellen: StatBA (2020b); eigene Berechnungen

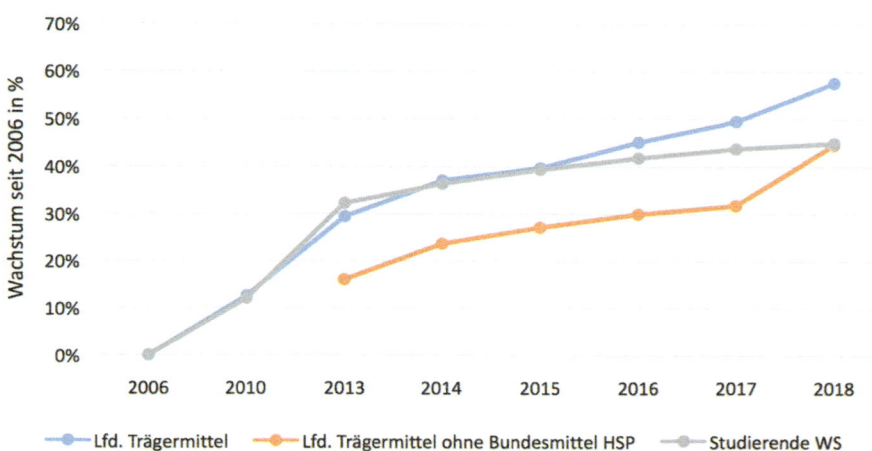

Abb. 3.4 Vergleich der Entwicklung der Studierendenzahlen und der laufenden Trägermittel (2006–2018) Anmerkungen: Zahlen für Bundesmittel des Hochschulpakts vor 2013 nicht verfügbar. (Quellen: StatBA (2020b, c; GWK, 2019, 2020); eigene Berechnungen)

dieser **Betreuungsschlüssel** bei rund 60 Studierenden je Professur. Kurzum: Der Aufwuchs der Zahl der Professuren (rund 28 Prozent im Betrachtungszeitraum) hielt nicht stand mit dem zeitgleichen Aufwuchs der Studierendenzahlen (45 Prozent). (StatBA, 2019d)

Zumindest verschlimmert sich die Situation seit einigen Jahren nicht weiter. In der Entwicklung seit 2006 zeigt sich auch eine Nebenfolge des Hochschulpakts: Die Betreuung der Studierenden wurde in den letzten 15 Jahren vor allem über (temporäre) Mittelbaustellen und nebenamtliches wissenschaftliches Personal stabilisiert. Deren Zahlen stiegen mit 68 Prozent im genannten Zeitraum überproportional zur Anzahl der Professuren (Abb. 3.5).

3.2.2 Projektfinanzierungen und Drittmittel

Drei Begriffe sind hier relevant: Projektmittel, Programmmittel und Drittmittel. Zum Teil werden damit Sachverhalte benannt, die einander überlappen. Die folgenden Erklärungen machen das transparent.

Projektmittel
Projektfinanzierungen sind alle Mittel, die projektgebunden zugewendet werden. Das können sowohl **Forschungsprojekte** als auch **Hochschulentwicklungsprojekte** sein. Es kann sich um thematisch offene Einzelförderungen (wie in der DFG-Normalförderung) oder solche aus thematisch gebundenen Förderprogrammen (wie der „Qualitätsoffensive Lehrerbildung") handeln. Mittelgeber können die öf-

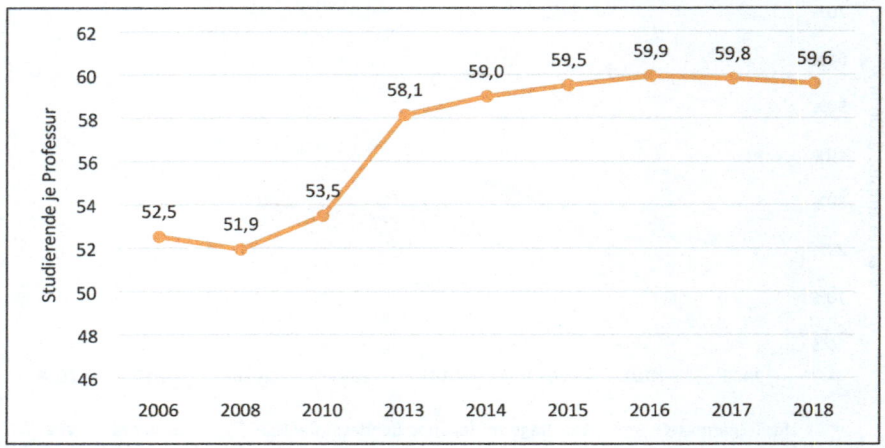

Abb. 3.5 Entwicklung Studierende je Professur (2006–2018).
(Quellen: StatBA (2019d); eigene Berechnungen)

fentliche Hand – Bund oder Länder, selten Kommunen –, öffentlich finanzierte Förderagenturen wie die Deutsche Forschungsgemeinschaft (DFG) oder der Deutschen Akademische Austauschdienst (DAAD), private Geldgeber wie die Wirtschaft, Stiftungen oder Verbände und Interessenvertretungen sein.

Programmmittel

Programmgebundene Mittel werden **meist wettbewerblich** eingeworben. Sie sind faktisch Projektmittel, da sie als Projektförderungen zugewendet werden. In der statistischen Berichterstattung zur Hochschulfinanzierung werden auch die im Rahmen programmgebundener Forschungsförderung eingeworbenen Mittel als Drittmittel verbucht, sofern sie nicht vom Träger – d. h. dem Sitzland der Hochschule – stammen. Programmmittel der jeweiligen Trägerländer sind stattdessen als Teil der Trägermittel ausgewiesen. Diese Mittel werden manchmal aufgrund ihrer Drittmittelähnlichkeit auch als **„Zweitmittel"** bezeichnet (Babyesiza et al., 2018).

Inhaltlich finanzieren die Programme zu einem großen Teil **Hochschulentwicklungsprojekte** und nicht Forschungsvorhaben. Allerdings gibt es auch Programme, die ausdrücklich an die Forschung adressiert sind. Insofern können Programm- und Forschungsförderung auch zusammenfallen.

Zielen Förderprogramme auf *Hochschulentwicklungsziele*, so sind sie ein Instrument, mit dem politische Akteure die Umsetzung von Anliegen anzureizen versuchen, die aus politischer Sicht wünschenswert sind. Sie sind damit an ein **klar definiertes Förderziel** gebunden. Indem der Bund oder die Länder solche Programme auflegen, versuchen sie, politisch priorisierte Anliegen mit Schubkraft zu versehen. Die Begründung dafür ist, dass nur durch die Förderprogramme diese Anliegen umgesetzt werden. Für die Berechtigung dieses Arguments spricht, dass Hochschulen von außen herangetragene Wünsche, die nicht finanziell untersetzt sind, regelmäßig mit einem Einwand abweisen: Die umsetzungsbedingten Mehrkosten könnten leider nicht aus dem eigenen Budget erbracht werden. Der Einwand ist in strukturell unterfinanzierten Hochschulen in der Regel berechtigt.

In der programmgebundenen *Forschungsförderung* sind die inhaltlichen Ziele nicht einheitlich. Die Programme werden aufgelegt, um

- die Forschung an sich zu stärken (z. B. im BMBF-Programm „Forschung an Fachhochschulen") oder
- Erkenntnisfortschritte ‚an sich' zu generieren (z. B. im BMBF-Rahmenprogramm für die Geistes- und Sozialwissenschaften oder bei der Förderung von Freigeist-Fellowships durch die VolkswagenStiftung) oder
- Wissen produzieren zu lassen, das der jeweilige Förderer für seine eigene Arbeit benötigt (z. B. Programme für Studien zum ländlichen Raum, die von Landesagrarministerien aufgelegt werden) oder aber
- ein hochschulpolitisches Ziel umzusetzen (z. B. Differenzierung des Hochschulsystems), indem Anreize für qualitativ gesteigerten Erkenntnisgewinn gesetzt werden (etwa die hessische „Landes-Offensive zur Entwicklung Wissenschaftlich-ökonomischer Exzellenz", LOEWE).[7]

In Deutschland gibt es vor allem vier Konstellationen, in denen Programmmittel ausgereicht werden bzw. eingeworben werden können:

Gemeinsame Programme von Bund und Ländern: Dem Bund sind grundgesetzlich Grenzen seines Engagements im Hochschulbereich gesetzt. Eine Mitfinanzierung des Bundes ist nur möglich über Bund-Länder-Vereinbarungen nach Art. 91b Abs. 1 GG.[8] Zum einen aus diesem Grund, zum anderen aber auch, um Verstärkungswirkungen für Initiativen des Bundes zu erzeugen, gibt es gemeinsame Bund-Länder-Programme. Aktuell sind das die Exzellenzstrategie, der Zukunftsvertrag Studium und Lehre stärken, das Tenure-Track-Programm und das Professorinnenprogramm.

Alleinige Förderungen des Bundes: Die Vereinbarungen von Bund und Ländern nach Art. 91b Abs. 1 GG erlauben auch Programme, die mit 100-prozentiger Finanzierung durch den Bund realisiert werden. Daneben betreibt das BMBF auch eigene Projektförderungen jenseits von Bund-Länder-Vereinbarungen. Der Bund tritt dabei in einer doppelten Rolle auf: zum einen als Forschungsförderer, der Forschungsprogramme ausschreibt, innerhalb derer kompetitiv Drittmittelforschungsprojekte eingeworben werden können; zum anderen als Impulsgeber der Hochschulentwicklung, indem er mit Fördermitteln die Umsetzung hochschulreformerischer Ziele anzureizen sucht. Solche Programme sind derzeit: Forschung an Fachhochschulen; EXIST-Existenzgründungsprogramm; die Förderinitiative „Innovation in

---

[7] Vgl. https://wissenschaft.hessen.de/loewe (7.1.2016).
[8] „Bund und Länder können auf Grund von Vereinbarungen in Fällen überregionaler Bedeutung bei der Förderung von Wissenschaft, Forschung und Lehre zusammenwirken. Vereinbarungen, die im Schwerpunkt Hochschulen betreffen, bedürfen der Zustimmung aller Länder. Dies gilt nicht für Vereinbarungen über Forschungsbauten einschließlich Großgeräten."

der Hochschullehre"; Projektpauschale; Offene Hochschule: Aufstieg durch Bildung; Qualitätsoffensive Lehrerbildung; schließlich Projektförderungen im Rahmen von 33 Förderschwerpunkten.[9]

Programme der Europäischen Union: Die EU ist in mehrfacher Weise ein Akteur auch der programmgebundenen Hochschulfinanzierung:

- Seit 2021 heißt das Forschungsrahmenprogramm der EU **„Horizont Europa"** (Laufzeit bis 2027). Dessen übergeordnetes Ziel ist die Schaffung eines Europäischen Forschungsraums (EFR) durch Bündelung von Forschungsanstrengungen. In dem Programmrahmen laufen verschiedene Förderinitiativen: European Innovation Ecosystems (EIE),[10] das Pathfinder Programm des European Innovation Council (EIC),[11] Knowledge and Innovation Communities (KICs)[12] sowie individuelle Förderungen durch den Europäischen Forschungsrat (ERC).
- Neben diesen unmittelbar an die Wissenschaft adressierten Programmen profitieren deutsche Hochschulen auch von den **Europäischen Strukturfonds EFRE** (Ausgleich großer regionaler Entwicklungsrückstände und Strukturprobleme, u. a. durch Fördermaßnahmen für Forschung, technologische Entwicklung und Umweltschutz) sowie **ESF** (u. a. Förderung von Unternehmergeist und Gründung von Kleinstunternehmen, Gleichstellung von Männern und Frauen z. B. beim Zugang zu den Hochschulen und akademischen Beschäftigungen). Unter dem Schirm von EFRE und ESF wird so auch Forschung an Hochschulen gefördert, unter anderem in den Bereichen Mobilität, Forschungsinfrastruktur und Forschung zu spezifischen Themen wie Förderung der Anpassung an den Klimawandel und Verringerung der CO_2-Emissionen.
- Ein weiteres hochschulrelevantes Förderprogramm der EU stellt schließlich das **Erasmus-Programm** dar. Es wird unten verhandelt (siehe „Individualförderungen").

Förderprogramme von Stiftungen: Viele forschungsfördernde Stiftungen sehen nicht die Möglichkeit vor, frei Projektthemen einzureichen, sondern schreiben Programme aus, deren Themen sich aus dem jeweiligen Stiftungszweck ableiten. Mitunter ist der Fördergegenstand auch nicht inhaltlich, sondern formal festgelegt (etwa wenn die VolkswagenStiftung Lichtenberg-Professuren fördert).

---

[9] Abzüglich des hierunter ebenfalls fallenden Hochschulpakts und der Exzellenzinitiative wurden in der Projektförderung 2015 3,4 Mrd. Euro verteilt, wobei der überwiegende Teil (2,9 Mrd.) der außeruniversitären Forschung und der Wirtschaft zufloss, während 0,5 Mrd. in die Hochschulen gingen (http://foerderportal.bund.de/foekat/jsp/StatistikAction.do?actionMode=renderPDF&type=pdirfoe&ressort=BMBF, 13.4.2017).

[10] https://ec.europa.eu/info/horizon-europe/european-innovation-ecosystems_en (22.4.2021).

[11] https://eic.ec.europa.eu/eic-funding-opportunities/eic-pathfinder_en (22.4.2021).

[12] https://eit.europa.eu/our-communities/eit-innovation-communities (22.4.2021).

Drittmittel

Immer dann, wenn Projekt- bzw. Programmfinanzierungen nicht vom Hochschulträger – also in der Regel dem Sitzland der Hochschule – kommen, handelt es sich um Drittmittel, d. h. Mittel von Dritten. Umgangssprachlich werden häufig sämtliche Projekt- und Programmmittel – mithin auch solche vom Hochschulträger, also dem Land – als Drittmittel apostrophiert, um zu verdeutlichen, dass sie außerhalb der Grundfinanzierung eingeworben wurden.

Allerdings unterscheidet die Bundesstatistik klar zwischen Trägermitteln, zu denen auch die Projekt- und Programmmittel des Landes zählen, und zählt damit **nicht alle Projektmittel als Drittmittel**: Nur dann, wenn die Mittel nicht vom bzw. über den Träger an die Hochschulen fließen, zählen sie als Drittmittel. Das heißt aber auch, dass Mittel von Dritten – als wichtigste zu nennen wären die Bundesanteile am „Zukunftsvertrag Studium und Lehre stärken" sowie teilweise ESF- und EFRE-Mittel der EU –, die das Land an die Hochschulen durchreicht, *nicht* als Drittmittel in der Statistik ausgewiesen werden.

Als Förderinstanzen, die Forschungsdrittmittel ausreichen, fungieren in Deutschland

- die DFG (mit Förderungen von Einzelprojekten und von kooperativen Formaten wie Graduiertenschulen),
- Bundesministerien (über programmgebundene Förderausschreibungen, im Falle des BMBF etwa zur Förderung der empirischen Bildungsforschung oder der Biotechnologien),
- Bund und Länder in gemeinsamen Programmen (etwa Exzellenzstrategie),
- die Länder (in entweder programmgebundenen Förderausschreibungen oder einer eigenen allgemeinen Forschungsförderung),
- die Europäische Union (über „Horizont Europa", z. T. auch EFRE und ESF),
- Stiftungen (in Förderprogrammen oder qua freier Einreichungen),
- die Wirtschaft (problemgebunden und in der Regel auf einen konkreten Transferzweck zielend).

Entwicklung von Dritt- und sonstigen Projektmitteln

Innerhalb der Hochschulfinanzierung hat die quantitative **Bedeutung** von projektgebundenen Mitteln aller Art in den letzten Jahren deutlich **zugenommen**.

Aus der Hochschulstatistik des Statistischen Bundesamts lassen sich Zuwendungsgeber und die Entwicklung der Volumina im Zeitverlauf gut darstellen. Sie bietet einerseits eine Übersicht über hochschulbezogene Ausgaben aus Drittmitteln der Länder, des Bundes und der EU. Andererseits bezieht sie auch die Förderung durch Stiftungen und die private Wirtschaft mit ein. 2018 verfügten die Hochschulen über Drittmittel in Höhe von 8,33 Mrd. Euro. Deren Herkunft verteilte sich wie folgt:

- von der DFG 2,77 Mrd. Euro
- vom Bund 2,29 Mrd. Euro
- von der gewerblichen Wirtschaft 1,51 Mrd. Euro
- von der EU 0,72 Mrd. Euro,
- von privaten Stiftungen 0,56 Mrd. Euro sowie
- von jeweils anderen Bundesländern 0,13 Mrd. Euro (StatBA, 2020b)

Betrachtet man die Drittmittel in Relation zur Hochschulfinanzierung im engeren Sinne, d. h. bezogen auf die laufenden Trägermittel, so lässt sich ein spürbarer Bedeutungszuwachs feststellen. Lag der **Anteil der Drittmittel an den Hochschulhaushalten** im Jahr 2006 noch bei 18 Prozent, wuchs er bis 2013 auf 24 Prozent. Seither stagniert er auf diesem Niveau. Absolut betrachtet haben sich die Drittmittel im Zeitraum 2006 bis 2018 von 3,7 Mrd. Euro auf 8,3 Mrd. Euro mehr als verdoppelt. Laufende Grund- und Investitionsmittel wuchsen hingegen um 55 bzw. 81 Prozent (Abb. 3.6).

3.2.3 Investitionsmittel

Länder
Das jeweilige Trägerland stellt den Großteil der Investitionen in und für die Hochschulen. Investitionsbedarfe fallen zwar für jedes Vorhaben ‚nur' jeweils einmal an, werden aber zu einem kumulierten Problem, wenn die Vorhaben ‚geschoben' werden. Dann ergibt sich ein Investitionsstau.

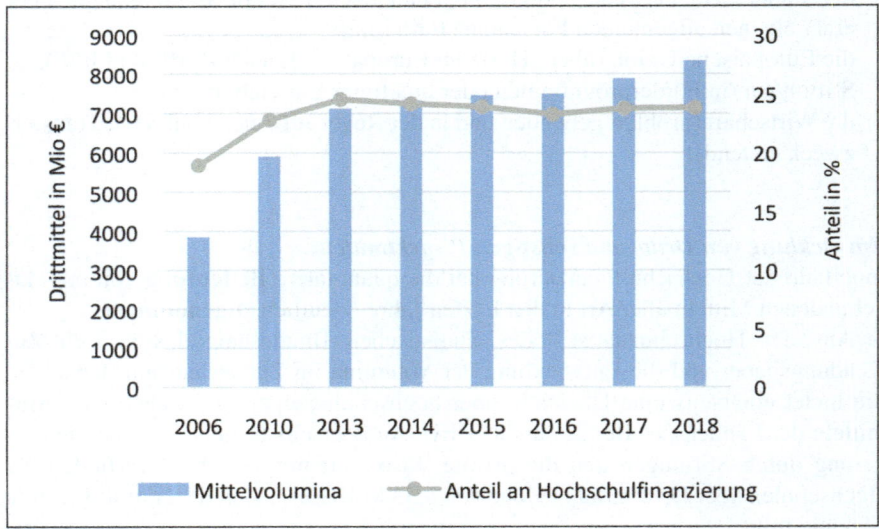

Abb. 3.6 Drittmittelanteile an der Hochschulfinanzierung (2006–2018) (Quellen: StatBA (2020b); eigene Berechnungen)

Hierzu hatte HIS-Hochschulentwicklung Zahlen vorgelegt, die so zusammengefasst wurden: Bis 2025 beträgt der Finanzierungsbedarf für den Bestandserhalt der Hochschulgebäude ohne Universitätsklinika inkl. des bereits entstandenen rechnerischen **Sanierungsstaus** seit 2008 ca. 40 Mrd. Euro und ab 2017 ca. 30 Mrd. Euro bundesweit.[13]

Bund
Der Bund ist im Investitionsbereich als **Ko-Finanzier** beteiligt. Dies geschieht bzw. geschah auf zweierlei Wegen:

- *Hochschulbaumittel:* Im Zuge der Föderalismusreform war auf Grundlage des Entflechtungsgesetzes die Finanzierung von Gemeinschaftsaufgaben zwischen Bund und Ländern zu einem großen Teil beendet worden. Das betraf auch den Hochschulsektor: Ausbau und Neubau von Hochschulen oder Hochschulkliniken sind seither nicht mehr als Gemeinschaftsaufgabe definiert (siehe aber nachfolgend „Forschungsbauten und Großgeräte"). Seit 2007 erhielten die Länder dafür jedoch Kompensationszahlungen des Bundes aus dem zum 31.12.2006 beendeten Hochschulbau-Förderungs-Gesetz. Diese Mittel beliefen sich auf 695,3 Mio. Euro jährlich und wurden gemäß Art. 143c GG noch bis Ende 2019 ausbezahlt. Die Länder setzten sie in eigener Verantwortung ein und unterlagen dabei keinerlei Nachweispflicht, zwischen 2014 und 2019 aber noch mit allgemeiner investiver Zweckbindung.
- *Forschungsbauten und Großgeräte:* Die Förderung der Errichtung von Forschungsbauten und Anschaffung von Großgeräten an Hochschulen wird seit 2007 als **Gemeinschaftsaufgabe** zwischen Bund und Ländern nach Art. 91b Abs. 1 GG vom Bund unterstützt. Administrativ werden die Förderungen von Forschungsbauten über die Landeswissenschaftsministerien abgewickelt; die Förderempfehlungen trifft die Gemeinsame Wissenschaftskonferenz (GWK). Förderungen von Großgeräten werden über die DFG abgewickelt, die Förderempfehlungen jedoch auch hier von der GWK ausgesprochen.[14] 2017 förderte der Bund Forschungsbauten und Großgeräte mit 294 Mio. Euro. Die jeweiligen Länder beteiligen sich immer mit der gleichen Summe der Bundesförderung. Insgesamt flossen im selben Jahr 381 Mio. für Forschungsbauten und 205 Mio. Euro für Großgeräte (GWK, 2019).

EU und andere Mittelgeber
Kofinanzierungen zu Bauprojekten im Hochschulbereich werden auch aus dem Europäischen Fonds für Regionale Entwicklung (**EFRE**) geleistet – sofern damit

---

[13] http://www.his-he.de/presse/news/ganze_pm?pm_nr=1434 (12.3.2016); zu Details der Berechnungen vgl. Stibbe und Stratmann (2016).
[14] https://www.bmbf.de/de/forschungsbauten-und-grossgeraete-542.html (1.11.2015).

ein Beitrag zum Programmziel, große regionale Entwicklungsrückstände und Strukturprobleme auszugleichen, verbunden ist.[15]

Daneben werden nicht unerhebliche Investitionsbeiträge und Kofinanzierungen auch aus Mitteln Dritter im Rahmen von Projekten getätigt. Diese den **Drittmittelgebern** genau zuzurechnen, ist allerdings schwierig, da dies Einblick in die Finanzierungsunterlagen der Drittmittelprojekte erfordern würde.

Zum Teil lassen sich Investitionszahlungen des Bundes (nach Art. 91b GG) und der EU aus den Landeshaushalten, über die diese Mittel an die Hochschulen durchgereicht werden, herausrechnen. Für die amtliche Statistik werden die Investitionsmittel durch die Hochschulen nur aufsummiert für die ganze Hochschule gemeldet, d. h. ohne Gliederung nach Mittelherkunft. Daraus ergibt sich, dass der Anteil des jeweiligen Landes an den Investitionen systematisch überschätzt wird.

3.3 Hochschulsystemfinanzierung im weiteren Sinne

Das öffentliche Hochschul*system* ist nicht nur die Gesamtheit aller öffentlich unterhaltenen Hochschulen (zusammen mit den privaten Hochschulen ist das die Hochschul*landschaft*). Als System integriert es ebenso **Einrichtungen**, die zwar keine Hochschulen sind, doch **funktionsnotwendige Bestandteile des Hochschulsystems**, indem sie Dienstleistungsaufgaben für Lehre und Forschung erfüllen. Das Hochschulsystem in diesem Sinne lässt sich als ein Leistungsbereich verstehen statt nur als Ansammlung aller Hochschulen. Doch gehört die Gesamtheit der Hochschulen selbstredend auch zum Hochschulsystem.

Das heißt für unser Thema: Die Hochschulsystemfinanzierung umfasst (a) die in Abschn. 3.2 dargestellte Hochschulfinanzierung zuzüglich (b) der nun darzustellenden Einrichtungen und Mittelflüsse. Nicht relevant sind für diese Betrachtung Einnahmen aus wirtschaftlicher Tätigkeit (vor allem seitens der Universitätskliniken).

3.3.1 Hochschulunterstützende Einrichtungen

Einrichtungen, die selbst keine Hochschulen, aber funktionsnotwendige Bestandteile des Hochschulsystems sind, indem sie Dienstleistungsaufgaben für Lehre und Forschung erbringen, sind:

- die Deutsche Forschungsgemeinschaft (DFG)
- den Deutschen Akademischen Austauschdienst (DAAD)
- die Alexander von Humboldt-Stiftung
- 58 Studentenwerke und
- 13 Begabtenförderwerke

---

[15] Für Beispiele vgl. Gillessen und Maue (2014: 39–57).

3 Hochschulfinanzierung

Bund-Länder-finanziert
Zwei der hochschulunterstützenden Einrichtungen werden von Bund und Ländern gemeinsam finanziert bzw. unterstützt:

- *Deutsche Forschungsgemeinschaft (DFG):* Die Aufgabe der DFG ist die Auswahl und finanzielle Förderung von Forschungsvorhaben an Universitäten und außeruniversitären Forschungseinrichtungen. Sie fördert Einzelvorhaben und vergibt Stipendien. Ihr Etat wird überwiegend vom Bund und den Ländern – im Verhältnis von 66 zu 34 Prozent – getragen, einschließlich der Programmpauschalen[16] (GWK, 2020, S. 6). Im Jahre 2018 lagen die **Gesamtausgaben** (ohne Verwaltung) bei rund **3,2 Mrd. Euro**, wobei etwa 87 Prozent an die Hochschulen und 13 Prozent an außeruniversitäre Forschungseinrichtungen flossen.[17] Einen Schwerpunkt stellen die Sonderforschungsbereiche dar. Diese sind auf eine Dauer von bis zu zwölf Jahren angelegt und können von bis zu drei Hochschulen beantragt werden. Auch Graduiertenkollegs – mit einer Dauer von bis zu fünf Jahren – stellen einen wichtigen Förderschwerpunkt dar.[18]
- *Studentenwerke:* Die Studentenwerke sind regional organisiert – als 58 jeweils eigenständige Werke. Sie leisten Aufgaben im Bereich von Hochschulgastronomie, Wohnen, Studienfinanzierung, Kinderbetreuung, Beratungs- und Vermittlungsdienste sowie kulturelle Aufgaben. Ihren **Gesamtetat** von **1,8 Mrd. Euro** (2018) bestreiten sie zu 81 Prozent aus Umsätzen und Beiträgen der Studierenden. Daneben erhalten die Werke öffentliche Mittel von Bund und Ländern. Im Jahr 2018 flossen so insgesamt 338 Mio. Euro an die Studentenwerke, davon Landeszuschüsse in Höhe von 161 Mio. Euro sowie Zuschüsse und Aufwandserstattungen des BMBF in Höhe von 177 Mio. Euro (DSW, 2019).

Bundesfinanziert
Zwei Einrichtungen unterhält der Bund, um Individualförderungen abzuwickeln – den Deutschen Akademischen Austauschdienst und die Alexander von Humboldt-Stiftung:

- *Deutscher Akademischer Austauschdienst (DAAD):* Der DAAD wird von den Hochschulen und der Studierendenschaft, repräsentiert durch ihre Organe, getragen. Er hat als Förderorganisation die Aufgabe, den internationalen Austausch von Studierenden und Wissenschaftlern zu fördern. Das **DAAD-Budget** betrug

---

[16] Diese waren bis 2016 vom Bund vollfinanziert. Seit 2016 gilt indes für Neubewilligungen eine Länderbeteiligung von 9,1 Prozent. Die Mittel für die Programmpauschalen betrugen 2017 insgesamt 395 Mio. Euro (GWK, 2019: 36).

[17] Die Relationen wurden auf Basis der Zahlen von 2018 ermittelt: An die Hochschulen flossen 2,77 Mrd. Euro Drittmittel der DFG, welche Gesamtausgaben (inkl. Verwaltungsausgaben) von 3,19 Mrd. Euro hatte (DFG, 2019; StatBA, 2020b).

[18] Für eine umfassende Beschreibung der DFG-Förderaktivitäten siehe http://www.dfg.de/foerderung/programme (20.4.2021).

im Jahr 2018 rund **559 Mio. Euro**, darunter Programmausgaben in Höhe von 485 Mio. Euro. Öffentliche Mittelgeber bestreiten mit 465 Mio. Euro etwa 95 Prozent des Gesamtetats; der Rest wird durch Eigen- und Drittmittel aus dem In- und Ausland finanziert. Etwa 60 Prozent der öffentlichen Mittel sind Bundesmittel. Die Länder sind nur geringfügig an der DAAD-Finanzierung beteiligt (2,5 Prozent). Dagegen ist die EU der zweitwichtigste Finanzierungspartner des DAAD mit etwa 37 Prozent der öffentlichen Mittel (DAAD, 2019).

- *Alexander von Humboldt-Stiftung:* Die Alexander von Humboldt-Stiftung fördert als bundeseigene Stiftung den internationalen Austausch von Wissenschaftler*innen u. a. durch verschiedene Forschungsstipendien und Preise. Zentraler Aspekt ihrer Arbeit ist die Mittlerfunktion in der internationalen Forschungszusammenarbeit. Die Stiftung wird zu 96 Prozent aus Bundesmitteln gefördert und hatte im Jahre 2019 einen **Etat** von rund **134 Mio. Euro**. Die Zuwendungen kamen dabei vom Auswärtigen Amt, dem BMBF, dem Bundesministerium für wirtschaftliche Zusammenarbeit und Entwicklung sowie dem Bundesministerium für Umwelt, Naturschutz und Reaktorsicherheit (AvH, 2020).

Daneben finanziert der Bund weitgehend die **13 Begabtenförderwerke**:

- Avicenna-Studienwerk (muslimische Begabtenförderung)
- Cusanuswerk – Bischöfliche Studienförderung (katholisch)
- Evangelisches Studienwerk Villigst
- Ernst Ludwig Ehrlich Studienwerk (jüdische Begabtenförderung)
- Friedrich-Ebert-Stiftung (SPD-nah)
- Friedrich-Naumann-Stiftung für die Freiheit (FDP-nah)
- Hanns-Seidel-Stiftung (CSU-nah)
- Hans-Böckler-Stiftung (DGB-nah)
- Heinrich-Böll-Stiftung (Bündnis 90/Die Grünen-nah)
- Konrad-Adenauer-Stiftung (CDU-nah)
- Rosa-Luxemburg-Stiftung (Die Linke-nah)
- Stiftung der Deutschen Wirtschaft (unternehmernah)
- Studienförderwerk Klaus Murmann (arbeitgebernah)
- Studienstiftung des deutschen Volkes (politisch und konfessionell unabhängig)

3.3.2 Individualförderungen

Neben den institutionellen und Projekt- bzw. Programmfinzierungen gibt es individuelle Förderungen, ganz überwiegend vom Bund und z. T. von der EU finanziert. Hinsichtlich der Mittelflüsse überschneiden sich diese zum Teil mit den Finanzierungen der hochschulunterstützenden Einrichtungen, insofern diese Einrichtungen überwiegend zu dem Zweck unterhalten werden, individualisierte Förderungen innerhalb des Hochschulsystems zu verteilen.

3 Hochschulfinanzierung

Zu den individuellen Förderungen zählen im Einzelnen die Studienförderungen, Promotionsstipendien sowie Internationalisierungs- und Wissenschaftler*innen-Förderungen, aber auch indirekte Förderungen über Kindergeld und Steuernachlässe.

Studien- und Promotionsförderungen

Das wichtigste Instrument der Studienförderung ist das BAföG, bedeutsam sind auch die Begabtenförderwerke, und eine nachgeordnete Rolle spielt das Deutschlandstipendium. Alle werden vom Bund finanziert:

- *BAföG:* Im Jahr 2015 übernahm der Bund die alleinige Finanzierung des BAföG, nachdem zuvor auch die Länder daran beteiligt waren. Insgesamt umfasste die Förderung von 517.675 Studierenden mittels BAföG im Jahr 2018 ein Volumen von **2 Mrd. Euro** (StatBA, 2019b). Es wurden rund 18 Prozent aller Studierenden gefördert. Zum Vergleich: Im Jahr 2013 waren es noch 2,3 Mrd. Euro bei 665.928 geförderten Studierenden (25 Prozent aller Studierenden) (StatBA, 2014).
- *Begabtenförderwerke:* Deren Finanzmittel werden überwiegend durch das Bundesministerium für Bildung und Forschung (BMBF) und daneben – zur Förderung ausländischer Stipendiaten – vom Auswärtigen Amt (AA) bereitgestellt. Das BMBF steuerte hier im Jahr 2017 262 Mio. Euro bei, das Auswärtige Amt weitere Mittel. Im gleichen Jahr wurden damit 29.460 Studienstipendiaten (ohne Promovierende) gefördert.[19]
- *Deutschlandstipendium:* Im Jahre 2010 eingeführt, stellt diese Stipendienform eine Individualförderung für Studierende an staatlichen und staatlich anerkannten Hochschulen dar. Die individuelle Förderhöhe ist auf 300 Euro pro Monat festgesetzt. Die Kosten werden hälftig vom Bund und privaten Förderern übernommen. Dabei muss der private Stipendienanteil von den Hochschulen eingeworben werden. 2019 wurden für das Deutschlandstipendium 27 Mio. Euro Bundesmittel aufgewendet (StatBA, 2020a, S. 32).
- *Kindergeld und Steuernachlässe:* Eine indirekte Form der individualisierten Studienförderung stellen die staatliche Gewährung von Kindergeld und steuerliche Nachlässe für Eltern studierender Jugendlicher bzw. junger Erwachsener dar. Die Höhe des Kindergelds, das bis zur Vollendungs des 25. Lebensjahrs ausgezahlt werden kann, beträgt zurzeit mindestens 190 Euro pro studierendem Kind. Schwarzenberger (2008, S. 69) schätzte den Anteil der Gesamtausgaben für Kindergeld, das Familien mit studierenden Kindern zukommt, auf etwa 1,9 Mrd. Euro im Jahr 2004. Unter Hinzunahme weitere Nachlässe (Freibeträge, absetzbare Bildungsausgaben etc.) wurden die indirekten Förderungen im Jahr 2004 auf 3,1 Mrd. Euro beziffert. Jüngere Zahlen sind nicht bekannt.

Promotionsförderungen in Stipendienform werden realisiert über Landesgraduiertenprogramme und die vom Bund finanzierten Begabtenförderwerke. Die Ländermittel dafür werden über die Hochschulen an die Promovierenden aus-

---

[19] https://www.bmbf.de/de/die-begabtenfoerderungswerke-884.html (27.5.2020).

gereicht. Überwiegend aber laufen Stipendienfinanzierungen für Promovierende über die Begabtenförderwerke.

Internationalisierungs- und Wissenschaftler*innen-Förderungen
Dafür werden Stipendien vom DAAD, der Alexander von Humboldt-Stiftung (AvH) und der DFG vergeben:

- Stipendien stellen das hauptsächliche Förderinstrument des **DAAD** dar. Prominentestes Einzelprogramm ist das Erasmus-Programm der EU (s. u.), für welches der DAAD als Nationale Agentur im EU-Auftrag die Koordinierung und Durchführung wahrnimmt. Insgesamt wurden 2018 145.188 Personen durch den DAAD gefördert, darunter 51.064 im Rahmen der EU-Mobilitätsförderungen (DAAD, 2019).
- Die Alexander von Humboldt-Stiftung (**AvH**) förderte als bundeseigene Stiftung seit ihrer Gründung bis Januar 2020 rund 30.187 internationale Preisträger*innen und Stipendiat*innen. Finanziert hat sich die AvH im Jahr 2019 aus 131 Mio. Euro an Bundeszuschüssen und 7,8 Mio. Euro aus Zuwendungen Dritter (AvH, 2020).
- Auch die **DFG** finanziert Stipendien verschiedener Art. Diese Einzelförderungen richten sich an Forscher mit abgeschlossener Promotion. Dazu gehören Forschungsstipendien, Emmy Noether-Programm, Heisenberg-Programm oder Reinhart Koselleck-Projekte. Zusammen machten diese im Jahr 2018 ein Fördervolumen von 145 Mio. Euro aus (DFG, 2019).

Darüber hinaus reicht auch die **EU** auf verschiedenen Wegen individualisierte Förderungen aus:

- Das schon erwähnte **Erasmus-Programm** ist aufgrund seiner Dauer (seit 1987) und Reichweite zum bekanntesten Austauschprogramm für Studierende geworden. Im Hochschuljahr 2018 nahmen rund 45.000 Studierende aus Deutschland am Erasmus-Programm teil. Dabei kam eine Gesamtfördersumme von 125 Mio. Euro zusammen (DAAD, 2019).
- Im Rahmen des seit 2014 zusammengefassten **Erasmus-plus-Programms** laufen Fördermaßnahmen, die Lehr- und Forschungsaufenthalte von Hochschulwissenschaftler*innen (Jean-Monnet-Programm) und weltweiten Studierendenaustausch (Erasmus Mundus) ermöglichen.[20]
- Aus den Mitteln von „Horizont 2020" wurden vom **Europäischen Forschungsrat (ERC)** seit 2007 individuelle Förderungen an Forscher*innen für knapp 9500 Projekte vergeben, darunter 407 Neubewilligungen im Jahr 2019, von denen 73 nach Deutschland gingen. Die geförderten Forscher*innen beschäftigen im Durchschnitt sechs weitere Personen, überwiegend Nachwuchswissen-

---

[20] https://eu.daad.de/programme-und-hochschulpolitik/erasmus-plus/de/ (28.5.2020).

schaftler*innen. Im Jahr 2019 standen rund 2 Mrd. Euro für die Förderungen des ERC zur Verfügung.[21]

3.3.3 Weiteres

Beiträge der außeruniversitären Forschung
Die außeruniversitären Forschungseinrichtungen werden nach unterschiedlichen Schlüsseln von Bund und Ländern bzw. der Ländergemeinschaft finanziert. Außer bei der Leibniz-Gemeinschaft und der Max-Planck-Gesellschaft (50:50) kommen die Mittel überwiegend vom Bund.

Die **personenbezogenen Kooperationen** zwischen Forschungsinstituten und Hochschulen im Bereich des Leitungspersonals umfassen auch Lehrdeputate. Im Jahr 2017 hatten insgesamt 1234 der W2- und W3-Professor*innen zugleich eine Leitungsfunktion an einem Forschungsinstitut von Helmholtz-Gemeinschaft, Leibniz-Gemeinschaft, Fraunhofer-Gesellschaft oder Max-Planck-Gesellschaft inne (GWK, 2019, S. 106).

Die Kosten für diese Professuren werden voll von der jeweiligen Forschungseinrichtung getragen und können daher als monetärer Vorteil für die Hochschulen angesehen werden. Teilt man kalkulatorisch das Zeitbudget eines Hochschullehrers hälftig zwischen Forschung und Lehre auf und legt einen Lehrleistungsanteil von einem Viertel einer Vollprofessur, also zwei SWS, zugrunde, so lagen die von den Universitäten **eingesparten Besoldungskosten** bei rund 12 Millionen Euro.[22] Rechnet man den Lehrleistungsanteil auf Personalstellen um, dann erhöht die sich die Zahl der Professuren, die an Universitäten lehren, um zwei Prozent gegenüber den statistisch gezählten 15.389 W2/W3-Universitätsprofessuren in 2017 (StaBA, 2018).

Sonderfall: Bundeshochschulen
Der Bund ist auch selbst Träger von **sechs Hochschulen** mit 16 Standorten:

- Hochschule der Bundesagentur für Arbeit mit je einem Campus in Mannheim (Baden-Württemberg) und in Schwerin (Mecklenburg-Vorpommern)
- Hochschule der Deutschen Bundesbank in Hachenburg (Rheinland-Pfalz)
- Helmut-Schmidt-Universität/Universität der Bundeswehr Hamburg
- Universität der Bundeswehr München (Bayern)
- Hochschule der Polizei (DHPol), Münster-Hiltrup (NRW)[23]

---

[21] https://erc.europa.eu/projects-figures/facts-and-figures (28.5.2020).
[22] Hierfür wurde eine mittlere Jahresbesoldung einer W2/W3-Besoldung mit Sonderzahlungen von 75.000 Euro angenommen. Tatsächlich unterscheidet sich die Besoldung für W2- und W3-Professuren und variiert zwischen den Bundesländern. Unbeachtet sind hier die individuellen Berufungs-, Leistungs- und Bleibezulagen. Eine Übersicht für Länder und Hochschulen findet sich unter https://www.hochschulverband.de/index.php?id=w-besoldung#_ (28.5.2020).
[23] Träger sind die Polizeien der Länder und des Bundes.

- Hochschule des Bundes für öffentliche Verwaltung: Sie hat ihren Zentralbereich in Brühl (Nordrhein-Westfalen). Ihr zugehörig sind zehn Fachbereiche und zwei Abteilungen an acht Standorten.

Die Hochschulen des Bundes gaben im Jahr 2018 rund **300 Mio. Euro** aus, wovon der Bund 250 Mio. Euro an laufenden Trägermitteln bereitstellte (StatBa, 2020b).

Private Finanzierungen
Als Besonderheiten werden in der vorliegenden Darstellung nichtöffentliche Finanzierungen behandelt: Zum Ersten sind sie für die Frage, welche Anstrengungen die öffentlichen Hände zur Finanzierung des öffentlichen Hochschulsystems unternehmen, nicht informativ. Zum Zweiten sind sie z. T. vom Kernbereich der Hochschulaufgaben – Forschung und Lehre – getrennt. Zum Dritten spielen nichtöffentliche Finanzierungen im deutschen Hochschulsystem, alles in allem, eine untergeordnete Rolle. Die nichtöffentlichen Quellen entstammenden Mittelflüsse seien aber zumindest nachrichtlich erwähnt:

- Quantitativ durchaus bedeutsam sind zwar die „Einnahmen aus wirtschaftlicher Tätigkeit und Vermögen", die sich 2018 deutschlandweit auf 20,4 Mrd. Euro beliefen und von denen etwa 94 Prozent durch die **Universitätsklinika** erwirtschaftet wurden (StatBA, 2020b). Doch handelt es sich dabei um die Finanzierung von Leistungen, die klar von den Kernaufgaben der Hochschulen – Forschung und Lehre – unterschieden sind.
- Die **Drittmittel privater Geldgeber** sind für die Gesamtfinanzierung des Hochschulsystems nicht sehr bedeutsam. Soweit diese Mittel von Unternehmen stammen, bewegen sie sich bei vier Prozent der Hochschulsystemfinanzierung. Von privaten Stiftungen kommen 1,5 Prozent. Beide zusammen gaben 2018 ca. 2 Mrd. Euro in das Hochschulsystem (StatBA, 2020b).
- Die in der Hochschulstatistik ausgewiesenen **Beiträge der Studierenden** enthalten Semesterbeiträge, Gebühren, Langzeit- und Zweitstudiengebühren. Diese beliefen sich 2018 auf 1,3 Mrd. Euro (StatBA, 2020b).
- Neben den Hochschulen in staatlicher oder kirchlicher Trägerschaft gibt es derzeit 110 **staatlich anerkannte private Hochschulen** (Stand April 2021).[24] Im Jahr 2017 gaben die privaten Hochschulen 2,1 Mrd. Euro aus. Darunter wurden 81 Mio. Euro aus Drittmitteln und 977 Mio. Euro aus Beiträgen der Studierenden bestritten (StatBA, 2019a). Weitere 798 Mio. Euro an Ausgaben lassen sich der dortigen Humanmedizin und medizinischen Einrichtungen zuordnen (StatBA, 2019a). Laut einer Studie des Stifterverbands setzt sich die durchschnittliche Einnahmenstruktur der privaten Hochschulen zu 55 Prozent aus Studienbeiträgen, zu 14 Prozent aus wirtschaftlicher Tätigkeit, zu 12 Prozent aus Grundmitteln des Trägers sowie staatlichen Zuschüssen und zu 19 Prozent aus weiteren

---

[24] https://www.hochschulkompass.de/hochschulen (22.4.2021).

Quellen (öffentliche Drittmittel, sonstige Drittmittel, andere Zuschüsse) zusammen (Frank et al., 2010).

Marginalien und schwer aufklärbare Reste
Sowohl aus den primären Quellen zur Hochschulfinanzierung als auch unter Berücksichtigung weiterer öffentlich zugänglicher Daten zur Hochschulsystemfinanzierung lässt sich **kein *absolut* vollständiges Gesamtbild** aller Finanzierungstatbestände herstellen. Dies betrifft insbesondere die exakte Höhe der Beteiligung des Bundes.

So weist der Bildungsfinanzbericht (genauer der Tabellenteil „Ausgaben für Bildung, Funktion 13 – Hochschulen", z. B. StatBA, 2019c) zwar nach Bund, Ländern und Körperschaftsgruppen differenzierte Einnahmen bzw. Ausgaben für den Hochschulbereich aus. Guido Speiser (2016, S. 11, 12 ff.) macht aber darauf aufmerksam, dass damit nicht alle Ausgaben des Bundes erfasst sind:

- Zum Beispiel werden dort nicht die Bundesanteile der Großgeräteförderung ausgewiesen.
- Ebensowenig gelingt eine genaue Ermittlung der Ausgaben des Bundes für die Hochschulen, wenn man die im Bildungsfinanzbericht herangezogene Jahreshaushaltsstatistik der öffentlichen Ausgaben für Hochschulen nutzt: Die einzelnen Ausgabenpositionen der Haushaltssystematiken werden vom Statistischen Bundesamt nach dem Schwerpunktprinzip entweder der Oberfunktion Hochschulen oder anderen Haushaltsfunktionen, z. B. der außeruniversitäten Forschung, zugewiesen. Die Projektfördermittel des BMBF laufen größtenteils nicht bei den Hochschulen, sondern unter der Funktion „Forschung und experimentelle Entwicklung". Diese **Zurechnungsproblematik** gilt auch für Projektförderungen anderer Bundesministerien, für die Hochschulen mittels Auftragsforschung tätig werden.
- Auch kann nicht ermittelt werden, inwiefern Hochschulen Teile der **Drittmittel** des Bundes an andere Kooperationspartner **weiterreichen** bzw. von Kooperationspartnern Beträge aus Bundesförderungen erhalten.
- Ferner werden **Verwaltungshochschulen** und die **Bundeswehruniversitäten** in der Jahreshaushaltsstatistik nicht dem Bereich Hochschulen zugerechnet, da sie nicht dem BMBF, sondern den jeweils fachlich zuständigen Ressorts zugeordnet sind.
- Ebenso schwer bezifferbar sind **indirekte Förderungen des Hochschulsystems** durch familienbezogene Leistungen wie Kindergeld, Kinderfreibetrag, Unterhaltsfreibetrag, Ausbildungsfreibetrag sowie kinderbezogene Erweiterungen der Absetzbarkeit von Ausgaben für Altersabsicherung, Arbeitslosigkeit oder Eigenheim. Allerdings zielen diese Förderungen nicht auf das Hochschulsystem ab, sondern sind vor allem familienpolitisch und arbeitsmarktpolitisch begründet. Insofern muss man sie auch nicht als Teil der Hochschulsystemfinanzierung auffassen.

Das heißt, es gibt **sowohl Über- als auch Unterschätzungen** der Summen, die tatsächlich von Hochschulen und im bzw. für das Hochschulsystem verausgabt werden. Es bleibt stets ein gewisser Unsicherheitsbereich, was die genaue Gesamtbeteiligung des Bundes angeht. Speiser (2016, S. 13 f.) vermutet daher, dass mehr Mittel des Bundes den Hochschulen zufließen, als die dem Bildungsfinanzbericht zugrundegelegte Haushaltsstatistik erkennen lasse.

In anderer Hinsicht lassen sich Größenordnungen schwer ermitteln, da sie nicht der amtlichen Statistik gemeldet werden. So fördern etwa internationale Organisationen Forschungsprojekte oder ausländische Regierungen Institute an deutschen Hochschulen (etwa, durchaus umstritten, die chinesische Regierung 16 Konfuzius-Institute[25]). Die dabei fließenden Beträge sind jedoch im Vergleich zur Gesamtfinanzierung der deutschen Hochschulen marginal.

Letztlich ist ein Teil der öffentlichen Ausgaben auch zu geringfügig und wird deshalb nicht konkret ausgewiesen. Vereinzelt gibt es beispielsweise kommunale Zuschüsse für öffentliche Hochschulen. Sie werden in der Fachreihe zu den Finanzen der Hochschulen nicht explizit ausgewiesen, sondern sind mit anderen Teilkomponenten in der Einnahmekategorie „Andere Einnahmen aus Zuweisungen und Zuschüssen (ohne Träger)" zusammengefasst.

3.4 Fazit

Angesichts der herausgearbeiteten Kompliziertheiten der Mittelströme erscheint es fast ein wenig euphemistisch, von einer „Finanzierungssystematik" zu sprechen. Eher könnte man von einer historisch gewachsenen **Überverflechtung** der verschiedenen beteiligten Ebenen und Mittelgeber sprechen (s. Tab. 3.1). Diese hat in den letzten Jahren – trotz Föderalismusreform – nicht ab-, sondern zugenommen.

In der Perspektive der Hochschul*system*finanzierung gibt es drei verschiedene Typen von Mittelempfängern:

- die Hochschulen als Empfänger von Trägermitteln, Programm- und Projektmitteln sowie Investitionen,
- hochschul- bzw. wissenschaftsunterstützende Einrichtungen sowie
- Individuen: Studierende und Einzelwissenschaftler*innen.

Betrachtet nach Finanzierungsgegenständen, ruht die öffentliche Hochschulsystemfinanzierung auf fünf Säulen:

- die institutionelle Finanzierung der Hochschulen in Bezug auf Personal- und Sachmittel;
- programm- und projektgebundene Finanzierungen von Leistungsprozessen, also Lehre und Forschung, durch Personal- und Sachmittel;

---

[25] Vgl. http://www.konfuzius-institute.de/ (25.5.2020).

3 Hochschulfinanzierung

Tab. 3.1 Beteiligte und Finanzierungsgegenstände im Hochschulsystem

	Finanzierung der Hochschulen	Individualförderungen
Land	• Trägermittel • Investitionen • Kofinanzierung DFG • Kofinanzierung Bund-Länder-Programme • Zuschüsse Studentenwerke	• Landesgraduiertenförderung • Geringfügige Kofinanzierung DAAD
Bund	• Kofinanzierung DFG • Kofinanzierung Investitionen • Kofinanzierung Bund-Länder-Programme • Förderungen und eigene Programme • Zuschüsse Studentenwerke • Hochschulen des Bundes	• BAföG (seit 2015 Alleinfinanzierung) • Begabtenförderwerke • Deutschlandstipendium • Hauptfinanzierung DAAD • Alexander von Humboldt-Stiftung
EU	• Kofinanzierung Investitionen durch EFRE • Kofinanzierung Landes- und/oder Bundesprogramme durch ESF-Mittel • FRP-Förderungen/Horizont 2020	• Zuwendungen DAAD • Erasmus-Programm
Andere	• Förderungen durch Stiftungen, gewerbliche Wirtschaft und jeweils andere Bundesländer • Lehrleistungen der außeruniversitären Forschungseinrichtungen	

Quelle: eigene Darstellung

- die institutionenbezogene Bereitstellung von Investitionsmitteln;
- die Finanzierung hochschul- bzw. wissenschaftsunterstützender Einrichtungen;
- individuell gebundene Finanzierungen zur Teilhabe an der hochschulischen Lehre bzw. Forschung.

In der Diskussion um die Hochschulfinanzierung werden meist nur die erste Säule herangezogen, die zweite bis vierte Säule nicht immer berücksichtigt und die letzte Säule prinzipiell außen vorgelassen. Erst in letzter Zeit halfen hier die Debatten rund um die Veränderung der BAföG-Finanzierung, den **Blick** wieder etwas mehr über die Hochschulen hinaus auf das **Hochschulsystem als Ganzes auszuweiten**. Hinzu treten schließlich als sechste Säule Beiträge zur Hochschulfinanzierung aus nichtöffentlichen Quellen.

Die Hochschulfinanzierung deckt folglich nur einen Teil der Hochschulsystemfinanzierung ab. Immerhin aber ist dieser Teil größer, als es die ergänzenden Finanzierungen sind. In der Diskussion um die Hochschulausstattungen werden meist die **laufenden Trägermittel der Länder** als zentrale Bezugsgröße herangezogen und damit nur ein **Teil der Mittel**, aus denen das Hochschulsystem seine Ausgaben finanziert, nämlich 60 Prozent der von der öffentlichen Hand bereitgestellten Mittel. Häufig sind solche Betrachtungen auch für ihren jeweiligen Zweck hinreichend. Doch liefert die integrierte Betrachtung der gesamten Mittelflüsse im Hochschulsystem eine bislang wenig erschlossene Perspektive auf den Gesamtumfang der überwiegend öffentlichen Gelder, die für die Hochschulen eingesetzt werden.

Die Strukturanalyse dieser Finanzierungslandschaft (s. Abb. 3.7) und ihre Beobachtung auf der Zeitachse führen dazu, dass einige Entwicklungen identifiziert werden können:

- *Grundfinanzierung überwiegend gestiegen:* Von 2006 bis 2018 wuchsen die laufenden Trägermittel der Hochschulen bundesweit nominal um 55 Prozent. Berücksichtigt man die Kostenaufwüchse in dem betrachteten Jahrzehnt, dann stiegen die Ausgaben real um **31 Prozent**. Das entspricht gleichwohl nicht vollständig den parallel **gewachsenen Leistungsanforderungen**, die sich insbesondere durch die stark gestiegenen Studierendenzahlen ergeben haben.
- *Grundfinanzierungsanteile überschätzt:* Den wesentlichen Finanzierungsanteil bilden mit 60 Prozent der gesamten öffentlichen Hochschulsystemfinanzierung die laufenden Trägermittel der Hochschulen, überwiegend aufgebracht von den Sitzländern, aber auch durchlaufende Bundesmittel enthaltend. Zieht man die durchgereichen Bundesmittel aus dem Hochschulpakt ab, sind es nur noch 54 Prozent. Zugleich heißt dies: **40 Prozent** (bzw. ohne Hochschulpakt 46 Prozent) der öffentlichen Hochschulsystemfinanzierung werden **jenseits der laufenden Trägermittel** abgedeckt.
- *Zielvereinbarungen als Sicherungsinstrument:* Das wesentliche Instrument zur Entwicklung der Hochschulfinanzierung in den Ländern sind inzwischen vertragsförmige Vereinbarungen zwischen den Ländern und ihren jeweiligen Hochschulen („Zielvereinbarung", „Hochschulvertrag" und dergleichen.). Eingeführt seit 1997 und **seit 2006 in allen Bundesländern** angewandt, waren sie zunächst vor allem Instrumente, um für die Hochschulen nur wenig vorteilhafte Tauschgeschäfte zu realisieren: Mittelkürzungen gegen mehr Autonomie. Das hat sich gewandelt. Inzwischen sind die Hochschulverträge überwiegend Instrumente, mit denen die Hochschulen vor jährlichen Infragestellungen ihrer Mittelbedarfe geschützt werden. Indem das Vertragssystem die Hochschulfinanzierung in jeweils definierter Höhe über einen definierten Zeitraum sichert, wird im Hochschulbereich etwas realisiert, wovon z. B. Kommunen, aber auch die meisten Museen oder Konzerthäuser nur träumen können.
- *Bedeutungszunahme landesexterner Mittel:* Die Bedeutung von externen Mitteln für die Hochschulsystemfinanzierung hat in den letzten 20 Jahren sehr stark zugenommen. Positiv formuliert: Das Hochschulsystem konnte sich in beträchtlichem Maße ergänzende Finanzierungsressourcen erschließen, die nicht von den Sitzländern bereitgestellt werden. Dieser deutliche Anstieg externer Mittel federte eine weitere Verschärfung der Ausstattungssituation etwas ab. Das bedeutet aber ebenso, dass sich die Hochschulen sehr viel stärker als früher – inzwischen zu rund einem **Viertel** – aus **Programm- und Projektmitteln** finanzieren, die naturgemäß nicht dauerhaft bzw. verlässlich zur Verfügung stehen.
- *Bedeutungszunahme von Bundesfinanzierungen:* Das ergänzende Engagement des Bundes ist in den letzten Jahren deutlich intensiviert worden. Mit rund 10 Mrd. Euro trägt der Bund mittlerweile **fast ein Drittel** zur Finanzierung des Hochschulsystems bei. Die in den meisten Ländern positiven Entwicklungen der laufenden Trägermittel seit 2006 wurden zu beträchtlichen Anteilen durch Bundeszuschüsse für den Hochschulpakt gedeckt.

3 Hochschulfinanzierung

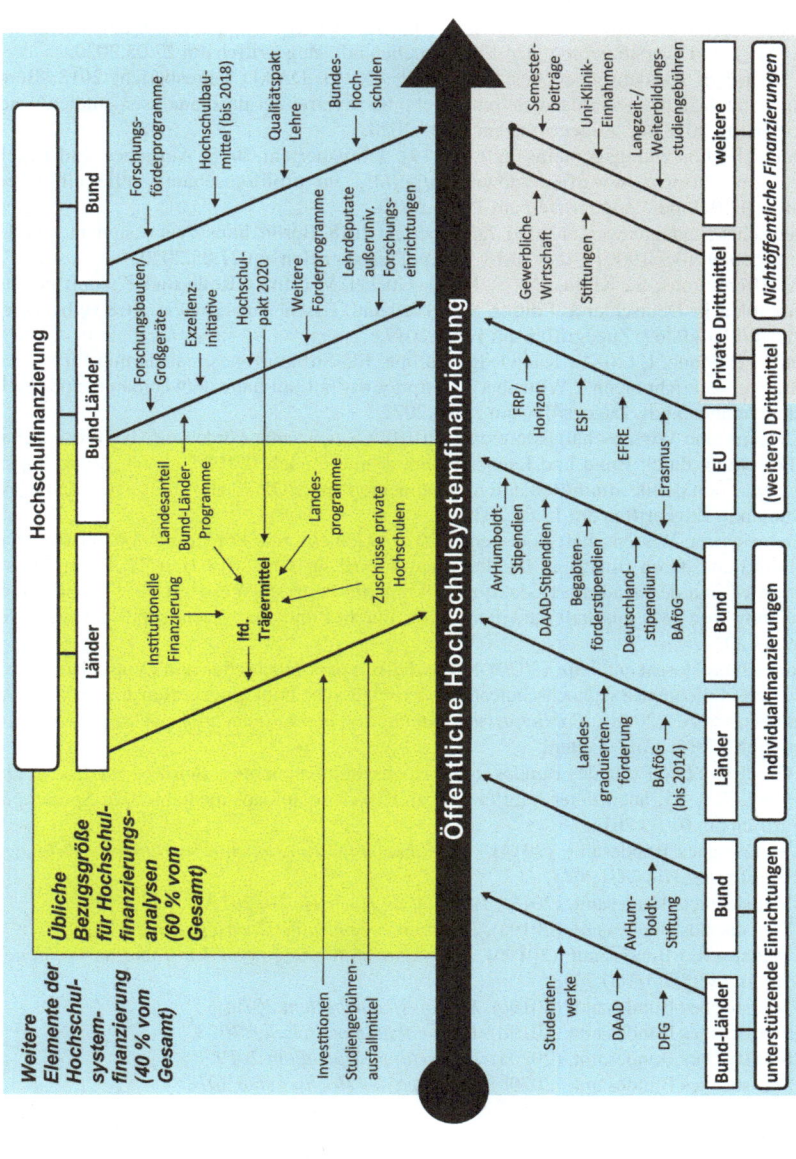

Abb. 3.7 Zusammensetzung der Hochschulsystemfinanzierung

Literatur

AvH, Alexander-von-Humboldt-Stiftung. (2020). Jahresbericht 2019, Bonn. http://www.humboldt-foundation.de/pls/web/docs/F-1710729548/jahresbericht_2019.pdf. Zugegriffen am 28.05.2020.

Babyesiza, A., Berthold, C., & Ziegele, F. (2018). Diversifizierung der Finanzquellen, CHE – Centrum für Hochschulentwicklung, Gütersloh. https://www.che.de/wp-content/uploads/upload/CHE_AP_209_Diversifizierung_der_Finanzquellen.pdf. Zugegriffen am 27.05.2020.

DAAD, Deutscher Akademischer Austauschdienst. (2019). DAAD Jahresbericht 2018, Bonn. https://static.daad.de/media/daad_de/pdfs_nicht_barrierefrei/der-daad/analysen-studien/daad_jahresbericht_2018.pdf. Zugegriffen am 27.05.2020.

DFG, Deutsche Forschungsgemeinschaft. (2019). Jahresbericht 2018. Aufgaben und Ergebnisse, Bonn. https://www.dfg.de/download/pdf/dfg_im_profil/geschaeftsstelle/publikationen/dfg_jb2018.pdf. Zugegriffen am 19.05.2020.

DSW, Deutsches Studentenwerk. (2019). Jahresbericht 2018, Berlin. https://www.studentenwerke.de/sites/default/files/190919_dsw_jb18_web.pdf. Zugegriffen am 27.05.2020.

Frank, A., Hieronimus, S., Killius, N., & Meyer-Guckel, V. (2010). Rolle und Zukunft privater Hochschulen in Deutschland, Edition Stifterverband, Essen. https://www.stifterverband.org/download/file/fid/269. Zugegriffen am 14.04.2017.

Gillessen, J., & Maue, I. (2014). Knowledge Europe. EU-Strukturfondsfinanzierung für wissenschaftliche Einrichtungen, Wittenberg. http://www.hof.uni-halle.de/web/dateien/pdf/HoF-Handreichungen5.pdf. Zugegriffen am 20.05.2022.

GWK, Gemeinsame Wissenschaftskonferenz. (2019). Gemeinsame Förderung von Wissenschaft und Forschung durch Bund und Länder-Finanzströme im Jahr 2017 Heft 66, Bonn. https://www.gwk-bonn.de/fileadmin/Redaktion/Dokumente/Papers/GWK-Heft-66-Gemeinsame_Foerderung.pdf. Zugegriffen am 19.05.2020.

GWK, Gemeinsame Wissenschaftskonferenz. (2020). Gemeinsame Förderung von Wissenschaft und Forschung durch Bund und Länder-Finanzströme im Jahr 2018 Heft 71, Bonn. https://www.gwk-bonn.de/fileadmin/Redaktion/Dokumente/Papers/GWK-Heft-71_Gemeinsame_Foerderung_von_Wissenschaft_und_Forschung_durch_Bund_und_Laender.pdf. Zugegriffen am 19.04.2021.

HRK, Hochschulrektorenkonferenz. (2020). Hochschulkompass. Hochschulen in Deutschland. http://www.hochschulkompass.de/hochschulen/die-hochschulsuche.html. Zugegriffen am 26.05.2020.

Schwarzenberger, A. (2008). *Public/private funding of higher education: A social balance*. Hochschul-Informations-System.

Speiser, G. (2016). Die Rolle des Bundes in der Hochschulfinanzierung. *Beiträge zur Hochschulforschung, 3*, 8–25; auch unter http://www.bzh.bayern.de/uploads/media/3-2016-Speiser.pdf. Zugegriffen am 01.09.2016.

StatBA, Statistisches Bundesamt. (2014). *Ausbildungsförderung nach dem Bundesausbildungsförderungsgesetz (BAföG) 2013*.

StatBA, Statistisches Bundesamt. (2018). *Personal an Hochschulen 2017*.

StatBA, Statistisches Bundesamt. (2019a). *Finanzen der privaten Hochschulen 2017*.

StatBA, Statistisches Bundesamt. (2019b). *Ausbildungsförderung nach dem Bundesausbildungsförderungsgesetz (BAföG) 2018*.

StatBA, Statistisches Bundesamt. (2019c). *Bildungsfinanzbericht 2019*.

StatBA, Statistisches Bundesamt. (2019d). *Personal an Hochschulen 2018*.

StatBA, Statistisches Bundesamt. (2020a). *Deutschlandstipendium 2019*.

StatBA, Statistisches Bundesamt. (2020b). *Finanzen der Hochschulen 2018*.

StatBA, Statistisches Bundesamt. (2020c). *Studierende an Hochschulen Wintersemester 2018/2019*.

Stibbe, J., & Stratmann, F. (2016). *Finanzierungsbedarf für den Bestandserhalt der Hochschulgebäude bis 2025. Wege zumAbbau des Sanierungs- und Modernisierungsstaus im Hochschulbereich*. Hannover. https://hishe.de/fileadmin/user_upload/Publikationen/Forum_Hochschulentwicklung/fh-201601.pdf. Zugegriffen am 20.05.2022.

Prof. Dr. Peer Pasternack ist Professor für Hochschulforschung und Direktor des Instituts für Hochschulforschung Halle-Wittenberg (HoF).

Dr. Justus Henke ist Volkswirt und Nachwuchsgruppenleiter am Institut für Hochschulforschung Halle-Wittenberg (HoF).

Wissenschaftsfreiheit im Grundgesetz

4

Guido Speiser

4.1 Einleitung

In frühmoderner Zeit wurden Grundrechte zunächst in England, Frankreich und den USA schrittweise als Rechtsnormen verankert. In Deutschland fand der Gedanke, die Rechte des Einzelnen vor einer überlegenen Staatsgewalt zu schützen, umfassend erst in die Weimarer Reichsverfassung von 1919 Eingang (Grimm, 2021, S. 18 ff.; Seckelmann, 2018, S. 226 ff.). Nach dem Dritten Reich unternahm das **Grundgesetz 1949** den Versuch, jegliche autoritäre und antidemokratische Entwicklung von vornherein zu bannen. Ein Katalog von im Kern **unveränderlichen und unmittelbar bindenden Grundrechten** (Artikel 1–19 Grundgesetz (GG)) wurde an die Spitze des Textes gestellt – ein rechtlich weitreichender und zugleich symbolischer Akt. In Art. 5 Abs. 3 GG wurde die Freiheit der Wissenschaft verankert, deren Repression und Missbrauch ebenso verhindert werden sollten wie selbst gewählte, z. T. verbrecherische Irrwege. In den ersten beiden Absätzen des Art. 5 GG wird die Meinungs- und Pressefreiheit festgeschrieben, die ebenfalls zu den grundlegenden Freiheitsrechten des deutschen Rechtsstaats zählen.

Art. 5 Abs. 3 GG lautet:

> *Kunst und Wissenschaft, Forschung und Lehre sind frei. Die Freiheit der Lehre entbindet nicht von der Treue zur Verfassung.*

Wie viele andere Grundrechte ist Art. 5 Abs. 3 GG seit 1949 unverändert. Das **Bundesverfassungsgericht (BVerfG)** hat seither über zahlreiche Einzelfälle entschieden, in denen die Wissenschaftsfreiheit mutmaßlich gefährdet oder beeinträchtigt wurde (zur Zitierweise der Entscheidungen des Bundesverfassungsgerichts, siehe Abb. 4.1). Dabei legte das Gericht zugleich Wesen und Grenzen der

---

G. Speiser (✉)
Berliner Büro der Max-Planck-Gesellschaft, Berlin, Deutschland

© Der/die Autor(en), exklusiv lizenziert an Springer-Verlag GmbH, DE, ein Teil von Springer Nature 2022
G. Speiser (Hrsg.), *Wissenschaftsrecht*, Springer-Lehrbuch,
https://doi.org/10.1007/978-3-662-64722-6_4

Abb. 4.1 Klassische Zitierweise von Entscheidungen des Bundesverfassungsgerichts

Wissenschaftsfreiheit aus. Diese Interpretationen haben das heutige Begriffs- und Rechtsverständnis geprägt und dabei v. a. die staatlichen Eingriffsbefugnisse und Pflichten immer wieder neu vermessen. Unter diesen Entscheidungen herausgehoben ist das s. g. **Hochschulurteil von 1973**, in dem das BVerfG erstmals eine umfassende und nach wie vor einschlägige Definition der Wissenschaftsfreiheit vorlegte. In jüngerer Zeit hat das BVerfG vor allem herausgearbeitet, welche Anforderungen aus Art. 5 Abs. 3 GG für die Hochschulorganisation folgen (s. 4.3.2).

Nicht nur das Grundgesetz kennt die Wissenschaftsfreiheit als grundlegende Rechtsnorm. Auch in den Verfassungen vieler anderer Staaten – etwa Österreich, Griechenland oder Portugal – wird das Grundrecht garantiert, freilich in jeweils eigener rechtlicher Ausprägung. Auch in Artikel 13 der europäischen Grundrechtecharta werden die Freiheit von Kunst, Forschung und akademischer Lehre festgeschrieben. In den **Verfassungen vieler Bundesländer** werden die Wissenschaftsfreiheit als Ganzes bzw. bestimmte Teilgehalte wie die Selbstverwaltung der Universitäten verbürgt. Teilweise wird auch auf das Grundgesetz verwiesen. Maßgeblich für den Schutz der Wissenschaftsfreiheit in Deutschland ist aber Art. 5 Abs. 3 GG.

Art. 5 Abs. 3 GG ist von kaum zu überschätzender **Bedeutung für das deutsche Wissenschaftsrecht** und damit zugleich für die Gestalt des Wissenschaftssystem. Der Artikel fundiert und prägt zahlreiche rechtliche Einzelregelungen – von den Landeshochschulgesetzen bis zum Embryonenschutzgesetz. Immer wieder ist Art. 5 Abs. 3 GG auch Prüfungsmaßstab dafür gewesen, ob und inwiefern solche Regelungen unterhalb der Verfassungsebene grundgesetzkonform sind.

Was ist das Motiv dafür, der Wissenschaftsfreiheit eine so fundamentale Bedeutung zuzumessen? Es gibt unterschiedliche Ziele, die mit einer freien Wissenschaft verbunden werden können. Das BVerfG wählt letztlich einen utilitaristischen Ansatz. Nur eine von gesellschaftlichen Nützlichkeits- und politischen Zweckmäßigkeitserwägungen freie Wissenschaft, so das Gericht, diene Staat und Gesellschaft am besten (BVerfGE 47, 327 (370); 127, 87 (115)). Eine **freie Wissenschaft sei also nicht primär Selbstzweck.** Da sie in erster Linie der Allgemeinheit dienen soll, wird die Wissenschaftsfreiheit auch als „drittnütziges Grundrecht" (Kempen, 2016, S. Rn. 15) oder als „Funktionsgrundrecht" (Grimm, 2021, S. 21) bezeichnet. In Reinform steht diese Idee durchaus in Spannung zur traditionellen Vorstellung, Wissenschaft diene gerade nicht außerwissenschaftlichen Schlusszwecken, sondern v. a. der freien Entfaltung des Menschen (vgl. Aristotels und die Autoren der Aufklärung; dazu: Nettesheim, 2005, S. 1072 ff.).

Analog zu anderen Grundrechten sind mit Art. 5 Abs. 3 GG eine Reihe zentraler Fragen verbunden, die in den folgenden Abschnitten beleuchtet werden:

- Welche Personen und Institutionen haben das Grundrecht der Wissenschaftsfreiheit (Abschn. 4.2)? Kann die Grundrechtsträgerschaft dieser Akteure von vornherein eingeschränkt werden?
- Welche einzelnen Rechte und Pflichten lassen sich aus Art. 5 Abs. 3 GG ableiten (Abschn. 4.3)?
- Kann in die Rechte und Pflichten eingegriffen werden (Abschn. 4.4)? Unter welchen Bedingungen sind solche Eingriffe gerechtfertigt?

4.2 Die Grundrechtsträger

4.2.1 Das Ausgangsbild

Die Wissenschaftsfreiheit ist ein s. g. **Jedermann-Grundrecht**. In seinen Genuss kommt „jede[r] Einzelne, der in Wissenschaft, Forschung und Lehre tätig werden will oder ist" (BVerfGE 15, 256 (263); 35, 79 (112); 47, 327 (367)). Wie andere Grundrechte ist die Wissenschaftsfreiheit damit zuallererst ein Recht des Individuums. Keine Rolle spielen jegliche Merkmale der Person – Alter, Geschlecht, Staatsangehörigkeit, Ausbildung, beruflicher Status, Reputation, institutionelle Zugehörigkeit etc.

Allerdings können nicht nur **Individuen**, sondern auch **juristische Personen** Träger*in der Wissenschaftsfreiheit sein. Die Grundlage dafür ist Art. 19 Abs. 3 GG. Danach sind die Grundrechte auch für inländische juristische Personen gültig, „soweit sie ihrem Wesen nach auf diese anwendbar sind". Nach verbreiteter, aber keineswegs einhelliger Auffassung lässt sich Art. 5 Abs. 3 GG auf bestimmte Wissenschaftseinrichtungen anwenden, v. a. Universitäten (BVerfGE 15, 256 (262); 75, 192 (196); zu der damit verbundenen Diskussion: Kempen, 2016, Rn. 21 ff.). Nach dieser Vorstellung sind Universitäten staatsferne Organisationen, die die Grundrechtsausübung der dort tätigen Individuen zuallererst realisieren. Als Ermöglichungsstruktur der individuellen Wissenschaftsfreiheit genießen **Universitäten derivativen Grundrechtsschutz** („Grundrecht der deutschen Universität": Arnold Köttgen nach einem Wort von Friedrich Paulsen von 1912). Neben Universitäten gilt Analoges für ihre teilrechtsfähigen Einheiten wie Fakultäten und Fachbereiche (BVerfGE 15, 256 (262); 21, 362 (373 f.)).

Dieses Ausgangsbild ist in zwei eng miteinander verknüpften Hinsichten zu qualifizieren. Zum einen können freiwillig eingegangene rechtliche Bindungen die Grundrechtsträgerschaft einschränken. Zum anderen hängen bestimmte aus Art. 5 Abs. 3 GG abzuleitende Einzelrechte davon ab, welcher Beruf- oder Qualifikationsgruppe der/die Grundrechtsträger*in angehört. Beide nun darzustellenden Überlegungen begrenzen die Wissenschaftsfreiheit von vornherein. So genannte Eingriffe hingegen begrenzen den bereits zuerkannten Freiheitsraum und sind deshalb logisch nachgeordnet (s. Abschn. 4.4).

4.2.2 Einschränkungen

Forschung und Lehre werden in aller Regel nicht im privaten Kontext betrieben, sondern im Rahmen einer Anstellung, der Dienstpflicht eines/einer Beamt*in oder einer selbstständigen Tätigkeit. Rechtlich geregelt werden deshalb meist die Arbeitsaufgaben des/der Beschäftigten und seine/ihre Stellung im organisationalen Gefüge. Diese **freiwillige Rechtsbindung** hat Folgen für den Grundrechtsschutz (Nettesheim, 2005, S. 1082).

Eindeutig sind Fälle, in denen der/die Beschäftigte – ausweislich der zwischen ihm/ihr und dem/der Arbeitgeber*in, dem/der Dienstherr*in oder dem/der Auftraggeber*in vereinbarten Aufgaben – keine Forschung und Lehre im Sinne des Art. 5 Abs. 3 GG betreiben soll. Die Aufgabe einer staatlichen **Schule** und damit die Dienstaufgabe ihrer **Lehrer** etwa besteht in der Weitergabe gesicherten Wissens, also nicht in forschungsgeleiteter Lehre (vgl. den staatlichen Erziehungsauftrag des Art. 7 Abs. 1 GG). Betreibt ein/eine Lehrer*in in seiner/ihrer Arbeitszeit dennoch solche Lehre, dann erfüllt er/sie den entsprechenden Dienstauftrag nicht adäquat bzw. geht über diesen hinaus. Obwohl er/sie also faktisch Wissenschaft betreibt, kann er/sie sich nicht auf Art. 5 Abs. 3 GG berufen (vgl. Jarass, 2018, Rn. 140). Analog kann sich ein/eine Universitätslektor*in, dessen/deren Aufgabe im Rahmen seines/ihres Beschäftigungsverhältnisses ausschließlich in der Vermittlung von Fremdsprachenkenntnissen besteht, nicht auf Art. 5 Abs. 3 GG berufen. Ähnliches gilt für Personal, das in wissenschaftsakzessorischen Bereichen tätig ist, etwa in der Drittmittelverwaltung einer Hochschule oder in der Pressestelle einer Forschungseinrichtung.

Ein interessanter Fall sind Beschäftigte an Fachhochschulen (Hochschulen für Angewandte Wissenschaften, HAW). Früher beschränkte sich der gesetzliche Auftrag der Einrichtungen i. d. R. darauf, nicht-forschungsorientierte, tertiäre Lehre anzubieten. Heute verpflichten praktisch alle Landeshochschulgesetze die HAW, anwendungsbezogene Forschung und forschungsorientierte Lehre durchzuführen. Diese Tätigkeiten sind nach Auffassung des BVerfG Forschung und Lehre im Sinne des Art. 5 Abs. 3 GG (BVerfGE 126, 1; s. 3). Was ihre gesetzlich festgelegten Aufgaben angeht, haben sich HAW und Universitäten einander angenähert (BVerfGE 126, 1, (20)). Damit sind **HAW-Professor*innen**, die diesen institutionellen Auftrag in tragender Rolle umsetzen, regelmäßig **zur Wissenschaft** im Sinne des Art. 5 Abs. 3 GG **beauftragt und deshalb Grundrechtsträger*innen**.

Auch wenn Forschung und Lehre zur vereinbarten Arbeitsaufgabe gehören, kann der/die Grundrechtsträger*in aber auf einen Teil seiner/ihrer Rechte nach Art. 5 Abs. 3 GG verzichten. Dies trifft v. a. auf Forscher*innen zu, die bei **Unternehmen** beschäftigt sind, sowie auf die **Auftragnehmer*innen in der Auftragsforschung**. In einem Arbeitsvertrag kann etwa festgelegt werden, dass die zu erbringenden Forschungsleistungen dem Direktionsrecht des/der Arbeitgeber*in unterliegen. Der/die Arbeitnehmer*in verzichtet gegenüber seinem/ihrer Arbeitgeber*in so auf bestimmte Einzelrechte des Art. 5 Abs. 3 GG bzw. auf einen Teil seiner Grundrechtsträgerschaft (vgl. Seckelmann, 2018, S. 270; Schulte, 2006, S. 119 f.). Letzterer kann ihm/ihr deshalb vorschreiben, was er/sie zu beforschen hat, welche Methoden anzuwenden sind sowie ob und wie die Ergebnisse zu verwerten oder zu veröffentlichen sind (vgl. den

Rechtekatalog in Abschn. 4.3). Der/die Unternehmensforscher*in kann sich aber nach wie vor gegen staatliche Eingriffe in seine/ihre Forschungstätigkeit wehren. Tatsächlich ist diese Konstellation in der Praxis höchst bedeutsam: Über zwei Drittel aller F&E-Ausgaben in Deutschland werden von der Wirtschaft erbracht. Auch **selbstständige Wissenschaftler*innen**, die eine Forschungsarbeit im Auftrag durchführen, können sich innerhalb dieses Rechtsverhältnisses i. d. R. nicht uneingeschränkt auf die Wissenschaftsfreiheit berufen, z. B. was die Verbreitung ihrer Ergebnisse angeht. Viele **Beschäftigte an Ressortforschungseinrichtungen** unterliegen, insofern sie genuine Forschungstätigkeiten ausüben, ebenfalls derartigen Einschränkungen. In solchen Fällen ist arbeitsvertraglich geregelt, dass die Beschäftigten im Auftrag und gemäß der Bedürfnisse des zuständigen Ressorts forschen und deshalb implizit auf bestimmte Freiheitsrechte des Art. 5 Abs. 3 GG verzichten. Überdies können für ihre Tätigkeit Geheimhaltungsbestimmungen gelten, die den autonomen Umgang mit Forschungsergebnissen einschränken oder verhindern.

In geringerem Maße verzichten auch **Beschäftigte an öffentlich getragenen Wissenschaftseinrichtungen** darauf, ihre Rechte nach Art. 5 Abs. 3 GG uneingeschränkt auszuüben. Universitätsprofessor*innen gehen mit der Annahme ihrer Berufung meist die Verpflichtung ein, acht Semesterwochenstunden zu lehren. Damit geben sie ihr s. g. negatives Grundrecht partiell auf – also die Entscheidungsfreiheit, auf die Ausübung von Wissenschaft zu verzichten (Kempen, 2016, Rn. 96; vgl. BVerfGE 93, 85 (98); Lindner, 2018, S. 246; s. Abschn. 4.3.1). Ebenso verzichten Hochschullehrer*innen darauf, vollständig frei zu entscheiden, welche Lehrveranstaltungen sie anbieten. Sie können im Rahmen ihres Dienstverhältnisses verpflichtet werden, Lehrveranstaltungen in einem bestimmten Themengebiet durchzuführen. Dabei muss allerdings an das „konkret-funktionelle Amt des Hochschullehrers" angeknüpft werden (BVerfGE 125, 1 (25); 126, 1 (26)). Zulässig ist zwar die Unterrichtsverpflichtung in einem fachfremden Fach, allerdings muss eine „Mindestnähe […] zum eigenen Fach" (von Coelln, 2014, Rn. 55) gegeben sein. In ähnlicher Weise ließen sich weitere Dienstverpflichtungen nennen, die die **Grundrechtsträgerschaft von Hochschullehrer*innen verkürzen**, etwa im Zusammenhang mit der individuell nicht disponiblen Studienstruktur und dem Prüfungswesen. In stärkerem Maße verzichten **wissenschaftliche Mitarbeiter*innen** auf die freie Ausübung aller ihrer Rechte. Sie verpflichten sich arbeitsvertraglich dazu, zumindest teilweise von dem/der Lehrstuhlinhaber*in oder Vorgesetzten übertragene (also nicht frei gewählte) Forschungsaufgaben zu erledigen. Mit ihrer Immatrikulation verzichten auch **Studierende** auf die uneingeschränkte Ausübung ihrer Freiheitsrechte (s. Abschn. 4.3.1). Sie studieren in Studiengängen mit festgelegter und damit nicht selbst bestimmter Studien- und Prüfungsstruktur (vgl. den Vorwurf der Verschulung des Studiums durch die Bologna-Reform). Hinzu kommt die triviale Tatsache, dass Studierende selbst in diesem bereits vorregulierten Rahmen nur aus tatsächlich angebotenen Lehrveranstaltungen wählen können.

Auch die **Wissenschaftsfreiheit von Einrichtungen** als Ganzes kann aus rechtlichen Gründen **von vornherein eingeschränkt** sein. Analog zur individuellen Situation ist zu fragen, ob Forschung und Lehre im Sinne des Art. 5 Abs. 3 GG zur offiziellen Aufgabe einer Einrichtung gehören. Relevant sind dafür weder die nominelle Zugehörigkeit einer Einrichtung zu einem bestimmten Typus noch ihre Rechtsform oder ihr Namen, sondern nur die Aufgabenspezifikation und der Einrichtungszweck. Danach bemessen sich etwa die jeweiligen Grundrechtspositionen von Gesamt-, Privat- und Fachhochschulen, außeruniversitären Forschungseinrichtungen und Ressortforschungseinrichtungen (von Coelln, 2019, S. 93 ff.).

Analoge Überlegungen gelten auch für Förderorganisationen wie die Deutsche Forschungsgemeinschaft, die prinzipiell Grundrechtsträger*innen sind, weil sie wissenschaftsunterstützende und damit geschützte Aufgaben ausführen (s. Abschn. 4.3.1). Aus den bereits genannten Gründen sind auch **Fachhochschulen** als solches Grundrechtsträger*innen. Bei **Ressortforschungseinrichtungen** ist zu differenzieren. Viele Einrichtungen haben vorrangig hoheitliche Aufgaben und sind insoweit nicht zur freien Wissenschaft beauftragt. Andere haben zwar Forschungsaufgaben, die aber die Bedarfe des zuständigen Ressorts erfüllen und deshalb weisungsgemäß erledigt werden (s. o.). Einige Einrichtungen hingegen sollen auftragsgemäß zumindest teilweise Wissenschaft nach Art. 5 Abs. 3 GG betreiben. Klarer ist der Fall bei **Forschungsabteilungen von Unternehmen**, die grundsätzlich betrieblichen Zielen dienen. Analog zu ihren Beschäftigten kommt ihnen Grundrechtsschutz nur insofern zu, als sie sich gegenüber Eingriffen des Staates wehren können. Ähnliches gilt für **private Hochschulen**, die den Weisungen ihres privaten Trägers unterliegen. In abgeschwächter Form sind auch öffentlich getragene Wissenschaftsorganisationen durch politische und rechtliche Festlegungen gebunden. Denn es ist „Aufgabe der Politik, Grundentscheidungen dazu zu treffen, wo und in welchen Fächern geforscht werden soll und hierbei [...] Schwerpunkte zu setzen" (BVerfGE 127, 87, (115)). Wo im Einzelfall die Grenze zu einer rechtlich problematischen Forschungslenkung verläuft, ist eine im Einzelnen schwierige und erstaunlich wenig problematisierte Frage (Kempen, 2016, Rn. 82 ff.).

Mit diesen freiwilligen Rechtsbindungen zusammenhängend, kann die Grundrechtsträgerschaft aus einem weiteren Grund von vornherein eingeschränkt werden. Welche aus Art. 5 Abs. 3 GG abzuleitenden Einzelrechte einem/einer Grundrechtsträger*in zukommen, hängt auch davon ab, zu welcher Berufs- oder Qualifikationsgruppe er/sie gehört (vgl. Abschn. 4.3.1). Die Rechteausstattung wird also auch von der Typisierung des jeweiligen Tätigkeitsprofils bestimmt, das im Einzelfall durchaus nicht ganz passgenau sein mag. Die **Einzelrechte** des Art. 5 Abs. 3 GGG in voller Ausprägung kommen also **nicht automatisch allen Grundrechtsträger*innen gleichermaßen** zu. Faktisch liegen die Einzelrechte in individuell abgestuften Varianten vor. Die Rechteabstufung betrifft die Abwehrrechte (s. Abschn. 4.3.1), v. a. aber die Leistungsrechte, insbesondere die Rechte auf materielle Mindestausstattung und organisationale Teilhabe (s. Abschn. 4.3.2).

4.3 Der Schutzbereich

4.3.1 Abwehrrechte

Ebenso wie die Kunstfreiheit gehört die Wissenschaftsfreiheit zu den Freiheitsrechten – jenen Grundrechten, die dem/der Einzelnen einen bestimmten Freiheitsraum garantieren, in den weder Staat noch Dritte eingreifen dürfen. Neben den Freiheitsrechten sind Gleichheitsrechte (v. a. Art. 3 GG) die zweite Kategorie von Grundrechten im Grundgesetz.

Ein Freiheitsrecht schützt das **Recht des/der Träger*in**, sich in einem bestimmten Bereich **autonom zu betätigen** (BVerfGE 35, 79 (112 ff.); 47, 327 (367); vgl. Epping, 2019, Rn. 11 ff.). Diese auch subjektiv-rechtliche genannte Dimension des Grundrechts stellt dessen Kern dar (s. Abb. 4.2). Sie entspringt der Idee des frühneuzeitlichen Liberalismus, das Individuum müsse vor einem potenziell übergriffigen Staat geschützt werden. Dem Recht des/der Einzelnen steht die Pflicht des Staates sowie aller natürlichen und juristischen Personen gegenüber, Eingriffe in den geschützten Raum zu unterlassen. Es ist untersagt, die Handlungsfreiheit des/der Grundrechtsträger*in im geschützten Bereich einzuschränken oder aufzuheben. Weil ein Freiheitsrecht in der Verfassung verankert ist, kann seine Durchsetzung in robuster Weise eingeklagt werden. Es ist deshalb zugleich ein **Eingriffsabwehrrecht**, mit dem der/die Einzelne sich gegenüber ungerechtfertigten Eingriffen in seine Freiheit wehren kann (BVerfGE 35, 79 (111 f.)).

Wie ist nun der Freiheitsraum zu definieren, der nach Art. 5 Abs. 3 GG dem/der Grundrechtsträger*in zusteht und gegen dessen Einschränkung er/sie sich wehren kann? Die im Grundrechtsartikel verwendete Begriffstrias „Wissenschaft, Forschung und Lehre" ist eine Tautologie, weil die Begriffe Forschung und Lehre unter den Begriff der Wissenschaft fallen und diesen vollständig ausfüllen. Unter **Forschung** sind Tätigkeiten zu verstehen, die „nach Inhalt und Form als **ernsthafter planmäßiger Versuch zur Ermittlung der Wahrheit** anzusehen" sind bzw. die „geistige Tätigkeit mit dem Ziele, in methodischer, systematischer und nachprüfbarer Weise neue Erkenntnisse zu gewinnen" (BVerfGE 35, 79 (112); alternative Charakterisierung von Forschung: Seckelmann, 2018, S. 260 ff.)). Nach einem Gedanken von Rudolf Smend aus dem Jahr 1927 verweist das Gericht überdies auf die „Eigengesetzlichkeit" der Wissenschaft (BVerfGE 35, 79, Leitsatz 1; vgl. 47, 327 (367)). Diese gehört zum Wesenskern der Wissenschaft und macht deren feinkörnige externe Definition und Steuerung unmöglich (vgl. Schulte, 2006, S. 112 ff.).

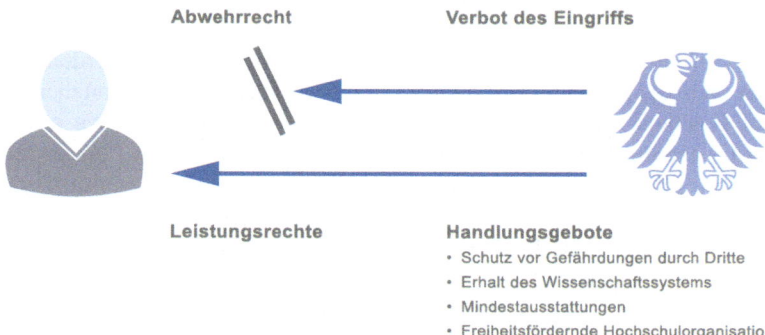

Abb. 4.2 Rechte und Pflichten des Art. 5 Abs. 3 GG

Notwendig für die Forschung ist also ein planvolles, methodisches und damit nachvollziehbares Vorgehen, das aber nicht genauer charakterisiert und dessen konzeptionelle Fassung – nahe an der Zirkularität – der Wissenschaft selbst überlassen bleibt. Die Erkenntnissuche muss überdies „ernsthaft" sein. Sie muss deshalb vom **gegenwärtigen Wissensstand ausgehen** und darf vorhandene Fakten, Quellen und Ergebnisse nicht systematisch ausblenden (BVerfGE 90, 1, (13)). Ob in einem mitunter komplexen Einzelfall der einschlägige Stand der Erkenntnisse hinreichend berücksichtigt wurde – was weder eine perspektivische Darstellung noch eine selektive Quellenrezeption in gewissem Rahmen ausschließt –, oder ob schon eine übermäßige und damit unzulässige Blickverengung vorliegt, kann eine schwierig zu beantwortende Frage sein. Liegt keine offenkundige Fallkonstellation vor, kann letztlich nur die Wissenschaft selbst darüber befinden. Selbstverständlich sind auch wissenschaftliches Fehlverhalten, etwa Plagiate oder Datenfälschungen, nicht gestattet (Lindner, 2018, S. 242).

Um Forschung zu sein, muss eine Tätigkeit den **„Versuch" zur Wahrheitsfindung** darstellen. Nicht unter den Begriff fallen deshalb die Anwendung und Verwertung von Ergebnissen, etwa in unternehmerischen Innovationsprozessen. Der Begriff des „Versuchs" verweist ferner auf ein Grundmerkmal der Forschung – ihre **„Unvollständigkeit und Unabgeschlossenheit"** (BVerfGE 90, 1 (11); vgl. Seckelmann, 2018, S. 227). Schon 1973 zitierte das BVerfG Wilhelm von Humboldt, der Wissenschaft als „etwas noch nicht ganz Gefundenes und nie ganz Aufzufindendes" charakterisierte. Ihre Ergebnisse müssen deshalb der Revision und Falsifizierung zugänglich sein (BVerfGE 90, 1 (13)). Damit ist zugleich gesagt, dass sich die eingesetzten Methoden und Erkenntnisse in gewissem Maße als ungeeignet, wenig überzeugend, vorläufig, lückenhaft, verzerrt oder falsch herausstellen können. Sie bleiben dennoch Forschung. Erfasst ist deshalb auch „unorthodoxes oder intuitives" (BVerfGE 90, 1, (12)), weithin für verfehlt oder „verrückt" gehaltenes Vorgehen, insofern die weiteren Kriterien für Forschung erfüllt sind. Tatsächlich stellen falsifizierte Thesen und Forschungsansätze einen wichtigen Teil des wissenschaftlichen Geschehens bzw. sogar des wissenschaftlichen Fortschritts dar. Gerade dies ist eine begriffliche und damit schutzrechtliche Pointe: Weil von vornherein nicht zu wissen ist, was wahr ist, sind alle systematischen Versuche geschützt, dies herauszufinden. Auch ein bestimmter Grad an Diskursoffenheit und Publizität gehört zur Forschung, d. h. grundsätzlich die Veröffentlichung der Ergebnisse; dies ist allerdings nicht unumstritten.

Nur wenn die skizzierten Bedingungen systematisch verfehlt werden, ist eine Tätigkeit nicht als Forschung zu qualifizieren und fällt aus dem Schutzbereich heraus. Im Ergebnis legt das BVerfG eine **prozessbezogene, inklusive und nicht vollständig trennscharfe Definition** vor, die sich nicht auf eine Form der Forschung, bestimmte Forschungsinhalte oder eine spezifische Wissenschaftstheorie kapriziert (BVerfGE 35, 79 (113); 90, 1, (12 f.)); „prozedurales Kommunikationsgrundrecht", Seckelmann, 2018, S. 226; Speiser, 2021, S. 24). Was Forschung ist, legen wesentlich die Forschung und der sie charakterisierende, dynamische Erkenntnisprozess fest. Diese sachlich durchaus begründbare begriffliche Diffusität kann freilich mit der Notwendigkeit kollidieren, im Streitfall gerichtlich feststellen zu müssen, ob eine Tätigkeit unter den Forschungsbegriff fällt oder nicht. In jedem

Fall wird aus der Selbstbeschreibungs- und Definitionshoheit der Forschungt traditionell ihre Rechts- und Staatsferne abgeleitet.

Bemerkenswert ist zugleich, was die Definition von Forschung *nicht* umfasst. Um Forschung zu sein, muss eine Tätigkeit **nicht** allgemeinen oder **disziplinären Qualitätskriterien** entsprechen – etwa eine bereits hinreichend verifizierte These nicht erneut zu prüfen oder eine in einer wissenschaftlichen Community vorherrschende Methode anzuwenden. Ebenso wenig muss die Tätigkeit – etwa von Expert*innen oder dem/der Akteur*in selbst – als „Forschung" bezeichnet oder anerkannt werden. Anders herum reicht eine solche Deklaration nicht aus, damit eine Tätigkeit Forschung darstellt. **Keine Rolle** spielt überdies die Frage, welchem **Forschungstypus** eine Tätigkeit zuzuordnen ist. Ob sie als neugiergetriebene, anwendungsorientierte, Mode-2-Forschung oder in anderer Weise kategorisiert wird, spielt keine Rolle. Ohne Belang ist ferner, ob die Forschung einen außerwissenschaftlichen (etwa einen ökonomischen oder gesellschaftlichen) Nutzen oder Zweck hat (Kempen, 2016, Rn. 69). **Nicht relevant** sind auch die **Akteurskonstellation**, in der die Tätigkeit ausgeübt wird (private Forschung, Auftragsforschung, Forschung im Rahmen einer Anstellung/ eines Dienstes), ihre **Finanzierung** (Grundmittelforschung, Drittmittelforschung, private Finanzierung) und ihre **institutionelle Verortung** (Universität, HAW, außeruniversitäre Einrichtung, Ressortforschungseinrichtung, Unternehmen; vgl. Epping, 2019, Rn. 285; zu den mitunter vorliegenden Einschränkungen, s. Abschn. 2.2).

Zu den konkreten **Tätigkeiten, die unter den Forschungsbegriff fallen,** zählen die Wahl eines Forschungsgegenstands, die Erarbeitung einer These bzw. einer Fragestellung, die Auswahl oder Konzeption einer Methode, die Auswahl und Anleitung von Mitarbeiter*innen, die Durchführung des Vorhabens und die Bewertung der Ergebnisse (BVerfGE 35, 79 (112 f.)). Auch vorbereitende, begleitende und unterstützende Tätigkeiten sind erfasst, etwa die Antragstellung in der Drittmittelforschung und forschungsbezogene organisatorische Tätigkeiten (von der Decken, 2017, Rn. 45). Neben diesem **„Werkbereich"** ist auch ein **„Wirkbereich"** (Hufen, 2017, S. 1265) geschützt, also die Verbreitung der Ergebnisse. Sowohl der Publikationsort kann frei gewählt werden als auch die Zeit und das Format der Publikation (Jarass, 2018, S. 138). Entschieden werden kann überdies, die Ergebnisse nicht oder nur teilweise zu veröffentlichen bzw. nur eingeschränkt zugänglich zu machen (Lindner, 2018, S. 242; Seckelmann, 2018, S. 267). Diese Freiheit kann allerdings in Spannung zur erwähnten Forderung geraten, Forschung müsse grundsätzlich auf Veröffentlichung abzielen.

Lehre im Sinne des Art. 5 Abs. 3 GG ist die „selbständige Vermittlung eigener Forschungsergebnisse sowie von Forschungsergebnissen Dritter, die aufgrund eigener Forschung…kompetent beurteilt werden können" (von Coelln, 2014, Rn. 39; vgl. BVerfGE 35, 79 (112)). Der Begriff der Lehre nimmt also Bezug auf den Begriff der Forschung – ohne **Forschungsorientierung** ist eine Lehrtätigkeit nicht erfasst. Umgekehrt gilt das nicht: Forschung ohne Lehre ist denkbar (und praktisch durchaus verbreitet). Allerdings bleibt diese Bedingung etwas schwammig und kann zu kontraintuitiven Ausschlusseffekten führen. Wird das Kriterium zu strikt aufgefasst, fallen viele gemeinhin als Lehre anerkannte Veranstaltungen heraus (z. B. eine Einführungsvorlesung oder ein Propädeutikum an einer Universität).

Wird es zu weich aufgefasst, werden auch Veranstaltungen erfasst, deren Etikettierung als wissenschaftliche Lehre manchem schwerfallen dürfte (z. B. eine berufsbegleitende betriebliche Fortbildung). Zwar kein definitorisch notwendiges, aber faktisch oft vorliegendes Merkmal der forschungsbezogenen Lehre ist, dass sie als „wissenschaftliches Gespräch" wiederum die Forschung befruchten kann (BVerfGE 35, 79 (112)).

Keine Rolle bei dieser Begriffsbestimmung spielt, an welcher **Institution** eine Lehraktivität stattfindet (Universität, HAW, private Hochschule, Unternehmen etc.) und welche Bezeichnung sie trägt („Lehrveranstaltung" etc.). Ebenfalls nicht relevant sind der **Lehrmodus** (schriftlich in Form von Studienbriefen, Lehrbüchern, Emails; mündlich in Form von Seminaren, Vorlesungen, Diskussionen, Skype etc.; physisch in Form von Exkursionen, Demonstrationen, Experimenten etc.), das **Niveau** einer Veranstaltung (Einführungen, Proseminare, Kolloquien, postgraduale Angebote etc.), die **Zielgruppe** (Erststudierende, Berufstätige etc.) und die Kostenfreiheit oder -pflichtigkeit des Unterrichts.

Zu den geschützten Einzeltätigkeiten gehören die **Entscheidungen über Lehrinhalt, didaktische Methode und Veranstaltungsablauf** sowie die Durchführung der Lehre. Auch alle dem Lehr- und Lernkontext zuzuordnenden Tätigkeiten – etwa die Lehrplanung und -organisation sowie Prüfungen – sind erfasst. Überdies gehören die Betreuung von Promotionen und die damit zusammenhängende Lehre zum Schutzbereich. Die Durchführung von Promotionen durch die Promotionskandidat*innen unterfällt dagegen eher dem Forschungsbegriff, da bei dieser Tätigkeit der systematische Erkenntnisfortschritt im o. g. Sinne im Mittelpunkt steht. Schließlich gehört das Recht auf Äußerung von wissenschaftlichen Lehrmeinungen zum Schutzbereich (BVerfGE 35, 79 (112)). Analog zu anderen Freiheitsrechten umfasst die Lehrfreiheit überdies die Entscheidung darüber, ob eine Lehrveranstaltung überhaupt angeboten wird (s. g. negative Lehrfreiheit; vgl. aber Abschn. 4.2.2).

Zur Lehre im skizzierten Sinn gehört auch ihr Gegenstück, das Lernen (BVerfGE 55, 37 (67 f.)). Auch die **Lern- und Studierfreiheit** von Studierenden gehört somit zum Schutzbereich. Wären die individuelle Rezeption der Lehrinhalte sowie der Lernkontext nicht geschützt und unterlägen somit etwa dem staatlichen Zugriff, liefe im Extremfall auch die Wissensvermittlung ins Leere. Lehrende ohne Lernende gibt es nicht. Studierende können deshalb wählen, ob und welche Veranstaltungen sie besuchen, wann sie Prüfungen ablegen und welches Thema sie in Hausarbeiten bearbeiten (zu den vorgängigen, oft erheblichen Beschränkungen der Wissenschaftsfreiheit von Studierenden, s. aber Abschn. 4.2.). Überdies dürfen Studierende ihre akademische Meinung frei entwickeln und äußern (BVerfGE 55, 37 (67)). In Teilen der Literatur wird allerdings die Auffassung vertreten, die Lernfreiheit sei nicht (nur) von Art. 5 Abs. 3 GG, sondern (vor allem) von Art. 12 Abs. 1 GG umfasst (Jarass, 2018, Rn. 140). Unzweifelhaft vorrangig von Art. 12 Abs. 1 GG geschützt sind hingegen die freie Wahl des Studienfachs und des Studienorts.

Wie in Abschn. 4.2.2 dargestellt verfügen nicht alle Grundrechtsträger*innen in gleichem Maße über die dargestellten Abwehrrechte in Forschung und Lehre. Zu beachten sind freiwillige schutzbereichsverkürzende Rechtsbindungen. Überdies bestimmt die Zugehörigkeit zu einer Qualifikations- oder Berufsgruppe die Ausprägung der je individuellen Rechte (s. Abb. 4.3). Als Faustregel kann gelten: Je stärker ein Tätigkeitsprofil von Forschung und Lehre geprägt ist, desto ist höher das Schutzniveau. In diese Sinne stellt das BVerfG fest, dass **Hochschullehrer*innen die „Inhaber der Schlüsselfunktionen des wissenschaftlichen Lebens"** und deshalb die „eigentlichen Träger der freien Forschung und Lehre" sind (BVerfGE 35, 79 (125)). Sie vertreten i. d. R. ihr Fach selbstständig in Forschung und Lehre und prägen die Hochschule als Einrichtung. Ihnen kommt deshalb das höchste Schutzniveau zu. Zu dieser Gruppe zählen Professor*innen an staatlichen **Universitäten** sowie Professor*innen an Kunst-, Musik-, Pädagogischen und privaten Hochschulen (BVerfGE 141, 143 (164)). Die Frage, ob auch Privatdozent*innen und Dozent*innen hinzuzurechnen sind, wird in der Literatur uneinheitlich beantwortet (vgl. von der Decken, 2017, Rn. 48).

Immer wieder ist außerdem die Frage diskutiert worden, ob Hochschullehrer*innen an HAW bzw. Fachhochschulen äquivalente Rechte haben. Das BVerfG hatte sich in zwei frühen Urteilen (BVerfGE 61, 210; 64, 323) mit einer abschließenden Beurteilung dieses umstrittenen Themas zurückgehalten. 2010 entschied das Gericht, dass auch **Fachhochschullehrer*innen ihr Fach eigenständig in Forschung und Lehre vertreten** (BVerfGE 126, 1, Leitsatz; vgl. Abschn. 4.2.2) und deshalb gleichwertigen Grundrechtsschutz genießen. Nach Auffassung des Gerichts überzeugten die bisherigen Gründe nicht mehr, dieser Gruppe die Grundrechtsträgerschaft vorzuenthalten. Die an Fachhochschulen qua landesgesetzlichem Auftrag durchgeführte Forschung sei als Forschung im Sinne des Art. 5 Abs. 3 GG zu werten. Fachhochschulen seien deshalb wissenschaftliche Hochschulen und Fachhochschullehrer*innen im grundgesetzlichen Sinne wissenschaftlich tätig. Zugleich machte das BVerfG klar, dass es von einem „materiellen Verständnis" des Begriffs des/der Hochschullehrer*in ausgeht. Eine formale Qualifikation wie die Habilitation sei nicht zwingend (vgl. BVerfGE 51, 369 (380); 139, 148 (190)). Mit Blick auf den zugleich regelmäßig vor-

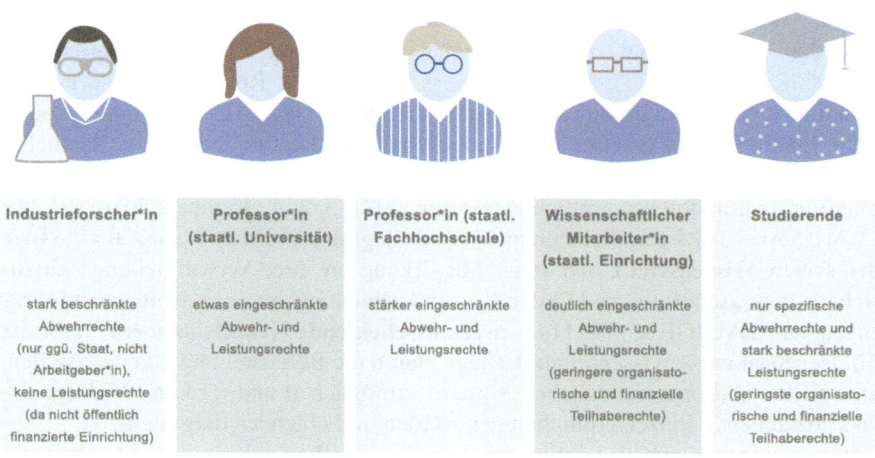

Abb. 4.3 Abgestufte Rechte nach Art. 5 Abs. 3 GG

liegenden Fokus auf die tertiäre Lehre sind bei Fachhochschullehrer*innen jedoch spezifische Schutzbereichsbeschränkungen der Forschungsfreiheit anzunehmen (Speiser, 2021, S. 26).

Deutlich **abgestufte Abwehrrechte** sind hingegen für **wissenschaftliche Mitarbeiter*innen** und Doktoranden an Hochschulen anzunehmen (s. Abb. 4.2). Ähnliches gilt für wissenschaftlich Beschäftigte an außeruniversitären Forschungseinrichtungen und – soweit sie Grundrechtsträger*innen sind (vgl. Abschn. 4.2.2) – an weiteren Institutionen wie Akademien, Stiftungen oder Think Tanks. Auch **Studierende** verfügen über Abwehrrechte (BVerfGE 55, 37 (67 f.)), aber in spezifischer und generell abgeschwächter Form. Einerseits genießen sie Lern- und Studierfreiheit (s. o.). Andererseits sind sie, wenn sie selbst forschend tätig sind, auch insoweit Grundrechtsträger*innen (BVerfGE 35, 79 (126)).

4.3.2 Pflichten des Staates

Neben Verboten leiten sich aus Art. 5 Abs. 3 GG auch Gebote für den Staat und z. T. für öffentlich-rechtliche Einrichtungen wie Hochschulen ab. Den Pflichten des Staates zu aktivem Handeln korrespondieren **Leistungsrechte des/der Einzelnen** (Epping, 2019, Rn. 15 ff.). Dem leistungsrechtlichen Aspekt von Freiheitsrechten – auch als ihre objektiv-rechtliche Dimension bezeichnet – liegt der Gedanke zugrunde, dass sie ohne aktives Zutun des Staates oft nicht realisiert werden können. Ohne Wasser im Pool ist die Eintrittskarte für das Schwimmbad nichts wert. Dem Staat erwächst immer dann eine Pflicht zum positiven Handeln, wenn ausbleibende oder unzureichende Aktivität die Grundrechtsausübung in unzulässiger Weise beinträchtigen würde (vgl. Seckelmann, 2018, S. 252 f.; Schulte, 2006, S. 122; BVerfGE 35, 79 (116)). In solchen Fällen ist staatliche In- oder Fehlaktivität verboten und – analog zu den Abwehrrechten – justiziabel. Dabei ist der **Staat** meist nicht auf eine bestimmte Handlungsweise festgelegt, sondern kann selbst über das geeignete Mittel zur Pflichterfüllung entscheiden. Gerade bei den aus Art. 5 Abs. 3 GG abzuleitenden Pflichten hat der Staat einen **erheblichen Gestaltungsspielraum** (BVerfGE 66, 155 (177); 111, 333 (355); Jarass, 2018, Rn. 146). Insofern diese Handlungspflicht Hochschulen oder Fakultäten trifft, bringt sie das in eine Doppelrolle: Einerseits sind sie Grundrechtsträger*innen und damit gegen (v. a. staatliche) Eingriffe geschützt, anderseits sind die gegenüber dem/der einzelnen Wissenschaftler*in grundrechtsverpflichtet (Grimm, 2021, S. 22 f.; Kempen, 2016, Rn. 28).

Art. 5 Abs. 3 GG verpflichtet nun den Staat in grundsätzlicher Weise, „für die **Idee der freien Wissenschaft** und seine Mitwirkung an ihrer Verwirklichung" **einzustehen** sowie „schützend und fördernd einer Aushöhlung dieser Freiheitsgarantie vorzubeugen" (BVerfGE 35, 79 (114); **„wertentscheidende Grundsatznorm"** (Leitsatz 2)). Der Staat muss Wissenschaft deshalb „durch die Bereitstellung von personellen, finanziellen und organisatorischen Mitteln" ermöglichen und fördern. Wichtige daraus abzuleitende Einzelverpflichtungen werden im Folgenden dargestellt.

Der Staat muss zunächst dafür sorgen, dass es überhaupt funktionsfähige Wissenschaftseinrichtungen gibt (BVerfGE 35, 79 (114); 136, 338 (55)). Er muss also für institutionelle Gesamtverhältnisse sorgen, in denen die Freiheitsrechte des Art. 5 Abs. 3 GG tatsächlich ausgeübt werden können. Die Industrieforschung kann dies i. d. R. nicht bieten, weil hier arbeitsrechtlich stark regulierte Forschung betrieben wird (s. Abschn. 4.2.2). Faktisch ist der Staat deshalb verpflichtet, selbst „Art-5-Abs-3-Einrichtungen" vorzuhalten und damit staatliche Leistungen für die Wissenschaft verfügbar zu machen (BVerfGE 35, 79 (114 f.)). Irrelevant ist die Etikettierung der Einrichtungen: Weder reicht es aus, faktisch nicht unabhängige Einrichtungen „wissenschaftlich" zu nennen, noch ist eine solche Benennung notwendig. Diese **Kreations- bzw. Bestandsschutzverpflichtung** bezieht sich allerdings auf das **Wissenschaftssystem** als Ganzes, nicht auf einzelne Einrichtungen (BVerfGE 85, 360 (384 f.); 93, 85 (95)). Solange Wissenschaftseinrichtungen im genannten Sinne insgesamt vorgehalten werden, kann der Staat einzelne Institutionen oder Teileinheiten wie Fakultäten schließen, fusionieren oder mit anderem Auftrag fortführen („Dispositionsbefugnis des Gesetzgebers": von Coelln, 2014, Rn. 69). Die entsprechenden Verfahren müssen allerdings fair, nicht-willkürlich und unter Einbeziehung der Betroffenen ablaufen.

Der Staat und z. T. auch die Hochschulen sind ferner verpflichtet, die Wissenschaftsfreiheit des/der **Einzelnen vor Gefährdungen durch Dritte zu schützen** (vgl. die analoge Pflicht bei anderen Grundrechten: BVerfGE 39, 1). Damit sind der Beschluss und die Durchsetzung von Regelungen gemeint, die der Abwehr solcher Gefährdungen dienen. Staat bzw. Hochschule sind beispielsweise verpflichtet, die Störung oder Verhinderung von Lehrveranstaltungen zu unterbinden, indem sie entsprechende Vorschriften erlassen und anwenden (also faktisch etwa Haus- und Grundordnung der Hochschule). Dies gilt selbstverständlich auch dann, wenn der/die Lehrende bzw. seine/ihre Auffassungen nicht dem persönlichen Geschmack der Hochschulleitung oder der Behörden entspricht. Dabei steht es der Hochschule allerdings frei, in gewissem Rahmen zwischen der Grundrechtseinschränkung und jenen Kollateralschäden abzuwägen, die durch die Verhinderung derselben entstehen. Solche Schäden können etwa durch einen massiven Polizeieinsatz und der so ausgelösten Störung des Hochschulbetriebs entstehen.

Weiterhin muss der Staat **jeden/jede Wissenschaftler*in** so mit Personal- und Sachmitteln ausstatten, dass dieser/diese seine/ihre Rechte im jeweiligen Fachgebiet ausüben kann (BVerfGE 43, 242 (285)). Damit soll dem/der Einzelnen „eine von fremden Einflüssen unabhängige Forschung ermöglicht [werden]" (Seckelmann, 2018, S. 254). Analog müssen auch staatliche **Wissenschaftseinrichtungen** – wenn der Staat sich zu ihrem Unterhalt entschließt (s. o.) – eine **Mindestausstattung** erhalten, die ihre Funktionsfähigkeit sicherstellt. Ausbleibende oder eklatant unzureichende Ausstattungen würden die Abwehrrechte des Art. 5 Abs. 3 GG zwar formal intakt lassen, aber faktisch unterlaufen. Werden jenseits der Mindestausstattungen staatliche Ressourcen unter Knappheitsbedingungen vergeben (was regelmäßig der Fall ist), darf dies nur nach wissenschaftsadäquaten Kriterien geschehen (BVerwGE 52, 339 (349)).

Dieses Teilhaberecht folgt v. a. aus Art. 3 GG, der den Staat grundsätzlich zur Gleichbehandlung verpflichtet. Ebenso wie die Abwehrrechte hängen Ausprägung und Intensität dieses materiellen Leistungsrechts von der Rechtsposition und **Gruppenzugehörigkeit des/der Grundrechtsträger*in** ab. Generell ist es nicht für privatwirtschaftliche, sondern nur für öffentlich getragene Einrichtungen und ihre Beschäftigten einschlägig (Nettesheim, 2005, S. 1080; von Coelln, 2019, S. 94). Je intensiver selbstständige Forschung und Lehre die Tätigkeit eines dort Beschäftigten bestimmt, desto deutlicher wird der Rechtsanspruch auf Mindestausstattung und desto höher tendenziell der zu rechtfertigende Ressourcenumfang. Denn je größer der geschützte Autonomieraum, desto mehr Ressourcen werden zu seiner faktischen Realisierung gebraucht. Die Leistungsrechte von Hochschullehrer*innen haben deshalb höheres Gewicht als die von wissenschaftlichen Mitarbeiter*innen und Studierenden.

Art. 5 Abs. 3 GG verpflichtet den Staat überdies dazu, für eine Hochschulorganisation zu sorgen, die den Autonomiebereich des/der einzelnen Wissenschaftler*in optimal zur Entfaltung bringt. Dies lässt sich auch als Unterlassenspflicht formulieren: Weder darf der Staat (etwa in Form von Hochschulgesetzen) noch dürfen Hochschulen (etwa in Form des Satzungsrechts) Organisationsregeln festlegen, die den Autonomiebereich des/der Einzelnen in ungerechtfertigter Weise einschränken. Auch diese staatliche Verpflichtung gilt nur für den öffentlich getragenen Wissenschaftsbereich. Der **organisationsrechtlichen Dimension des Art. 5 Abs. 3 GG** liegt die Feststellung zugrunde, dass Wissenschaft heute zwingend in größeren Organisationseinheiten betrieben werden muss. Erst diese Einbindung ermöglicht es dem/der Einzelnen, seinen/ihren Freiheitsraum wirklich zur Entfaltung zu bringen („Grundrechtsrealisierung durch Organisation" (Lindner, 2018, S. 246)). Paradoxerweise führt die Einbindung zugleich dazu, dass der individuelle Freiheitsraum beeinträchtigt werden kann. Denn eine größere Organisation muss partiell gegenläufige und damit konfligierende Grundrechte mehrerer Akteure in Einklang bringen und auf diese Weise das System funktionsfähig halten. Aus dieser spannungsreichen Konstellation ist nun zu folgern, dass dem Individuum organisationsrechtliche Rechte in hinreichendem, aber eben auch strukturell begrenztem Maß zukommen.

Mit dem Zusammenhang zwischen Wissenschaftsfreiheit und Hochschulorganisation hat sich das **BVerfG** erstmals ausführlich im Hochschulurteil von **1973** befasst (BVerfGE 35, 79). Es folgte eine **Serie von Entscheidungen**, in der verschiedene Aspekte des Themenkomplexes aufgegriffen und bewertet wurden (insbesondere Brandenburgisches Hochschulgesetz, 2004 (111, 333); Fachhochschulprofessoren, 2010 (126, 1); Hamburgisches Hochschulgesetz, 2010 (127, 87); Medizinische Hochschule Hannover, 2014 (136, 338); Hochschulfusion in Brandenburg, 2015 (139, 148); vgl. die Diskussion in Seckelmann, 2018, S. 254 ff.). Anlass für diese intensive Befassung war, dass die Länder seit Mitte der 1990er- Jahre weitreichende und oft strittige Hochschulreformen vollzogen hatten (Schulte, 2006, S. 125 f.). Im Zentrum der Reformen standen jeweils oft **binnenorganisatorische Veränderungen der Hochschulen**, etwa die Stärkung der Hochschulleitung, die korrespondierende Schwächung der Kollegialorgane, die Einführung von Hochschulräten und die Autonomiestärkung der Hochschulen insgesamt. In seinen Entscheidungen prüfte das BVerfG die jeweils strittigen Regelungen v. a. am **Maßstab des Art. 5 Abs. 3 GG**. Dabei gab das Gericht stets auch grundsätzliche Hinweise zu Struktur, Kompetenz und Kontrolle von Hochschulleitungsgremien sowie zu organisationalen Teilhaberechten von

4 Wissenschaftsfreiheit im Grundgesetz

Hochschulangehörigen und Kollegialorganen. Wesentliche Inhalte der Entscheidungen werden im Folgenden skizziert.

- Nach Auffassung des Gerichts legt Art. 5 Abs. 3 GG den Staat nicht auf ein bestimmtes Modell der Hochschulorganisation fest (BVerfGE 35, 79 (115)). Dies lässt dem Gesetzgeber einen weiten **Spielraum bei der Wahl von Organisationsmodellen** („Einschätzungsprärogative": BVerfGE 88, 203 (262); vgl. Grimm, 2021, S. 20 f.). Möglich sind etwa die Gruppenuniversität, ein unternehmerisches Modell und weitere Governance-Modelle. Zulässig sind überdies unterschiedliche Konstruktionen der innerhochschulischen Machtverteilung, etwa mit Blick auf die Balance zwischen Leitungs- und Kollegialorganen (BVerfGE 111, 333 (356 f.)). Auch die Rechtsform der Hochschule kann vom Gesetzgeber gewählt werden, etwa die (faktisch vorherrschende) Körperschaft des öffentlichen Rechts, die Stiftung oder die staatliche Anstalt (vgl. § 58 HRG). Aus Art. 5 Abs. 3 GG folgen allerdings **Mindestkriterien**, die jede **Hochschulorganisation** zwingend erfüllen muss.
- Zu diesen verpflichtenden Kriterien gehört, dass alle wissenschaftlich Tätigen **Mitwirkungs- und Einflussmöglichkeiten** bei wissenschaftsrelevanten Entscheidungen haben müssen (BVerfGE 95, 193 (209 f.); 111, 333 (354)). Diese Teilhabe ist kein Selbstzweck. Sie soll wissenschaftsadäquate Entscheidungen sicherstellen und ist gewissermaßen die prophylaktische Ausübung des jeweils individuellen Abwehrrechts. Wäre sie nicht oder nicht ausreichend gegeben, käme dies einer strukturellen Gefährdung der individuellen Autonomierechte gleich. Ob das „Partizipationsniveau" (BVerfGE 127, 87 (87) der Grundrechtsträger*innen ausreicht, lässt sich nur durch Gesamtschau aller einschlägigen hochschulrechtlichen Regelungen bewerten (BVerfGE 127, 87 (117 f.); 136, 338 (338); Seckelmann, 2018, S. 257 f.). Wissenschaftsrelevante Entscheidungen sind u. a. die Forschungs- und Lehrplanung sowie organisatorische und finanzielle Angelegenheiten, insofern sie Forschung und Lehre berühren (vgl. Kempen, 2016, Rn. 126).
- Bereits erwähnt wurde die zentrale Stellung der Hochschullehrer*innen. Sie sind zugleich von Hochschulentscheidungen stärker und nachhaltiger betroffen als andere Hochschulangehörige. Daraus sowie aus dem Gleichheitsgebot des Art. 3 Abs. 1 GG folgt, dass die **Gruppe der Hochschullehrer*innen** in hochschulrechtlichen Entscheidungsverfahren **homogen** zusammengesetzt sein muss (BVerfGE 35, 79 (134); 139, 148 (188)). Die Gruppenmitglieder müssen exklusive und eindeutig abgrenzbare Merkmale gegenüber allen anderen Hochschulangehörigen haben. Meist sind dies die Habilitation bzw. sonstige funktionsähnliche Qualifikationsmerkmale. Innerhalb der Gruppe der Hochschullehrer*innen kann auf Grundlage sachlicher Kriterien allerdings nochmals differenziert werden (BVerfGE 88, 129 (137); 139, 148 (191)).
- Die Organisationsregeln müssen sicherstellen, dass der Gruppe der Hochschullehrer*innen bei wissenschaftsrelevanten Entscheidungen ein besonderer Einfluss zukommt (BVerfGE 35, 79 (131 ff.); 55, 37 (64 ff.); 88, 129 (139 f.)). Bei **lehrbezogenen Entscheidungen** muss der **Einfluss** „maßgeblich" sein, d. h. die Hochschullehrer*innen dürfen nicht überstimmt werden können. Bei Entscheidungen,

die sich auf **Forschung und Berufungen** beziehen, muss der **Einfluss „ausschlaggebend"** sein, d. h. die Gruppe der Hochschullehrer*innen muss sich durchsetzen können. Diese Anforderungen können mit unterschiedlichen Entscheidungs- und Mehrheitsmodi realisiert werden. Dank ihrer herausgehobenen Stellung genießen Hochschullehrer*innen damit „weitgehende Unabhängigkeit bei der Ausübung ihres Berufs" (BVerfGE 61, 200 (206)). Dies zeigt zugleich: Auch die organisationalen Teilhaberechte sind je nach Status des/der Grundrechtsträger*in abgestuft. Diesem Gedanken folgend haben auch wissenschaftliche Mitarbeiter*innen und Studierende Teilhaberechte, aber in abgestufter Form (BVerfGE 35, 79 (127); Seckelmann, 2018, S. 269).

- Öffentlich getragene Wissenschaftseinrichtungen, die zu Forschung und Lehre im Sinne des Art. 5 Abs. 3 GG beauftragt sind, haben ein **Selbstverwaltungsrecht**. Sie müssen ihre Aufgaben in Forschung und Lehre eigenverantwortlich, weisungsfrei und mit Hilfe eigener Organe wahrnehmen können (vgl. § 58 HRG). Das BVerfG hat sich zu dieser Auffassung bislang zwar nicht ausdrücklich verhalten (vgl. dazu BVerfGE 35, 79 (116)), in der Literatur wird sie jedoch mehrheitlich vertreten (statt aller: von Coelln, 2014, Rn. 87; Kempen, 2016, Rn. 123). Danach ist Selbstverwaltung einer Organisation eine notwendige Bedingung dafür, dass die Autonomierechte der in ihr tätigen Individuen gewahrt bleiben. Freilich verlangt Art. 5 Abs. 3 GG nicht, dass *alle* Wissenschaftseinrichtungen selbstverwaltet sein müssen. Da der Staat zum Vorhalten von „Art-5-Abs-3-Einrichtungen" verpflichtet ist (s. o.) und da diese Rolle faktisch von den **staatlichen Hochschulen** eingenommen wird, kommt v. a. ihnen das Recht der Selbstverwaltung zu. Die Selbstverwaltung entbindet den Staat allerdings nicht von seiner Rechtsaufsicht, also der Überprüfung des rechtmäßigen Handelns der Einrichtungen. Überdies reicht sie nur bis zu einem bestimmten Grad, gilt also nicht absolut (von Coelln, 2019, S. 93). Die Selbstverwaltung, bei deren konkreter Gestaltung dem Gesetzgeber ebenfalls ein Spielraum zukommt, bezieht sich überdies nur auf Forschung und Lehre. Zu ihren Bestandteilen gehören die **Satzungsautonomie** (also das Recht zum Setzen von Innenrecht, etwa in Form von Grund-, Studien- und Promotionsordnungen), die **Forschungs- und Lehrplanung** und z. T. auch finanzwirksame Angelegenheiten. Aufgaben ohne Wissenschaftsbezug kann der Staat hingegen selbst regeln. Viele Länder haben ihren Hochschulen teilweise zwar auch solche Aufgaben zur Selbstverwaltung übertragen. Klassischerweise betraut der Staat jedoch die Hochschulen mit der nicht-autonomen Durchführung dieser originär staatlichen Aufgaben. Für diese Aufgaben hat der Staat nicht nur die Rechts-, sondern auch die Fachaufsicht (BVerfGE 35, 79 (122 f.)). Vor diesem Hintergrund werden i. d. R. die in einer Hochschule tatsächlich bearbeiteten Aufgaben traditionell in **staatliche Aufgaben und Selbstverwaltungsangelegenheiten** unterschieden. Dieser doppelte Aufgabenbereich spiegelt sich meist auch in der Rechtsnatur der Hochschulen. Diese sind zugleich staatliche Einrichtungen und Körperschaften des öffentlichen Rechts sind (s. g. **„Janusköpfigkeit"**).

4.4 Eingriffe

4.4.1 Überblick

In ein Grundrecht wird eingegriffen, wenn die damit verbundenen **Rechte beschränkt** bzw. die **Pflichten nicht erbracht** werden. Der Eingriff in den bestehenden Schutzbereich eines Grundrechts ist nicht das gleiche wie die logisch vorgängige Einschränkung dieses Schutzbereichs (s. Abschn. 4.2.2). Ein Eingriff kann unterschiedliche Ausprägungsgrade haben, was für die rechtliche Bewertung und damit die Zulässigkeit entscheidend ist (vgl. Epping, 2019, Rn. 26 ff.). Er kann vom Staat oder von Dritten ausgehen und mittelbar oder unmittelbar auf das Grundrecht wirken. Wie für andere Grundrechte gilt auch für die Wissenschaftsfreiheit, dass jeder Eingriff prinzipiell zu vermeiden ist. Treten Konflikte auf, sind freiwillige Selbstkoordination und Absprachen der Grundrechtsträger*innen gegenüber unfreiwilligen Eingriffen vorzuziehen (BVerfGE 126, 1 (25)).

Grundsätzlich muss ein **Eingriff gerechtfertigt** werden. Das Grundgesetz muss deshalb die Möglichkeit vorsehen, das betreffende Grundrecht einzuschränken. Existiert eine solche s. g. **Schranke** nicht, ist der Eingriff verboten. In einigen Grundrechtsartikeln (z. B. Art. 5 Abs. 2 GG oder Art. 8 Abs. 2 GG) ist eine Schranke festgeschrieben, d. h. die Artikel selbst benennen Fälle, in denen in das Grundrecht eingegriffen werden darf. Einen solch geschriebenen Vorbehalt des Gesetzes gibt es bei Art. 5 Abs. 3 GG nicht, auch wenn Art. 5 Abs. 3 Satz 2 GG auf den ersten Blick so scheinen mag (s. u.). Die **Wissenschaftsfreiheit** gilt damit **vorbehaltlos**. Dennoch gilt sie **nicht absolut**. Auch in die Wissenschaftsfreiheit kann und muss eingegriffen werden (BVerfGE 28, 243 (260 f.); 47, 327 (369); 67, 213 (228)). Die Rechtfertigung eines Eingriffs in ein vorbehaltloses Grundrecht darf sich aber nur auf solche Rechtsgüter stützen, die ihrerseits Verfassungsrang haben (BVerfGE 30, 173 (193); 47, 327 (369); 126, 1 (24)). Dieses **kollidierende Verfassungsrecht** kann **ungeschriebene Schranken** des Art. 5 Abs. 3 GG begründen.

Damit ein Eingriff in die Wissenschaftsfreiheit zulässig ist, müssen neben einem verfassungsgestützten Grund weitere Bedingungen erfüllt sein (s. g. **Schranken-Schranken**). Erstens ist für einen Grundrechtseingriff stets eine **gesetzliche Grundlage nötig** (BVerfGE 83, 130 (142)). Entweder regelt das Gesetz selbst den Eingriff oder aber ermächtigt die Exekutive, dies in einem genau bestimmten Rahmen per Rechtsverordnung zu tun. Dieser s. g. Gesetzesvorbehalt ist ein grundlegendes rechtsstaatliches Prinzip, das die Berechenbarkeit und Legitimation staatlichen Handelns sicherstellen soll (BVerfGE 122, 89 (107); 141, 143 (143 ff.)). Zweitens muss das Gesetz nach den einschlägigen **Verfahrensregeln des Grundgesetzes** zustande gekommen sein (formelle Verfassungsmäßigkeit). Drittens muss das Gesetz und seine Anwendung die **Verhältnismäßigkeit** wahren (materielle Verfassungsmäßigkeit): Der Eingriff muss deshalb einem legitimen Zweck dienen, der bei Art. 5 Abs. 3 GG nur in der Pflicht des Staates bestehen kann, ein kollidierendes Verfassungsgut zu schützen. Überdies muss der Eingriff geeignet, erforderlich und angemessen sein, diesen Zweck auch zu erreichen (vgl. Epping, 2019, Rn. 48 ff.).

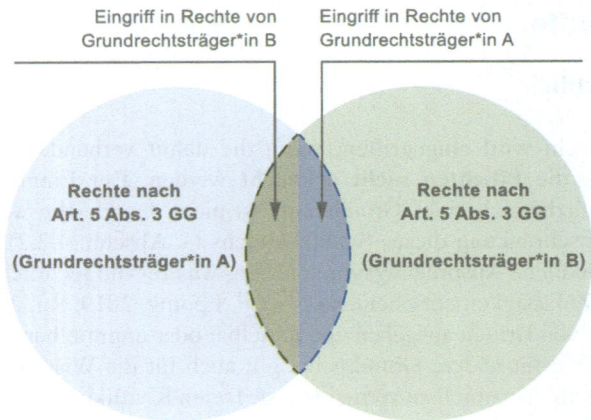

Abb. 4.4 Das Prinzip des schonenden Ausgleichs kollidierender Verfassungsgüter in schematischer Darstellung

In der Praxis ist insbesondere die Frage bedeutsam, ob ein **Eingriff angemessen** ist. Das ist dann der Fall, wenn der mit dem Eingriff zu erzielende Schutz eines kollidierenden Verfassungsguts wichtiger erscheint als die insoweit ungehinderte Ausübung des Grundrechts. Die Situation lässt sich auch aus der umgekehrten Perspektive betrachten: Der Eingriff in das kollidierende Verfassungsgut ist angemessen, wenn dieser „Verlust" leichter wiegt als der „Gewinn" der besseren Verwirklichung des Grundrechts. Bis zu welchem Punkt ein Eingriff noch angemessen ist, ist häufig eine Frage der **Abwägung** (BVerfGE 28, 243 (260 f.); 92, 277 (327); Epping, 2019, Rn. 93 ff.). Das Prinzip der praktischen Konkordanz – einem vom Staatsrechtler Konrad Hesse prominent vertretenen Ansatz – leitet diese Abwägung. Danach sind beide **Rechtsgüter** so weit wie möglich zu verwirklichen und in einen **schonenden Ausgleich** zu bringen (BVerfGE 28, 243 (261); 47, 327 (368 f.); s. Abb. 4.4). Bei der Abwägung ist stets der Einzelfall zu betrachten – also mit welcher Intensität in die beiden Rechtsgüter jeweils konkret eingegriffen wird und welche Lösung diese Eingriffe auf beiden Seiten minimal halten kann (Schulte, 2006, 120). Bei der Abwägung darf jedoch kein Grundrecht „in seinem Wesensgehalt angetastet werden" (Art. 19 Abs. 2 GG). Die **Wissenschaftsfreiheit** hat bei der Abwägung **keinen automatischen Vorrang** vor anderen Verfassungsgütern. Ein Eingriff in die Wissenschaftsfreiheit kann sich auf deren abwehrrechtliche oder leistungsrechtliche Dimension beziehen. Im Folgenden werden wichtige Eingriffe und die Möglichkeiten ihrer Rechtfertigung dargestellt.

4.4.2 Eingriffe in die Forschung

Zu den Eingriffen in die Forschungsfreiheit gehören die forschungsbeschränkenden Regelungen des **Tierschutzgesetzes**, die sich mit dem in Art. 20a GG verankerten Staatsziel des Tierschutzes rechtfertigen lassen. Auch die Verpflichtungen des/der Forscher*in, in bestimmten Fällen seine/ihre Forschungsvorhaben anzuzeigen,

4 Wissenschaftsfreiheit im Grundgesetz

überprüfen oder genehmigen zu lassen (etwa durch eine Ethikkommission; vgl. Hufen, 2017, S. 1268), oder die **gesellschaftlichen Folgen seiner/ihrer Forschung** zu bedenken (BVerfGE 47, 327 (356 ff.)), stellen Eingriffe dar. Als eingriffsbegründende Gesetze sind ferner das Embryonenschutzgesetz, das Stammzellgesetz und Teile des Atomgesetzes zu nennen. Kollidierende Verfassungsgüter, auf die sich diese Gesetze beziehen, sind meist der Schutz der Menschenwürde (Art. 1 GG) sowie das Selbstbestimmungsrecht und das Recht auf körperliche Unversehrtheit (Art. 2 GG). Je nach Ausprägung und Fallkonstellation lassen sich auf dieser Basis konkrete Eingriffe in Art. 5 Abs. 3 GG rechtfertigen.

Ein zugespitztes fiktives Beispiel mag eine Grundrechtskollision und ihre Auflösung illustrieren (vgl. Abb. 4.4). An einer **universitären Studie zur Überprüfung der Wirksamkeit eines Medikaments** nehmen Probanden freiwillig teil. In der Studie erhalten sie dann ohne ihr Wissen eine andere Substanz als vereinbart. Die Konzeption der Forschungsfrage und der Forschungsmethode – etwa die Probanden über das eigentliche Versuchsziel im Dunkeln zu lassen, um Placebo- und Nocebo-Effekte zu vermeiden – steht unter dem Schutz des Art. 5 Abs. 3 GG. Diesen Freiheitsrechten entgegen steht das Recht der Probanden auf körperliche Integrität sowie das Recht, auf diese Integrität ausschließlich freiwillig und nach umfassender und wahrheitsgemäßer Information zu verzichten. Die Abwägung der Güter fällt hier klar **zugunsten der Probandenrechte** aus: Ihre Einschränkung wiegt schwerer als die **Einschränkung der Wissenschaftsfreiheit, auf den gewünschten Versuchsaufbau zu verzichten**. Das auf einschlägige gesetzliche bzw. hochschulbinnenrechtliche Regelungen gestützte Verbot dieses Versuchsdesigns und damit der Eingriff in Art. 5 Abs. 3 GG sind deshalb gerechtfertigt. Staat oder Hochschule sind in diesem Fall sogar zum raschen Handeln verpflichtet, um die Rechte der Probanden effektiv zu schützen. Handelt der Staat nicht, zu spät oder in unzureichender Weise, kommt er seiner Pflicht zum Schutz dieser Rechte nicht nach. Grundsätzlich muss der **Staat** nicht darauf warten, dass ein konkurrierendes Grundrecht bereits eingeschränkt worden ist oder eine solche Einschränkung unmittelbar bevorsteht. Vielmehr kann und muss er das Risiko für eine Grundrechtsverletzung abschätzen und **vorsorglich handeln** (Hufen, 2017, S. 1267, mit Verweis auf Forschung an gefährlichen Viren). Je weiter Forschung von der Anwendung entfernt ist, desto schwerer fällt eine solche Risikoprognose allerdings.

Strittig diskutiert werden **Zivilklauseln**, also die in Landeshochschulgesetzen oder Hochschulgrundordnungen niedergelegte Verpflichtung der Hochschulmitglieder, keine militärisch nutzbare Forschung und Lehre zu betreiben. Ein solches Verbot stellt einen Eingriff in Art. 5 Abs. 3 GG dar. Denn für die Grenzen des Schutzbereichs ist es irrelevant, ob Forschungsergebnisse ein Schadens- oder Missbrauchspotenzial in der Anwendung haben. Genforschung und Virologie sind ebenso frei wie Rüstungs-, Verteidigungs- und Dual-Use-Forschung (Hufen, 2017, S. 1265). Als Rechtfertigung für Zivilklauseln wird meist das Friedensgebot des Grundgesetzes angeführt – also die in verschiedenen Artikeln zu findende und gesamthaft wirkende Verpflichtung des Staats zu friedensförderndem völkerstaatlichem Verhalten. In der Literatur wird jedoch vielfach bezweifelt, dass diese Rechtfertigung gelingt (vgl. Hufen, 2017, S. 1267 f.).

4.4.3 Eingriffe in die Lehre

Nach Art. 5 Abs. 3 Satz 2 GG entbindet „die Freiheit der Lehre nicht von der Treue zur Verfassung". In seiner plausibelsten Lesart wiederholt diese s. g. **Verfassungstreueklausel** das im Grundgesetz bereits angelegte Verbot von Aktivitäten, die auf die Beseitigung oder wesentliche Veränderung des Rechtstaats zielen (Art. 20 Abs. 4 GG; BVerfGE 39, 334 (347)). Die Bestimmung ist deshalb keine zusätzliche Grundrechtsschranke, sie hat vor allem symbolischen Wert. Alle Eingriffe, die auf **Art. 5 Abs. 3 Satz 2 GG** gestützt werden können, können auch auf andere Grundgesetzartikel gestützt werden. Die Reichweite des Verbots ist allerdings fraglich. Sachliche, auch zugespitzte Kritik an staatorganisatorischen Regelungen oder der Rechtsgestalt von Grundrechten kann jedenfalls so nicht ausgeschlossen sein. Verboten ist lediglich „das böswillige Verächtlichmachen grundgesetzlicher Essentialia" (Epping, 2019, Rn. 11). In solchen Fällen steht allerdings in Frage, ob die betreffende Äußerung überhaupt noch in den Schutzbereich der Wissenschaftsfreiheit fällt oder eine politische Meinungsäußerung darstellt (Epping, 2019, Rn. 290).

In **Art. 18 GG** wird das Überschreiten dieser äußeren Grenze der Lehrfreiheit – sowie analog weiterer dort aufgeführter Grundrechte – mit einer Ultima-Ratio-Sanktion belegt. Die **Lehrfreiheit kann verwirken**, wer sie „zum Kampfe gegen die freiheitliche demokratische Grundordnung mißbraucht". Während der Erarbeitung des Grundgesetzes wurden Art. 5 Abs. 3 GG und Art. 18 GG, die die Grundfesten des Verfassungsstaats schützen sollen, intensiv und in engem Zusammenhang diskutiert. In ihrer Kombination stellen sie den Versuch dar, zwei gegenläufige Risiken für die Integrität des Staatswesens auszutarieren. Einerseits kann eine gänzlich uneingeschränkte Lehrfreiheit von den Grundrechtsträger*innen dazu missbraucht werden, gegen die Kernprinzipien jenes Staates zu agitieren, der diese Freiheit erst ermöglicht. Andererseits kann eine zu weitgreifende Eingriffsmöglichkeit in die Lehrfreiheit vom Staat missbraucht werden, um diese in illegitimer Weise einzuschränken oder aufzuheben.

In die Freiheit der Lehre wird eingegriffen, wenn der Staat oder Dritte (etwa Hochschulen) dem/der einzelnen Wissenschaftler*in **Vorschriften zu Inhalt, Ablauf oder Bewertung im Rahmen von Lehrveranstaltungen** machen. Auch verbindliche Lehrevaluationen (BVerfGE 111, 333 (358)) und die Akkreditierungspflicht von Studiengängen können Eingriffe darstellen. Solche Vorschriften sind aber nur dann als Eingriffe zu werten, wenn sie nicht aufgrund freiwillig eingegangener Rechtsbindungen von vornherein zulässig sind (s. 4.2.2). Je nach Fallkonstellation lassen sich derartige Eingriffe durchaus rechtfertigen. Das **kollidierende Verfassungsgut** ist dann oft **Art. 5 Abs. 3 GG selbst**. Aus der Norm leitet sich die Verpflichtung des Staates ab, für funktionsfähige Hochschulen zu sorgen (s. 4.3.2). Diese Pflicht kann Maßnahmen der Qualitätssicherung wie Evaluationen und Akkreditierungen notwendig machen (BVerfGE 141, 143 (169)). Ebenso lässt sich aus der Pflicht ableiten, dass es einheitliche Grundvorgaben zu Studium, Lehre und Prüfungen für alle Lehrenden geben muss (vgl. das Bologna-Studiensystem; dazu Kempen, 2016, Rn. 93). In analoger Weise lassen sich weitere, hier nicht weiter darzustellende Grundrechtseingriffe rechtfertigen (vgl. BVerfGE 55, 37 (68 f.);

111, 333 (353 f.); 126, 1 (25); Lindner, 2018, S. 246 f.). Unterstrichen sei aber nochmals, dass es für die rechtliche Beurteilung auf den konkreten Eingriff in das Grundrecht und den korrespondierenden Eingriff in das kollidierende Verfassungsgut ankommt. Beispielsweise hängt es von den Detailregeln zu **Anwesenheitspflichten an Hochschulen** ab, ob diese noch verfassungsgemäß sind oder schon nicht mehr. Einerseits ist das Verbot von Anwesenheitspflichten als Eingriff in die Lehrfreiheit des/der Dozent*in bzw. der Hochschule zu werten. Andererseits bedeutet die Durchsetzung von Anwesenheitspflichten einen Eingriff in die Lernfreiheit der Studierenden.

Auch bei weiteren Eingriffen in die Lehrfreiheit ist die Betrachtung des Einzelfalls notwendig. Je nach Regelgestaltung kann etwa der aus Art. 12 Abs. 1 GG abzuleitende **Anspruch der Studierenden** auf ein Lehrangebot, mit dem sie sich zu einem bestimmten **Beruf ausbilden** lassen können, einen solchen Eingriff rechtfertigen (BVerfGE 67, 202 (207); 93, 85 (95 f.); vgl. 35, 79 (121 f.); 126, 1 (25)). Aus dem **kirchlichen Selbstbestimmungsrecht** (Art. 140 GG i. V. m. Art. 137 Abs. 3 WRV) lässt sich ableiten, dass die bekenntnisgebundene Lehre für die Dozent*innen an theologischen Fakultäten bis zu einem gewissen Grad verpflichtend sein kann (BVerfGE 122, 89). Negiert ein/eine Dozent*in fundamentale Glaubenswahrheiten, kann er/sie vom Abhalten einschlägiger Lehreinheiten ausgeschlossen werden. Mit dem Staatsziel des Tierschutzes (Art. 20a GG) und der Gewissensfreiheit des/der Einzelnen (Art. 4 Abs. 1 GG) lässt sich ggf. rechtfertigen, dass Studierende nicht an obligatorischen **Tierversuchen im Studium** teilnehmen müssen und so die Lehrfreiheit der Dozent*innen beschränkt wird.

Analog zum Individualgrundrecht kann auch in die **Grundrechte von Einrichtungen** und Teileinheiten **eingegriffen** werden (vgl. Abschn. 4.2.1). So können die Selbstverwaltung sowie die Lehr- und Forschungsplanung einer Hochschule eingeschränkt werden (BVerfGE 111, 333 (354); 126, 1 (24)). Dies ist etwa der Fall, wenn ein Landeshochschulgesetz dem zuständigen Ministerium einräumt, Berufungsvorschläge der Universitäten abzulehnen. Die Rechtfertigung solcher Eingriffe wird sich i. d. R. auf die Funktionsfähigkeit der Hochschule, die Wissenschaftsfreiheit einzelner Akteure und damit auf Art. 5 Abs. 3 GG stützen. An Hochschulkliniken kann das Ziel einer optimalen Krankenversorgung Eingriffe in die Selbstverwaltung eines Universitätsklinikums rechtfertigen (BVerfGE 57, 70 (Leitsatz 2); vgl. von der Decken, 2017, Rn. 51).

Wie bereits erwähnt liegt auch dann ein Eingriff vor, wenn der Staat eine aus Art. 5 Abs. 3 GG abzuleitende **Handlungspflicht** bzw. die korrespondierenden Leistungsrechte der Hochschule oder des Einzelnen **verletzt**. Der Staat mag etwa nicht hinreichend seiner Pflicht nachkommen, für eine **Hochschulorganisation** zu sorgen, in der die Freiheitsrechte der einzelnen Wissenschaftler*innen bestmöglich zur Geltung kommen. In seiner umfangreichen Rechtsprechung zur Hochschulorganisation hat sich das BVerfG mit dieser Frage befasst (s. Abschn. 3.2 und die dort zitierten Entscheidungen). Wenn der Staat einer Hochschule bzw. einem/einer Wissenschaftler*in nur eine **unzureichende Ausstattung** zur Verfügung stellt, genügt er seiner Pflicht nicht, für eine angemessene Ausstattung der Grundrechtsträger*innen zu sorgen (s. Abschn. 4.3.2). Solche Eingriffe können allerdings, je nach

Fall, gerechtfertigt sein: Dem Anspruch des/der einzelnen Wissenschaftler*in auf Ausstattung stehen die analogen Ansprüche der anderen Wissenschaftler*innen entgegen. Auch in solchen Fällen muss ein schonender Ausgleich der konfligierenden Rechtsgüter gefunden werden.

Literatur

von Coelln, C. (2014). Artikel 5. In K. H. Friauf & W. Höfling (Hrsg.), *Berliner Kommentar zum Grundgesetz* (44. Erg.-Lfg. XI/14, Rn. 1–159). Schmidt.

von Coelln, C. (2019). Wie weit reicht das Recht auf Autonomie der wissenschaftlichen Institutionen? *Forschung, 3+4*, 92–95.

von der Decken, K. (2017). Art. 5 – VIII. Freiheit von Wissenschaft, Forschung und Lehre. In B. Schmidt-Bleibtreu, H. Hofmann & H.-G. Henneke (Hrsg.), *Grundgesetz – Kommentar* (14. Aufl., S. 351–355). Beck.

Epping, V. (2019). *Grundrechte* (8. Aufl.). Springer.

Grimm, D. (2021). Wissenschaftsfreiheit als Funktionsgrundrecht. *Wissenschaftsfreiheit in Deutschland*, 17–24.

Hufen, F. (2017). Wissenschaft zwischen Freiheit und Kontrolle. *NVwZ, 17*, 1265–1268.

Jarass, H. D. (2018). Art. 5. In H. D. Jarass & B. Pieroth (Hrsg.), *Grundgesetz für die Bundesrepublik Deutschland – Kommentar* (15. Aufl., S. 133–158). Beck.

Kempen, B. (2016). Grundfragen institutionellen Hochschulrechts. In M. Hartmer & H. Detmer (Hrsg.), *Hochschulrecht – ein Handbuch für die Praxis* (3. Aufl., S. 1–52). C.F. Müller.

Lindner, F. J. (2018). Das Grundrecht der Wissenschaftsfreiheit. *JURA – Juristische Ausbildung*, (3), 240–249.

Nettesheim, M. (2005). Grund und Grenzen der Wissenschaftsfreiheit. *Deutsches Verwaltungsblatt*, (17), 1072–1082.

Schulte, M. (2006). Grund und Grenzen der Wissenschaftsfreiheit. In Vereinigung der Deutschen Staatsrechtslehrer (Hrsg.), *VVDStRL 65* (S. 110–145).

Seckelmann, M. (2018). *Evaluation und Recht – Strukturen, Prozesse und Legitimationsfragen staatlicher Wissensgewinnung durch (Wissenschafts-) Evaluationen*. Mohr Siebeck.

Speiser, G. (2021). Das Promotionsrecht für Fachhochschulen. *Ordnung der Wissenschaft, 1*, 19–32.

Dr. Guido Speiser ist Geistes- und Sozialwissenschaftler und im Berliner Büro der Max-Planck-Gesellschaft tätig.

Arbeitsrecht in der Wissenschaft

5

Milena Herbig

Dieses Kapitel befasst sich mit den Beschäftigungsverhältnissen in der Wissenschaft, vor allem aber an Hochschulen. Sie sind im Grunde auf andere Forschungseinrichtungen übertragbar. Im Mittelpunkt steht hierbei das Arbeitsrecht. Da an Hochschulen jedoch nicht nur Arbeitnehmer*innen tätig sind, soll auch ein kurzer Blick auf andere Beschäftigungsverhältnisse geworfen werden. Dazu gehören insbesondere die Beamtenverhältnisse, in denen viele Professor*innen beschäftigt sind.

5.1 Grundlagen

5.1.1 Begriff des Arbeitsrechts

Arbeitsrecht regelt das Verhältnis zwischen einzelnen Arbeitnehmer*innen auf der einen und einzelnen Arbeitgeber*innen auf der anderen Seite (Individualarbeitsrecht). Es regelt außerdem die Beziehung zwischen Arbeitnehmervertretungen (Gewerkschaften sowie Betriebs- und Personalräten) und Arbeitgeber*innen oder Arbeitgeberverbänden (Kollektives Arbeitsrecht).

Dem Arbeitsrecht liegt der Gedanke zugrunde, dass **Arbeitnehmer*innen besonders schutzbedürftig** sind (Preis, 2021a, Rn. 3). Dies lässt sich mit der besonderen Interessenlage im Arbeitsverhältnis erklären, welche es von anderen Verträgen unterscheidet. Denn Arbeitnehmer*innen befinden sich durch das Versprechen ihrer Arbeitskraft in einem Unterordnungsverhältnis, in dem sie persönlich und zumeist auch wirtschaftlich abhängig sind (Richardi, 2021, Rn. 11). Es wird davon ausgegangen, dass Arbeitnehmer*innen der Arbeitgeberseite strukturell unterlegen sind und daher kein „echtes Aushandeln" der Arbeitsbedingungen möglich ist

---

M. Herbig (✉)
Deutsches Forschungsinstitut für öffentliche Verwaltung, Speyer, Deutschland
E-Mail: herbig@foev-speyer.de

© Der/die Autor(en), exklusiv lizenziert an Springer-Verlag GmbH, DE, ein Teil
von Springer Nature 2022
G. Speiser (Hrsg.), *Wissenschaftsrecht*, Springer-Lehrbuch,
https://doi.org/10.1007/978-3-662-64722-6_5

(Linck, 2019a, Rn. 2). Zwischen Arbeitgeber und Arbeitnehmer wird regelmäßig ein Arbeitsvertrag geschlossen.

Der Arbeitsvertrag ist ein privatrechtlicher Vertrag (s. Tab. 5.1). Er ist im Bürgerlichen Gesetzbuch (BGB) in § 611a als ein besonderer Dienstvertrag normiert. So wie andere schuldrechtliche Verträge – zum Beispiel der Miet- der Werk- oder der Kaufvertrag – ist er im zweiten Buch des BGB zum Recht der Schuldverhältnisse geregelt. Soweit es keine speziellen arbeitsrechtlichen Regelungen gibt, sind darum die gleichen allgemeinen Regelungen anwendbar. Durch das Merkmal des privatrechtlichen Vertrages unterscheidet sich das Arbeitsverhältnis insbesondere vom „öffentlich-rechtlichen Dienst- und Treueverhältnis" (vgl. Art. 33 Abs. 5 GG, § 3 Abs. 1 BeamtStG), in dem Beamte stehen (vgl. Junker, 2021, Rn. 92).

§ 611a Abs. 1 BGB definiert den Arbeitsvertrag: durch ihn ist der/die Arbeitnehmer*in „im Dienste eines anderen zur Leistung weisungsgebundener, fremdbestimmter Arbeit in persönlicher Abhängigkeit verpflichtet". Die letzten drei Kriterien dienen der Abgrenzung zum Selbstständigen (vgl. § 84 HGB). Die persönliche Abhängigkeit kann dabei als Oberbegriff gesehen werden, der sich aus der Weisungsbindung und der Eingliederung in eine fremdbestimmte Arbeitsorganisation ergibt (Temming, 2018, Rn. 17 f.).

Die Parteien des Arbeitsvertrages sind Arbeitnehmer*in und Arbeitgeber*in. Wenn deutsche Gesetze von Arbeitnehmer*innen sprechen, wird die Arbeitnehmereigenschaft grundsätzlich anhand der eben genannten Kriterien geprüft. Der Begriff wird auch im Sozialrecht und im Steuerrecht ähnlich verwendet. Relevant ist die Unterscheidung zum Beispiel für die Sozialversicherungspflicht (etwa nach § 5 Abs. 1 Nr. 1 SGB V für die gesetzliche Krankenversicherung). Die Zuordnung ist nicht immer eindeutig möglich, sondern erfolgt durch die Würdigung des Gesamtbildes der Tätigkeit und beruflichen Stellung (BSG, Urteil vom 31. Oktober 1972, Rn. 68 – juris, mwN). Im europäischen Arbeitsrecht ist der Begriff dagegen – sehr vereinfacht ausgedrückt – oft weiter zu fassen (ausführlich hierzu z. B. Preis 2021a, Rn. 18–20).

Tab. 5.1 Abgrenzung des Arbeitsvertrages zu anderen Beschäftigungsformen

Merkmale des Arbeitsvertrages	Beschäftigungsform, die dadurch jeweils nicht erfasst wird:
Privatrechtlicher Vertrag	- Beamt*innen, Richter*innen, Soldat*innen - Unfreie (Strafgefangene, Sicherungsverwahrte und andere Personen, die in geschlossene Anstalten eingewiesen sind) - Mitarbeit aufgrund von familienrechtlichen Verpflichtungen
Leistung von Diensten - Dienstleistung (Tätigkeit geschuldet) - Entgeltlichkeit - Für einen anderen	- Werkvertrag: Erfolg geschuldet - Auftrag nach § 662 BGB - Gesellschaftsvertrag § 705 ff. BGB
weisungsgebunden, fremdbestimmt, persönlich abhängig	- Selbstständige, vgl. § 84 HGB (die z. B. im Rahmen eines Dienstvertrags nach § 611 BGB tätig werden)

5.1.2 Beschäftigungsverhältnisse an Hochschulen

In vielen Fällen besteht nach den Landeshochschulgesetzen die Wahl, ob Personal der staatlichen Hochschulen in einem öffentlich-rechtlichen Dienstverhältnis als Beamt*innen oder im Arbeitsverhältnis beschäftigt werden soll (vgl. Abb. 5.1). Neben dem Beamtenverhältnis gibt es teilweise auch „öffentlich-rechtliche Dienstverhältnisse eigener Art", die zum Beispiel bei Lehraufträgen vorkommen. Außerdem werden für einige Tätigkeiten auch Werkverträge (§ 631 BGB) geschlossen. Zu

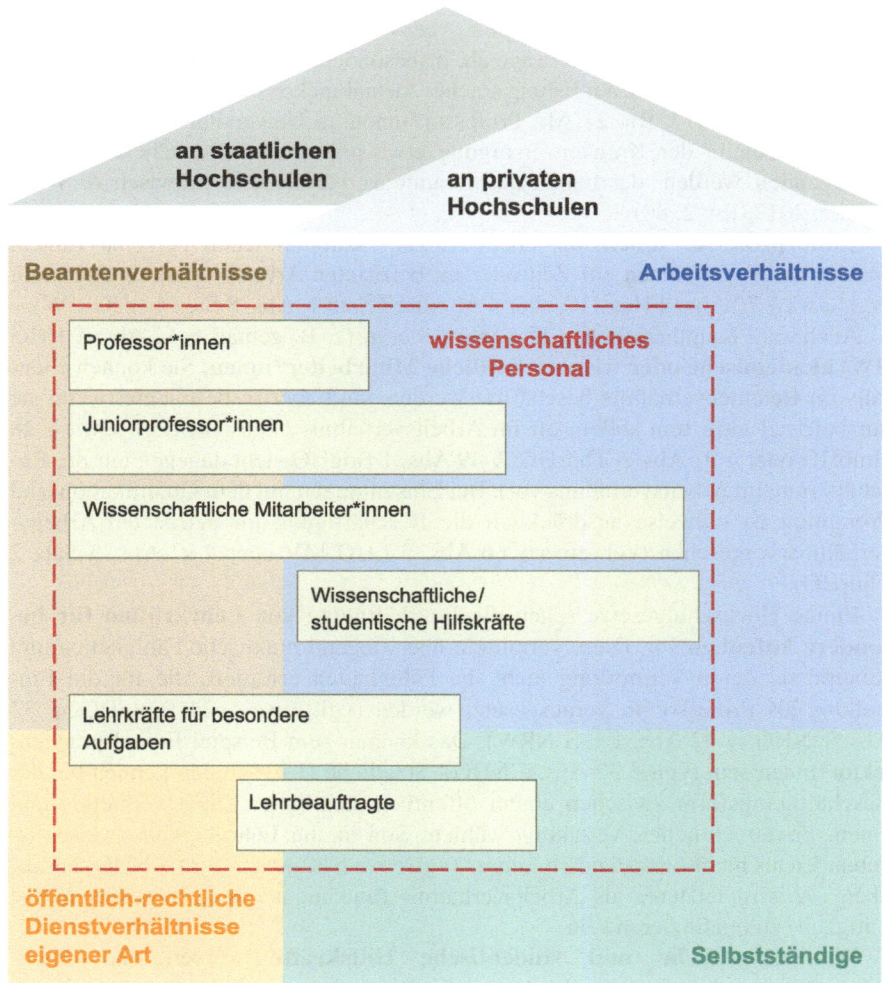

Abb. 5.1 Schematischer Überblick über wichtige Beschäftigungsformen an Hochschulen. Die Größenverhältnisse der Grafik spiegeln nicht die tatsächlichen Zahlenverhältnisse wider

nennen sind außerdem Ausbildungs- und Praktikumsverhältnisse. Private Hochschulen dagegen können nur die privatrechtlichen Vertragstypen wählen.

Die Landeshochschulgesetze unterscheiden zwischen hauptberuflichem Personal und nebenberuflichem oder sonstigem Personal. Sie unterscheiden außerdem zwischen dem wissenschaftlichen (sowie künstlerischen) Personal und dem nichtwissenschaftlichen Personal.

Hauptamtliche Professor*innen an staatlichen Hochschulen sind entsprechend der Grundregel des Art. 33 Abs. 4 GG (siehe dazu Punkt 5.1.3) überwiegend im Beamtenverhältnis auf Lebenszeit beschäftigt (vgl. bspw. Art. 8 Abs. 1 BayHSchPG oder § 61 Abs. 1, Abs. 3 LHG MV; Löwisch & Wertheimer, 2017, Rn. 1). Private Hochschulen können Professor*innen nicht im Beamtenverhältnis, sondern nur über privatrechtliche Verträge anstellen. Aber auch staatliche Hochschulen schließen in einigen Fällen Arbeitsverträge ab, insbesondere, wenn es um befristete Einsätze geht (vgl. hierzu die Auflistung solcher Ausnahmekonstellationen bei Löwisch & Wertheimer, 2017, Rn. 2). Mit Professor*innen an Universitätsklinika kann zu den Aufgaben in der Krankenversorgung etwa privatrechtlicher Chefarztvertrag ausgehandelt werden, der neben das Beamtenverhältnis tritt (Löwisch & Wertheimer, 2017, Rn. 2, 80).

Juniorprofessor*innen, die ebenfalls zum hauptamtlichen Personal zählen, werden als Beamt*innen auf Zeit oder im befristeten Arbeitsverhältnis angestellt (vgl. etwa § 70 Abs. 4 HessHG oder § 51 Abs. 7 Satz 1, Abs. 8 Satz 1 LHG BW).

Auch zum hauptberuflichen Personal gehören (z. B. gemäß § 44 Abs. 1 LHG BW) **akademische oder wissenschaftliche Mitarbeiter*innen**. Sie können ebenfalls im Beamtenverhältnis beschäftigt werden, sind aber insbesondere, wenn sie nur befristet tätig sein sollen, oft im Arbeitsverhältnis angestellt (vgl. etwa § 28 HmbHG oder § 91 Abs. 3 ThürHG; § 49 Abs. 1 BdgHG sieht dagegen nur die Beschäftigung im Arbeitsverhältnis vor). Bei Einstellungen mit dem Qualifikationsziel Promotion ist teilweise ausdrücklich die Beschäftigung im befristeten Arbeitsverhältnis vorgesehen (vgl. etwa § 66 Abs. 3 LHG MV oder § 91 Abs. 3 Satz 2 ThürHG).

Einige Hochschulgesetze sehen die Beschäftigung von **Lehrkräften für besondere Aufgaben** vor. Diese vermitteln überwiegend praktische Fähigkeiten und Kenntnisse, deren Vermittlung nicht die Fähigkeiten erfordert, die für die Einstellung als Professor*in vorausgesetzt werden (vgl. etwa § 24 BremHG, § 32 Abs. 1 NHG, § 42 Abs. 1 HG NRW). Das können zum Beispiel Fremdsprachenlektor*innen sein (vgl. § 32 Abs. 2 NHG). Staatliche Hochschulen können bei der Beschäftigungsform zwischen einem öffentlich-rechtlichen Dienstverhältnis und einem privatrechtlichen Verhältnis wählen. Soweit die Lehrtätigkeit „weisungsgebunden als nichtselbstständige Lehre" (vgl. etwa § 32 Abs. 1 Satz 1 NHG) auszuüben ist, wird letzteres als Arbeitsverhältnis (und nicht etwa als selbstständige Tätigkeit) zu qualifizieren sein.

Wissenschaftliche und studentische Hilfskräfte werden als Arbeitnehmer*innen beschäftigt (Löwisch & Wertheimer, 2017, Rn. 9). **Lehrassistent*innen** sind wissenschaftliche Hilfskräfte, die überwiegend im Bereich der Lehre tätig sind (vgl. § 57 Satz 4 LHG BW). Der Unterschied zwischen wissenschaftlichen und studentischen Hilfskräften besteht darin, dass erstere bereits über einen ersten Hochschulabschluss verfügen und nicht immatrikuliert sein müssen (vgl. bspw. § 57 Abs. 3 SächsHSFG). Nicht alle Bundesländer haben Regelungen zu wissenschaftlichen und studentischen Hilfskräften in ihren Hochschulgesetzen getroffen (vgl. etwa Art. 33 Abs. 2 BayHSchPG oder § 53 BbgHG).

Lehrbeauftrage können sowohl im Rahmen eines öffentlich-rechtlichen Dienstverhältnisses als auch im Rahmen eines privatrechtlichen Rechtsverhältnisses tätig sein. In den Fällen, in denen letzteres vereinbart wurde, dürfte dieses regelmäßig nicht als Arbeitsverhältnis gemäß § 611a BGB, sondern als selbstständige Tätigkeit in Form eines Dienstvertrages gemäß § 611 BGB zu qualifizieren sein. Denn Lehrbeauftragte nehmen die Lehraufgaben selbstständig war (vgl. z. B. § 120 Abs. 1 BerlHG, § 63 Abs. 1 Satz 2 HochSchG RLP oder § 66 Satz 2 SächsHSFG), sodass keine weisungsgebundene, fremdbestimmte Arbeit in persönlicher Abhängigkeit gemäß § 611a BGB vorliegen dürfte. In vielen Bundesländern ist jedoch die Beschäftigung in einem öffentlich-rechtlichen Dienstverhältnis bzw. Rechtsverhältnis eigener Art zum Land vorgesehen (vgl. z. B. § 43 Satz 2 HG NRW, § 66 Abs. 2 Satz 1 HSG SH oder § 53 Abs. 1 Satz 2 SHSG). Das Schutzniveau ist hier deutlich niedriger als in einem Arbeits- oder Beamtenverhältnis, dadurch ist zum Beispiel die Beendigung des Lehrauftrags leichter möglich (zum Schutz und Status von Lehrbeauftragten: BAG, Urt. v. 08.05.2018 – 9 AZR 531/17, juris).

Die Hochschulgesetze der Länder nennen noch weitere Personalkategorien wie: **Dozent*in** (§ 51a LHG BW), **Gastprofessor*in** (z. B § 52 SHSG oder § 55 Abs. 2 LHG BW), **Gastwissenschaftler*in** (z. B. § 94 Abs. 3 ThürHG) oder **Vertretungsprofessor*in** (z. B. § 94 ThürHG) oder **nebenberuflicher/nebenberuflicher Professor*in** (z. B. § 54 BbgHG oder § 29 NHG). Die Bezeichnung **Honorarprofessor*in** (z. B. § 116 BerlHG, 25 BremHG oder § 41 HG NRW) ist in der Regel nur eine als akademische Würde verliehene Bezeichnung und unabhängig von einem Beschäftigungsverhältnis. Dies ist ebenso bei der Bezeichnung **Privatdozent*in** oder Privatdozent (z. B. Art. 28 BayHSchPG oder § 56 BbgHG). Sie bezeichnet keine Tätigkeit, sondern die Bezeichnung darf geführt werden, wenn aufgrund einer Habilitation eine Lehrbefugnis erteilt wurde. Es besteht (z. B. nach Art. 29 BayHPG oder § 57 BbgHG) die Möglichkeit, zum/zur **außerplanmäßigen Professor*in** bestellt zu werden. Auch hierdurch lassen sich allerdings keine Rückschlüsse auf die Rechtsnatur eines etwaigen Beschäftigungsverhältnisses ziehen. Vorgesehen sein kann außerdem Personen als **Ehrenprofessor*in** (§ 55 Abs. 3 BbgHG) zu bestellen. Nur um eine akademische Würde handelt es sich ebenfalls meist bei der Bezeichnung **Seniorprofessor*in**, die an Professor*innen im Ruhestand verliehen werden kann (vgl. z. B. § 55 Abs. 4 LHG BW). Anders ist dies allerdings gemäß § 94 Abs. 2 ThürHG in Thüringen, wo mit der Seniorprofessur die Wahrnehmung von Aufgaben in einem privatrechtlichen Rechtsverhältnis verbunden ist.

In all diesen Fällen ist in einem ersten Schritt zu prüfen, ob mit einer Bezeichnung tatsächlich eine bestimmte Tätigkeit verbunden ist oder es sich bloß um eine akademische Würde handelt. In einem zweiten Schritt ist festzustellen, ob es sich um ein öffentlich-rechtliches oder ein privatrechtliches Rechtsverhältnis handelt. In letzterem Fall ist die konkrete Ausgestaltung dahingehend zu untersuchen, ob die Merkmale eines Arbeitsverhältnisses gemäß § 611a BGB erfüllt sind oder es sich um eine selbstständige Tätigkeit handelt. Bei letzterer kann es sich insbesondere um einen Dienstvertrag gemäß § 611 BGB oder um einen Werkvertrag gemäß § 631 BGB handeln. **Korrekturassistent*innen** werden oft im Rahmen von Werkverträgen verpflichtet. Wichtig zu wissen ist allerdings, dass die Bezeichnung als „Werkvertrag" alleine nicht genügt, um einen Vertrag zum Werkvertrag zu machen. Es ist vielmehr – wie in den anderen Fällen auch – nach der tatsächlichen Ausgestaltung zu beurteilen, um was für ein Rechtsverhältnis es sich handelt.

Für **Auszubildende** finden sich Regelungen im Berufsausbildungsgesetz (BBiG). Mit ihnen wird gemäß § 10 Abs. 1 BBiG kein Arbeits- sondern ein Berufsausbildungsvertrag geschlossen. Nach § 10 Abs. 2 BBiG ist jedoch neben den Vorschriften des Berufsbildungsgesetzes ergänzend Arbeitsrecht anzuwenden. Der Anwendungsbereich des BBiG wird in § 26 BBiG erweitert auf Personen, die nicht in einem Arbeitsverhältnis und auch nicht in einem Berufsausbildungsverhältnis nach dem BBiG stehen, aber eingestellt werden, um berufliche Fertigkeiten, Kenntnisse, Fähigkeiten oder berufliche Erfahrungen zu erwerben. Das können zum Beispiel Praktikant*innen oder Volontär*innen sein (Hagen, 2020/2021, Rn. 3). Wie immer kommt es jedoch auf die konkrete Ausgestaltung im Einzelfall an. Es ist besonders zu prüfen, ob nicht ein Arbeitsverhältnis vorliegt.

Das **nichtwissenschaftliche Personal** – zum Beispiel in der Verwaltung oder technisches Personal – kann im Beamten- oder im Arbeitsverhältnis beschäftigt sein (Löwisch & Wertheimer, 2017, Rn. 12).

Arbeitgeber*in bzw. **Dienstherr*in oder** ist in der Regel (vgl. z. B. § 11 Abs. 1 LHG BW, Art. 2 Abs. 4 BayHSchPG oder § 14 BremHG) an staatlichen Hochschulen das jeweilige Bundesland (Löwisch & Wertheimer, 2017, Rn. 7). Anders ist dies in Berlin, bei der Universität Frankfurt am Main sowie – soweit die Hochschulen in der Trägerschaft einer Stiftung stehen – in Niedersachsen (Löwisch & Wertheimer, 2017, Rn. 7). An privaten Hochschulen ist in der Regel die Hochschule selbst Vertragspartner (Löwisch & Wertheimer, 2017, Rn. 7).

5.1.3 Rechtsquellen

Die erste zu nennende Rechtsquelle für das Arbeitsverhältnis ist der **Arbeitsvertrag** (s. Abb. 5.2). Aus ihm ergibt sich das **Weisungsrecht der Arbeitgeber*innen**, wonach diese Inhalt, Ort und Zeit der Arbeitsleistung nach billigem Ermessen konkretisieren könnenann (§ 106 GewO). Arbeitsvertragliche Regelungen können jederzeit durch Vereinbarungen zwischen den Vertragsparteien geändert werden. Dies kann nach der Rechtsprechung grundsätzlich auch durch die sog. Betriebliche Übung geschehen. Eine solche wird angenommen bei einem gleichförmigen und wiederholten Verhalten des Arbeitgebers oder der Arbeitgeberin, aus dem die Arbeitnehmer*innen schließen können, ihnen werde eine Leistung auch künftig gewährt (BAG, Urteil vom 19. November 2019 – 3 AZR 144/18 –, Rn. 49, juris). Im

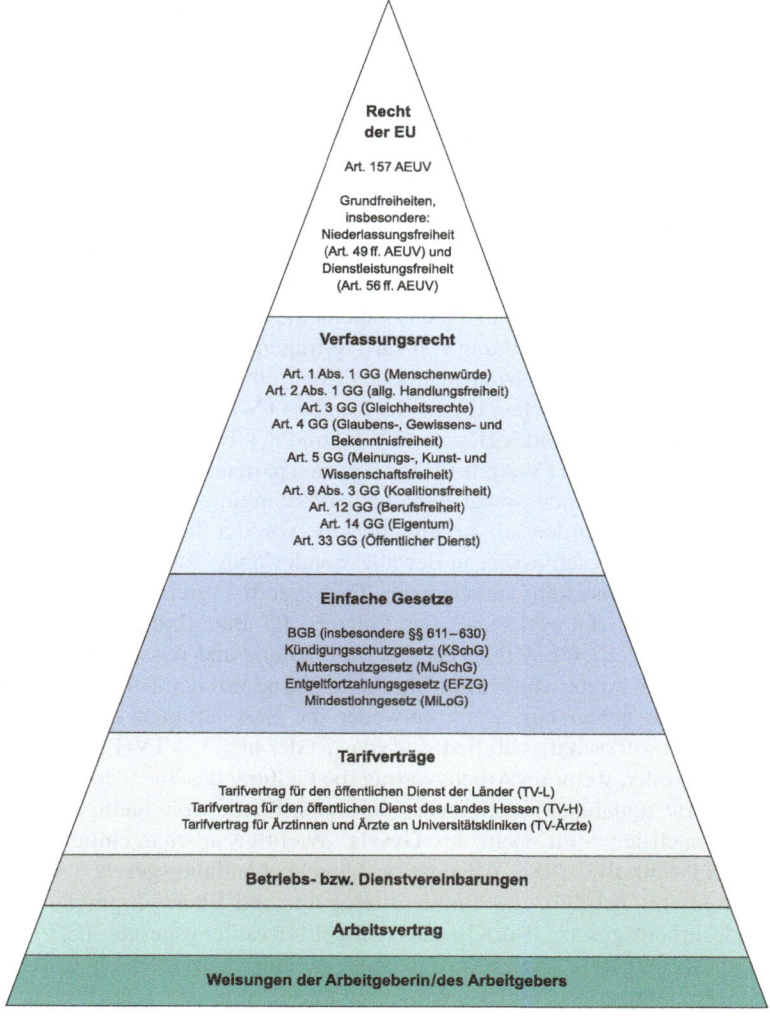

Abb. 5.2 Rechtsquellen im Arbeitsrecht mit Beispielen in der Normenpyramide

öffentlichen Dienst nimmt die Rechtsprechung allerdings nur selten eine solche an (vgl. hierzu Preis, 2021a, Rn. 226), sie dürfte daher bei den staatlichen Hochschulen kaum eine Rolle spielen.

Eine Rangstufe über dem Arbeitsvertrag sind **Betriebs- und Dienstvereinbarungen** einzuordnen. Als Beispiel für einen Regelungsgegenstand von Dienstvereinbarungen können zum Beispiel Gleitzeitregelungen genannt werden (Conze et al., 2020, Rn. 1783). Wenn es an privaten Hochschulen einen Betriebsrat (vgl. § 1 Abs. 1 BetrVG) gibt, können zwischen diesem und dem/der Arbeitgeber*in Betriebsvereinbarungen (§ 77 BetrVG) geschlossen werden, die dann für alle

Arbeitnehmer*innen[1] des Betriebes gelten. An staatlichen Hochschulen gilt das BetrVG dagegen nicht (vgl. § 130 BetrVG). Hier findet stattdessen das Personalvertretungsgesetz des jeweiligen Bundeslandes Anwendung. Anstatt Betriebsvereinbarungen können von Personalrat (vgl. jeweils § 1 der Landespersonalvertretungsgesetze) und Arbeitgeber*in Dienstvereinbarungen geschlossen werden (vgl. § 63 BPersVG und bspw. § 85 LPVG BW § 70 PersVG Bbg, § 74 PersVG Bln oder § 76 LPersVG RLP)

Wiederum eine Hierarchiestufe höher stehen **Tarifverträge**. Sie spielen für das Arbeitsrecht im öffentlichen Dienst – das heißt für Arbeitsverhältnisse bei juristischen Personen des öffentlichen Rechts (wie zum Beispiel zu einem Bundesland) – und somit auch für die staatlichen Hochschulen eine sehr große Rolle. Regelungen zum Abschluss, Inhalt und Wirkung von Tarifverträgen finden sich im Tarifvertragsgesetz (TVG). Für den Bereich der staatlichen Hochschulen gelten insbesondere der Tarifvertrag für den öffentlichen Dienst der Länder (TV-L), der Tarifvertrag für den öffentlichen Dienst des Landes Hessen (TV-H) und der Tarifvertrag für Ärzt*innen an Universitätskliniken (TV-Ärzte).[2] Tarifvertragsparteien sind Gewerkschaften, einzelne Arbeitgeber*innen sowie Arbeitgebervereinigungen (§ 2 Abs. 1 TVG). TV-L und TV-Ärzte wurden auf Arbeitgeberseite von der Tarifgemeinschaft deutscher Länder (TdL) geschlossen, in der alle Bundesländer außer Hessen Mitglied sind. Auf Arbeitnehmerseite stehen beim TV-L ver.di (Vereinte Dienstleistungsgewerkschaft), GdP (Gewerkschaft der Polizei), IG Bau (Industriegewerkschaft Bauen-Agrar-Umwelt), GEW (Gewerkschaft Erziehung und Wissenschaft) und dbb tarifunion. Der TV-Ärzte wurde vom Marburger Bund mit der TdL abgeschlossen. Die Tarifverträge gelten nur, wenn entweder die Beschäftigten in der vertragsschließenden Gewerkschaft Mitglied sind (das ist der in § 3, 4 TVG gesetzlich vorgesehene Fall) oder, wenn im Arbeitsvertrag die Geltung des Tarifvertrages vereinbart ist (sog. Bezugnahmeklausel; das ist der in der Praxis wohl häufigere Fall).[3]

Auf der nächsten Stufe steht das **Gesetz**. Wichtige arbeitsrechtliche Gesetze sind: §§ 611–630 BGB, das Allgemeine Gleichbehandlungsgesetz (AGG), das Arbeitszeitgesetz (ArbZG), das Bundeselterngeld- und Elternzeitgesetz (BEEG), das Bundesurlaubsgesetz (BurlG), das Entgeltfortzahlungsgesetz (EFZG), das Kündigungsschutzgesetz (KSchG), das Mutterschutzgesetz (MuSchG), das Teilzeit- und Befristungsgesetz und das Wissenschaftszeitvertragsgesetz (WissZeitVG). Das Arbeitsgerichtliche Verfahren ist im Arbeitsgerichtsgesetz (ArbGG) und der Zivilprozessordnung (ZPO) geregelt.

---

[1] Hier gilt ausnahmsweise nicht Arbeitnehmerbegriff wie er unter 5.1.1 erläutert wurde, sondern § 5 BetrVG.

[2] Da der TV-L von den genannten Tarifverträgen an staatlichen Hochschulen am häufigsten zur Anwendung kommt und die Normen in den TV-L, TV-H und TV-Ärzte zu einem großen Teil wortgleich formuliert sind, wird im Folgenden nur der TV-L zitiert.

[3] Auch die Arbeitgeberin bzw. der Arbeitgeber müssen entweder Mitglied in der entsprechenden Arbeitgebervereinigung bzw. selbst Vertragspartei des Tarifvertrages sein (§ 3 Abs. 1 TVG), dies soll ist jedoch für den öffentlichen Dienst der Fall.

Über den einfachen Gesetzen steht das **Grundgesetz**. Bedeutsam für das Arbeitsrecht sind die Grundrechte (Art. 1–19 GG), für den öffentlichen Dienst spielt außerdem Art. 33 GG eine Rolle (siehe dazu auch unten). Die Grundrechte binden Gesetzgebung, vollziehende Gewalt und Rechtsprechung als unmittelbar geltendes Recht (Art. 3 Abs. 3 GG), darum dürfen Gesetze nicht gegen Grundrechte verstoßen. Art. 9 Abs. 3 GG wirkt zudem unmittelbar auch auf das Privatrecht ein: Nach Satz 2 sind Abreden, die darauf gerichtet sind, die Koalitionsfreiheit (zu dieser siehe Punkt 5.5.1) zu behindern oder einzuschränken, nichtig. Die übrigen Grundrechte wirken nach der Rechtsprechung von BVerfG und BAG nur mittelbar in privaten Rechtsbeziehungen (wie dem Arbeitsverhältnis), indem sie als Wertmaßstäbe im Rahmen von „Generalklauseln" bei auslegungsbedürftigen Rechtsbegriffen zu berücksichtigen sind (vgl. hierzu z. B. Junker, 2021, Rn. 46).

In der Normenpyramide noch über dem nationalen Verfassungsrecht steht das **Recht der Europäischen Union**, welches Anwendungsvorrang gegenüber dem nationalen Recht genießt. Das bedeutet, dass kollidierendes nationales Recht zwar gültig bleibt, aber im konkreten Fall unanwendbar ist (Ruffert, 2016, Rn. 18).

Für das Verhältnis dieser verschiedenen Rechtsquellen (vgl. hierzu z. B. Junker, 2021, Rn. 85–88) gilt grundsätzlich das Hierarchie- oder **Rangprinzip**, wonach die ranghöhere der rangniedrigeren Regelung vorgeht. Dies gilt jedoch nur, wenn es sich bei der höherrangigen Rechtsquelle um zwingendes Recht handelt. Es finden sich teilweise ausdrücklich Öffnungsklauseln, die eine Abweichung ermöglichen (z. B. erlaubt § 622 Abs. 4 BGB abweichende tarifvertragliche Regelungen von den gesetzlichen Kündigungsfristen durch tarifvertragliche Regelungen). Da arbeitsrechtliche Regelungen in der Regel bloß Mindeststandards zum Schutz der Arbeitnehmer*innen setzen sollen, sind sie oft nur einseitig zwingend: Die rangniedere Rechtsquelle kann darum vorgehen, wenn sie für den/die Arbeitnehmer*in günstiger ist (**Günstigkeitsprinzip**). Für Tarifverträge ist dies in § 4 Abs. 3 TVG ausdrücklich geregelt. Wichtig ist es hier allerdings, die Schranke des § 77 Abs. 3 BetrVG zu beachten: Grundsätzlich kann durch Betriebsvereinbarung nicht geregelt werden, was durch Tarifvertrag geregelt ist oder üblicherweise geregelt wird. Diese Regelung dient dem Schutz der Tarifautonomie der Gewerkschaften (vgl. hierzu z. B. Junker, 2021, Rn. 725–729). Für das Personalvertretungsrecht finden sich in den Personalvertretungsgesetzen entsprechende Regelungen, oder eine Dienstvereinbarung ist ohnehin nur in den ausdrücklich gesetzlich vorgesehenen Fällen erlaubt (Richardi, 2020, Rn. 53).

Das Rangprinzip und das Günstigkeitsprinzip kommen immer dann zum Tragen, wenn es verschiedene, voneinander abweichende Regelungen gibt. Zum Beispiel, wenn im Arbeitsvertrag etwas anderes vereinbart wird, als das Gesetz oder der Tarifvertrag vorsehen. Hierzu ein fiktives Beispiel: Eine Arbeitnehmerin und eine Arbeitgeberin in Nordrhein-Westfalen vereinbaren im Arbeitsvertrag 32 Tage Urlaub bei einer Fünf-Tage-Woche. Auf das Arbeitsverhältnis ist der TV-L anwendbar, der nach § 26 Abs. 1 Satz 2 bei einer Fünf-Tage-Woche 30 Tage Urlaub vorsieht. Außerdem hat der Personalrat mit der Arbeitgeberin in einer Dienstvereinbarung 35 Tage Urlaub vereinbart. Nach § 3 BUrlG besteht bei einer Fünf-Tage-Woche nur Anspruch auf 20 Tage Urlaub. Wie viele Tage Urlaub stehen der Arbeitnehmerin nun zu? Das Gesetz steht in der Normenpyramide über den anderen Rechtsquellen, nach dem Rangprinzip würde also das BUrlG gelten. Dieses ist jedoch nur einseitig zwingend, zugunsten der Arbeitnehmerin sind Abweichungen möglich (§ 13 BUrlG). Am günstigsten wäre zwar die Regelung in der Dienstvereinbarung (35 Tage Urlaub), aber da der Urlaub üblicherweise und hier auch tatsächlich durch Tarifvertrag geregelt ist, ist die Regelung in der Dienstvereinbarung gemäß § 70 Abs. 1 Satz 2 LPVG NRW unwirksam. Da auch die arbeitsvertragliche Regelung (32 Tage Urlaub) für die Arbeitnehmerin günstiger als die tarifvertragliche Regelung (30 Tage Urlaub) ist, gilt diese (vgl. § 4 Abs. 3 TVG). Es besteht also Anspruch auf 32 Tage Urlaub.

Für öffentlich-rechtliche Dienstverhältnisse – also insbesondere für **Beamt*innen** – gilt im Prinzip die gleiche Normenpyramide. Art. 33 GG ist die verfassungsrechtliche Basis für den öffentlichen Dienst (Lecheler, 2007, Rn. 6). Art. 33 Abs. 2 und 3 GG regeln den Zugang zum öffentlichen Dienst (nicht nur zum Beamtentum), nach Abs. 4 ist die Ausübung hoheitlicher Befugnisse Angehörigen des öffentlichen Dienstes in einem öffentlich-rechtlichen Dienst- und Treueverhältnis (d. h. insbesondere Beamten) vorbehalten (sog. Funktionsvorbehalt) und Abs. 5 gibt dem Gesetzgeber als Regelungsrahmen die „hergebrachten Grundsätze des Berufsbeamtentums" vor (Lecheler, 2007, Rn. 6; Hense, 2021, vor Rn. 1). Auf einfachgesetzlicher Ebene sind zunächst das Beamtenstatusgesetz des Bundes (BeamtStG) für Beamt*innen auf Ebene der Länder sowie der Gemeinden und Gemeindeverbände (§ 1 BeamtStG) und die ergänzenden Landesbeamtengesetze zu nennen. Für den Bereich des Bundes gelten das Bundesbeamtengesetz (BBG) sowie das Bundesbesoldungsgesetz (BBesG). Für den Bereich der Hochschulen ist außerdem das Hochschulrahmengesetz (HRG) des Bundes sowie die Hochschulgesetze der Länder und die Gesetze über die Universitätskliniken zu erwähnen. Schließlich können sich auch Regelungen für Beamt*innen in Dienstvereinbarungen finden, die in der Normenpyramide unterhalb der einfachen Gesetze einzuordnen sind.

5.2 Begründung eines Beschäftigungsverhältnisses

Unter diesem Punkt soll zunächst ein Blick auf die Anbahnung, d. h. die Schritte vor Begründung des Beschäftigungsverhältnisses geworfen werden. Dabei gelten besondere Regelungen für staatliche Hochschulen als Teil des öffentlichen Dienstes. Hinsichtlich des Entstehens des Beschäftigungsverhältnisses muss dann zwischen privatrechtlichen und öffentlich-rechtlichen Beschäftigungsverhältnissen unterschieden werden.

5.2.1 Anbahnung

Soll neues Personal eingestellt werden, so wird in vielen Fällen die zu besetzende Stelle ausgeschrieben.[4] Teilweise besteht sogar eine Verpflichtung zur öffentlichen

---

[4] Ein Überblick zu Stellenausschreibungen im Arbeitsrecht des öffentlichen Dienstes findet sich bei: Hauck-Scholz (2020, Rn. 2.3–2.15).

oder internen **Ausschreibung.** Eine Pflicht zur öffentlichen Ausschreibung besteht für Beamtenstellen beispielsweise nach § 11 LBG BW, § 8 Abs. 1 LBG Bln oder § 11 Abs. 1 LBG RLP.[5] Die Landeshochschulgesetze sehen eine öffentliche Ausschreibung von Stellen für Professuren (vgl. bspw. §§ 48 Abs. 1, § 51 Abs. 4 LHG BW) und teilweise auch für anderes wissenschaftliches Personal vor (vgl. bspw. § 45 Abs. 1 LHG BW i. V. m. § 11 LBG BW). Im Fall, dass an einer privaten Hochschule ein Betriebsrat besteht, kann dieser nach § 93 BetrVG eine betriebsinterne Ausschreibung verlangen. Eine solche Regelung fehlt in den Personalvertretungsgesetzen für den Personalrat, es gibt aber unterschiedlich ausgestaltete Mitbestimmungsrechte im Zusammenhang mit einer Ausschreibung bzw. dem Absehen von einer solchen (Überblick bei Kaiser & Annuß, 2020, Rn. 495). In den Gleichstellungsgesetzen der Länder finden sich außerdem Pflichten zur Ausschreibung von Stellen in Bereichen, in denen Frauen unterrepräsentiert sind (z. B. § 9 Chancengleichheitsgesetz BW, § 5 Abs. 1 Landesgleichstellungsgesetz Berlin).

Eine Stellenausschreibung darf nach **§ 11 AGG** nicht aus Gründen der Rasse oder wegen der ethnischen Herkunft, des Geschlechts, der Religion oder Weltanschauung, einer Behinderung, des Alters oder der sexuellen Identität benachteiligen (§§ 7, 1 AGG). Eine Stellenausschreibung in der beispielsweise „Wissenschaftler" gesucht werden, würde gegen § 11 AGG verstoßen, da nicht hinreichend deutlich wird, ob das Geschlecht eine Rolle spielt. Es sollte daher zumindest nach „Wissenschaftlern (m/w/d)" gesucht werden.[6]

Für den öffentlichen Dienst gibt **Art. 33 Abs. 2 GG** als Auswahlkriterien abschließend Eignung, Befähigung und fachliche Leistung vor. Die Norm gewährt Deutschen – und wegen des Anwendungsvorrangs von Art. 45 Abs. 1 AEUV auch EU-Bürger*innen (vgl. hierzu genauer Jachmann-Michel & Kaiser, 2018, Rn. 14) – ein Recht auf gleichen Zugang zu öffentlichen Ämtern nach den genannten Kriterien. Daraus ergibt sich der sog. Bewerbungsverfahrensanspruch, der auch gerichtlich durchsetzbar ist (Jachmann-Michel & Kaiser, 2018, Rn. 23–23b).

Für die Berufung ins Beamtenverhältnis sind die Voraussetzungen in **§ 7 BeamtStG** geregelt. Voraussetzung ist danach grundsätzlich Deutsche*r im Sinne des Art. 116 Abs. 1 GG zu sein oder im Besitz der Staatsangehörigkeit einer der dort genannten Länder zu sein. Außerdem muss die zu berufende Person die Gewähr dafür bieten, jederzeit für die freiheitliche demokratische Grundordnung im Sinne des GG einzutreten und die nach dem Landesrecht vorgeschriebene Befähigung besitzen. Die Voraussetzung der Befähigung ergibt sich unmittelbar aus Art. 33 Abs. 2 GG. Da ihre Ausgestaltung jedoch in die Gesetzgebungskompetenz der Länder fällt, verweist das BeamtStG auf das Landesrecht (von Roetteken, 2014, Rn. 194–198).

---

[5] Die Ausschreibung ist außerdem geregelt in: Art. 20 BayBG, § 6 LBG Bbg, § 10 BremBG, § 10 Abs. 1 HmbBG, § 10 Abs. 3 HBG, § 9 Abs. 2 LBG MV, § 9 NBG, § 5 SBG, § 11 SächsBG, § 9 LBG LSA.

[6] Es ist umstritten, ob auch „m/w" ausreichen würde, vgl. hierzu m. w. N. Riesenhuber (2020, Rn. 4a).

Für Professor*innen sind die Einstellungsvoraussetzungen in den Hochschulgesetzen der Länder geregelt (bspw. § 47 LHG BW, § 100 BerlHG oder § 49 HochSchG RLP). Die Voraussetzungen finden sich auch in **§ 44 HRG**, den eigentlichen Prüfungsmaßstab stellen jedoch die Landeshochschulgesetze dar, diese ersetzen das HRG nach Art. 125a GG (vgl. Detmer, 2017, Rn. 43ff.; näher zur Geltung des HRG: Coelln, 2020, Rn. 22). Erforderlich sind danach ein erfolgreich abgeschlossenes Hochschulstudium, pädagogische Eignung, besondere Befähigung zu wissenschaftlicher oder künstlerischer Arbeit und – je nach Anforderungen der Stelle – zusätzliche wissenschaftliche, künstlerische oder besondere Leistungen bei der Anwendung oder Entwicklung wissenschaftlicher Erkenntnisse und Methoden in einer mehrjährigen beruflichen Praxis.

Vor der Einstellung können unter Umständen verschiedene Personen zu beteiligen sein. An privaten Hochschulen kann gemäß **§ 99 BetrVG die Zustimmung des Betriebsrats** vor jeder Einstellung sowie vor jeder – in der Regel gleichzeitig festzustellenden – Eingruppierung nach § 99 BetrVG einzuholen sein. An staatlichen Hochschulen ist die **Zustimmung des Personalrats** erforderlich (vgl. §§ 78 Abs. 1 Nr. 1 und Nr. 2, 70 Abs. 2 Satz 1 BPersVG, die Landespersonalvertretungsgesetze enthalten ähnliche Regelungen, siehe hierzu Kaiser & Annuß, 2020, Rn. 28–31).

Wenn sich ein schwerbehinderter Mensch beworben hat, ist gemäß § 178 Abs. 2 Satz 1 SGB IX die **Schwerbehindertenvertretung** zu unterrichten und anzuhören.

Bei der Besetzung der Stellen des wissenschaftlichen Personals hat auch die (oder der) **Gleichstellungsbeauftragte** das Recht auf Beteiligung an der Stellenausschreibung und auf Einsicht in die Bewerbungsunterlagen (vgl. z. B. § 4 LHG BW, Art. 4 BayHSchG oder § 72 HSG LSA).

5.2.2 Vertragsschluss

Wie andere privatrechtliche Verträge kommt der Arbeitsvertrag durch Einigung der Parteien zustande (§§ 145 ff. BGB).

Arbeitsverträge können formfrei geschlossen werden. Zwar sehen einige Regelungen die Schriftform vor, z. B. § 2 Abs. 1 TV-L oder § 2 NachwG, § 11 BBiG oder § 11 Abs. 1 AÜG, ein Verstoß hat hier jedoch nicht die Unwirksamkeit des Arbeitsvertrages zur Folge (vgl. zu § 2 TV-L: Kuner, 2020, Rn. 134; zu Formvorschriften im Arbeitsverhältnis: Junker, 2021, Rn. 177–179).

5.2.3 Berufung von Professor*innen

Der Ablauf des Berufungsverfahren ist in den Hochschulgesetzen der Länder geregelt (z. B. in § 48 LHG BW oder § 101 BerlHG). Das Verfahren ist zur Sicherung freier Forschung und Lehre an staatlichen und staatlich anerkannten Hochschulen verfassungsrechtlich geboten (Detmer, 2017, Rn. 70). Ein idealtypischer Ablauf eines Berufungsverfahren sieht nach Detmer (2017, Rn. 71) so aus, dass nach einer öffentlichen Ausschreibung, die von den Fakultäten oder Hochschulleitungen eingesetzten Berufungskommissionen die Bewerbungen sichten. Sie erstellen anhand von Gutachten, Kolloquien, Vorstellungen oder anderen Erkenntnisquellen eine gereihte sog. Dreierliste, die zunächst der Fakultät und dann wiederum dem kollegialen Zentralorgan (Senat oder Hochschulleitung; Detmer, 2017, Rn. 100) vorgelegt wird. Anschließend wird der Vorschlag an das zuständige Ministerium weitergeleitet (Detmer, 2017, Rn. 71). Je nach Ausgestaltung im jeweiligen Landeshochschulgesetz erteilen das Ministerium oder die Hochschulleitung den Ruf und führen anschließend Berufungsverhandlungen durch (Detmer, 2017, Rn. 71). Der Ruf ist nach der Rechtsprechung noch kein Verwaltungsakt, sondern nur eine Vorbereitungshandlung (Detmer, 2017, Rn. 102). Das Beamtenverhältnis wird schließlich durch Ernennung begründet, welche durch Aushändigung der Ernennungsurkunde erfolgt (§ 8 Abs. 1 Nr. 1, Abs. 2 BeamtStG). Anders als das Arbeitsverhältnis wird das Beamtenverhältnis also nicht durch Vertrag, sondern durch einen Verwaltungsakt (vgl. § 35 Satz 1 VwVfG) begründet.

5.3 Rechte und Pflichten im Beschäftigungsverhältnis

5.3.1 Hauptpflichten beider Seiten

Hauptpflicht der Arbeitnehmer*innen: Arbeitsleistung
Die Hauptpflicht der Arbeitnehmer*innen im Arbeitsverhältnis ist die Arbeitsleistung (§ 611a Abs. 1 Satz 1 BGB). Dieser steht die Hauptleistungspflicht der Arbeitgeberin oder des Arbeitgebers zur Zahlung der vereinbarten Vergütung (§ 611a Abs. 2 BGB) gegenüber.

Die **Arbeitsleistung** ist persönlich (vgl. § 613 BGB), am richtigen Ort und zur richtigen Zeit zu erbringen. Gemäß § 2 Abs. 1 NachwG sind hierzu schriftlich Angaben niederzulegen. Was genau geschuldet ist, ergibt sich meist nicht alleine aus dem Arbeitsvertrag, sondern muss durch den/die Arbeitgeber*in oder den Arbeitgeber durch Ausübung des Weisungsrechts (§ 106 GewO) konkretisiert werden (Junker, 2021, Rn. 204).

Bei dem Begriff der **Arbeitszeit** können leicht mehrere Bedeutungen durcheinandergebracht werden (Junker, 2021, Rn. 212 ff.): die geschuldete Dauer der Arbeitszeit (diese muss nach § 2 Abs. Satz 2 Nr. 7 NachwG schriftlich niedergelegt werden; oft wird hierzu auf die jeweiligen tariflichen Regelungen verwiesen wie § 6 TV-L), die Lage der Arbeitszeit (täglicher Beginn und Ende sowie Pausen) und schließlich Arbeitszeit im Sinne des Arbeitszeitgesetz (ArbZG, welches dem Gesundheitsschutz dient).

Das ArbZG enthält insbesondere Vorgaben zur werktäglichen Höchstarbeitszeit (acht bzw. zehn Stunden, § 3 ArbZG), Ruhepausen (§ 4 ArbZG) und Ruhezeiten zwischen Arbeitsende und Arbeitsbeginn am nächsten Tag (§ 5 ArbZG). § 18 ArbZG nimmt einige Personen vom Anwendungsbereich des Gesetzes aus.

In **Teilzeit** arbeitet, wer eine regelmäßige Wochenarbeitszeit hat, die kürzer als die eines vergleichbaren vollzeitbeschäftigten Arbeitnehmers ist (§ 2 Abs. 1 Satz 1

TzBfG). Teilzeitbeschäftigte dürfen nach § 4 Abs. 1 TzBfG wegen der Teilzeitarbeit nicht schlechter behandelt werden als vergleichbare Vollzeitbeschäftigte, es sei denn, die unterschiedliche Behandlung kann durch sachliche Gründe gerechtfertigt werden. Arbeitsplätze, die sich auch als Teilzeitarbeitsplätze eignen, müssen gemäß § 7 Abs. 1 TzBfG auch als solche ausgeschrieben werden. Das TzBfG enthält Informations- und Erörterungsansprüche für Arbeitnehmer*innen, die ihre Arbeitszeit verringern oder erhöhen möchten. Nach § 8 TzBfG und § 9a TzBfG kann ein Anspruch auf (zeitlich begrenzte) Verringerung der Arbeitszeit bestehen.

In der Regel handelt es sich bei der Pflicht zur Arbeitsleistung um eine **absolute Fixschuld**, was bedeutet, dass sie nicht nachgeholt werden kann (Junker, 2021, Rn. 214). Die Arbeit vom Montag kann also beispielsweise am Dienstag grundsätzlich nicht mehr erbracht werden. Wurde eine Arbeitsleistung nicht zur vereinbarten Zeit am vereinbarten Ort erbracht, erlischt gemäß § 326 Abs. 1 BGB auch die Pflicht der Arbeitgeberin oder des Arbeitgebers zur Zahlung der vereinbarten Vergütung, wenn nicht zu Gunsten der Arbeitnehmerin bzw. des Arbeitnehmers eine anspruchserhaltende Norm eingreift (siehe hierzu 5.3.3 Zahlung von Entgelt ohne Arbeitsleistung).

Hauptpflicht des/der Arbeitgeber*in: Vergütung
Die **vereinbarte Vergütung** ist gemäß § 614 BGB erst nach der Erbringung der Arbeitsleistung fällig, soweit die Vergütung nach Zeitabschnitten bemessen ist, ist sie nach Ablauf der einzelnen Zeitabschnitte fällig. Nach § 24 Abs. 1 TV-L wird das Entgelt nach Kalendermonaten berechnet und ist am letzten Tag des Monats auf ein von der oder dem Beschäftigten benanntes Konto zu bezahlen.

Die Höhe der Vergütung wird im Arbeitsvertrag vereinbart. In vielen Fällen wird die Vergütung jedoch nicht direkt ausgehandelt, sondern es wird auf den Tarifvertrag verwiesen. An staatlichen Hochschulen ist das regelmäßig der TV-L. Der TV-L gilt nur für Arbeitnehmer*innen (§ 1 Abs. 1 TV-L; siehe zur Besoldung von Beamt*innen Abschn. 5.3.4). Gemäß § 1 Abs. 3 TV-L gilt er außerdem nicht für Hochschullehrer*innen, wissenschaftliche und künstlerische Hilfskräfte, studentische Hilfskräfte sowie Lehrbeauftragte an Hochschulen, Akademien und wissenschaftlichen Forschungseinrichtungen. Für Hilfskräfte finden sich Vorgaben zur Vergütungshöhe in den „Richtlinien der Tarifgemeinschaft deutscher Länder über die Arbeitsbedingungen der wissenschaftlichen und studentischen Hilfskräfte" vom 23 Juni 2008. Auszubildende, Volontär*innen sowie Praktikant*innen sind ebenfalls vom Anwendungsbereich des TV-L ausgeschlossen (§ 1 Abs. 2 lit. e). Eine Vergütung ist hier entweder direkt im Vertrag geregelt oder in anderen Tarifverträgen. Für Auszubildende in Pflegeberufen gilt etwa der Tarifvertrag für Auszubildende der Länder in Pflegeberufen (TVA-L Pflege) vom 12. Oktober 2006, der in § 8 ein monatliches Ausbildungsentgelt regelt.

Nach § 15 Abs. 1 TV-L erhalten Beschäftigte monatlich ein Tabellenentgelt. Dieses bestimmt sich nach der Entgeltgruppe und innerhalb der Entgeltgruppe noch einmal nach der Entgeltstufe. Die Zuordnung zu einer Entgeltgruppe (Eingruppierung) richtet sich nach den Tätigkeitsmerkmalen der Entgeltordnung (§ 12 TV-L). Nach § 16 TV-L (sowie TV-H und TV-Ärzte) umfassen die Entgeltgruppen bis zu sechs Stufen. Bei der Einstellung erfolgt in der Regel eine Zuordnung zu Stufe 1, der Aufstieg in die nächsthöhere Stufe erfolgt nach der jeweils festgelegten Stufenlaufzeit (§ 16 Abs. 3 TV-L).

Neben dem Tabellenentgelt können Beschäftigte nach dem TV-L auch Anspruch auf Erschwerniszuschläge (§ 19 TV-L) oder Zulagen (§ 19a TV-L) haben. Nach § 20 TV-L wird außerdem eine Jahressonderzahlung gewährt.

Gemäß § 1 Abs. 1 MiLoG hat jede Arbeitnehmerin und jeder Arbeitnehmer einen Anspruch auf Zahlung eines Arbeitsentgelts in Höhe des Mindestlohns. Der **Mindestlohn** beträgt ab dem 1. Juli 2022 10,45 Euro, er wird jedoch regelmäßig durch Rechtsverordnung der Bundesregierung (§ 1 Abs. 2, § 11 MiLoG) angepasst. Zum 1. Oktober 2022 soll der Mindestlohn einmalig durch Gesetz auf 12 Euro angehoben werden. Danach sollen Erhöhungen wieder auf Vorschlag der Mindestlohnkommission durch Rechtsverordnung erfolgen.

5.3.2 Zahlung von Entgelt ohne Arbeitsleistung

In einigen Fällen besteht auch ohne Arbeitsleistung ein Anspruch auf Zahlung von Entgelt. Gemäß § 615 Satz 1 BGB besteht ein Anspruch auf Zahlung der Vergütung in den Fällen des **Annahmeverzuges**. Die Voraussetzung des Annahmeverzuges sind in § 293 BGB geregelt: Der/Die Arbeitgeber*in kommt in Verzug, wenn sie oder er die angebotene Arbeitsleistung nicht annimmt. Grundsätzlich ist gemäß § 294 BGB hierfür ein tatsächliches Angebot erforderlich. Das bedeutet, dass der/die Arbeitnehmer*in seine/ihre Arbeitskraft persönlich (§ 613 BGB), zur rechten Zeit, am rechten Ort und in der rechten Weise anbieten muss (hierzu ausführlich: Preis, 2021b, Rn. 18–22). Arbeitet sie oder er zum Beispiel Montag bis Freitag von 9 bis 13 Uhr vor Ort im Büro, so ist es erforderlich, um 9 Uhr dort zu sein und die Arbeitsleistung anzubieten. Ein wörtliches Angebot gemäß § 295 BGB genügt dagegen, wenn der/die Arbeitgeber*in bereits erklärt hat, die Arbeitsleistung nicht anzunehmen. Im Falle einer unwirksamen Kündigung der Arbeitgeberseite wird ein Angebot gemäß § 296 BGB ab Ablauf der Kündigungsfrist als entbehrlich angesehen (Preis, 2021b, Rn. 40). Bei einer Kündigung zum 1. Juli, die sich später als unwirksam herausstellt, bestünde daher Anspruch auf Arbeitslohn, auch wenn die gekündigte Person ihre Arbeitsleistung nach dem 1. Juli nicht mehr erbracht und auch nicht angeboten hat. Nach § 287 BGB tritt kein Annahmeverzug ein, wenn der/die Arbeitnehmer*in gar nicht in der Lage wäre zu arbeiten, zum Beispiel wegen einer Erkrankung (hierzu: Preis, 2021b, Rn. 51–54).

Ebenso zu behandeln sind gemäß § 615 Satz 3 BGB die Fälle, in denen sich das sog. **Betriebsrisiko** verwirklicht. Wenn der/die Arbeitgeber*in die Arbeitsleistung der Belegschaft aus betriebstechnischen Gründen nicht annehmen kann, bleibt der Anspruch auf Vergütung bestehen. Dies kann zum Beispiel bei Unterbrechungen der Strom- oder Gasversorgung, Ausfall von Geräten oder im Fall der Betriebseinstellung aufgrund einer behördlichen Maßnahme vorkommen (Preis, 2021b, Rn. 130–132).

Nach § 616 BGB besteht entgegen § 326 Abs. 1 BGB weiterhin ein Anspruch auf Vergütung, wenn der/die Arbeitnehmer*in für eine verhältnismäßig nicht erhebliche Zeit durch einen **in seiner Person liegenden Grund ohne Verschulden verhindert** ist. § 29 TV-L listet (für den Geltungsbereich des Tarifvertrages) abschließend die hierunter fallenden Anlässe auf. Dazu zählen etwa die Geburt eines Kindes, die schwere Erkrankung eines Kindes oder eines/einer im selben Haushalt lebenden Angehörigen oder eine ärztliche Behandlung, die nicht außerhalb der Arbeitszeit erfolgen kann.

Gemäß § 3 Abs. 1 EFZG besteht Anspruch auf **Entgeltfortzahlung im Krankheitsfall** bis zu einer Dauer von sechs Wochen,[7] wenn das Arbeitsverhältnis (1) mindestens seit vier Wochen ununterbrochen besteht (2), Arbeitsunfähigkeit (3) infolge von Krankheit[8] vorliegt (4) und der/die Arbeitnehmer*in kein Verschulden vorzuwerfen ist (5). Mit Verschulden ist hier das sog. „Verschulden gegen sich selbst" gemeint, also ein grober Verstoß gegen das eigene Interesse eines verständigen Menschen bei einem besonders leichtfertigen oder vorsätzlichen Verhalten (Reinhard, 2021, Rn. 23). Dabei kommt es stets auf die Besonderheiten des Einzelfalles an (Reinhard, 2021, Rn. 25). Als Beispiel kann Verschulden bei einem Verkehrsunfall genannt werden, wenn der/die Arbeitnehmer*in die Pflichten als Verkehrsteilnehmer*in vorsätzlich oder in besonders grober Weise fahrlässig verletzt (z. B. Fahren mit stark überhöhter Geschwindigkeit oder ohne Sicherheitsgurt; Reinhard, 2021 Rn. 26). § 7 EFZG regelt, unter welchen Umständen die Fortzahlung des Arbeitsentgelts trotzdem verweigert werden kann. Dies ist insbesondere so lange der Fall, wie die Verpflichtung zur Vorlage der Arbeitsunfähigkeitsbescheinigung nach § 5 EFZG noch nicht erfüllt ist.

Für die Zeit in der eine (werdende) Mutter aufgrund der Schutzfristen des MuSchG nicht arbeitet besteht gemäß § 20 MuSchG gegen den/die Arbeitgeber*in Anspruch auf **Zuschuss zum Mutterschaftsgeld**. Außerhalb der Schutzfristen besteht bei einem Beschäftigungsverbot (§ 13 Abs. 1 Nr. 3, § 16 MuSchG) gemäß § 18 MuSchG Anspruch auf **Mutterschutzlohn**.

Während der Freistellung zum Zwecke des **Erholungsurlaubs** besteht gemäß § 11 Abs. 2 BurlG Anspruch auf **Urlaubsgeld**. Berechnungsgrundlage für die Höhe ist das Entgelt der letzten drei vollen Kalendermonate vor dem Urlaub (sog. Referenzprinzip). Zu bezahlen ist die Arbeitszeit, die in dem betreffenden Zeitraum geleistet worden wäre (sog. Entgeltausfallprinzip; Gallner, 2021a, Rn. 3). Für **Zusatzurlaub** gemäß § 27 TV-L gilt das Gleiche wie für Erholungsurlaub (§ 27 Abs. 5 TV-L). **Sonderurlaub** wird dagegen gemäß § 28 TV-L nur unter Verzicht auf die Fortzahlung des Entgelts gewährt.

---

[7] Ausnahmsweise kann der Anspruch auch weitere sechs Wochen bestehen, vgl. § 3 Abs. 1 Satz 2 Nr. 1 und 2 EFZG. Außerdem laufen die sechs Wochen erneut, wenn Arbeitsunfähigkeit infolge einer anderen Erkrankung als im vorherigen Zeitraum eintritt und sich beide Zeiträume nicht überschneiden (Reinhard, 2021, Rn. 43).

[8] § 3 Abs. 2, § 3 EFZG erweitern den Anwendungsbereich auf Fälle, die nicht auf Krankheit beruhen.

Tab. 5.2 Anspruch auf Zahlung von Entgelt

Anspruch auf Zahlung von Entgelt

I. **Arbeitsvertrag, § 611a Abs. 2 BGB**: Anspruch auf vereinbarte Vergütung
1. Voraussetzungen
   a) Arbeitsverhältnis
   b) Fälligkeit, § 614 BGB
2. § 326 Abs. 1 BGB („Ohne Arbeit kein Lohn"): Pflicht zur Arbeitsleistung ist gemäß § 275 Abs. 1 BGB wegen Unmöglichkeit erloschen (in der Regel weil Arbeitsleistung nicht zur vereinbarten Zeit am vereinbarten Ort erbracht wurde), darum erlischt auch der Anspruch auf die als Gegenleistung geschuldete Vergütung
3. Ausnahme: es greift eine anspruchserhaltende Norm
   a) § 615 Satz 1 BGB: Annahmeverzug
   b) § 616 BGB: Persönlicher Hinderungsgrund
   c) § 615 Satz 3 BGB: Betriebsrisiko
   d) § 23 Abs. 1 Satz 1 MuSchG: Entgelt bei Freistellung für Untersuchungen und zum Stillen
Sollte der Anspruch aus dem Arbeitsvertrag auf Vergütung nicht bestehen, kommen **weitere Anspruchsgrundlagen** in Betracht:
II. § 3 EFZG: Entgeltfortzahlung im Krankheitsfall
III. § 18 MuSchG: Mutterschutzlohn
IV. § 20 MuSchG: Zuschuss zum Mutterschutzgeld
V. § 2 EFZG: Entgeltfortzahlung an Feiertagen
VI. § 11 BurlG: Urlaubsgeld

Auch Arbeitszeit, die infolge eines **gesetzlichen Feiertages** ausfällt ist gemäß § 2 EFZG zu vergüten.

Kein Anspruch auf Zahlung der vereinbarten Vergütung besteht, wenn der/die Arbeitnehmer*in die Arbeit zum Zwecke des Arbeitskampfes niederlegt. Während des Streiks ruhen die Hauptleistungspflichten (Junker, 2021, Rn. 623 BGB) (Tab. 5.2).

5.3.3 Nebenpflichten im Arbeitsverhältnis

Hinzukommen sowohl auf Arbeitnehmer- als auch auf Arbeitgeberseite **Nebenpflichten**. Viele Nebenpflichten lassen sich aus den allgemeinen Regelungen § 241 Abs. 2 BGB oder § 242 BGB ableiten, oft werden sie auch konkret im Arbeitsvertrag oder Tarifvertrag vereinbart oder sie ergeben sich aus speziellen Gesetzen.

Zu den Nebenpflichten von Arbeitnehmer*innen zählen unter anderem folgende Pflichten. **Verschwiegenheitspflicht** (gemäß § 241 Abs. 2 BGB auch ohne besondere Abrede, daneben gibt es spezielle gesetzliche Regelungen wie § 24 Abs. 2 ArbNErfG; siehe hierzu Preis, 2021a, Rn. 710; siehe bspw. auch: § 3 Abs. 2 TV-L), **Wettbewerbsverbot** (Rechtsgedanke des § 60 HGB, vgl. Preis, 2021a, Rn. 720), **Schmiergeldverbot** (ergibt sich aus § 241 Abs. 2 BGB und ist strafbar gemäß § 299 Abs. 1 StGB sowie im Amt nach §§ 331 ff. StGB; hierzu: Preis, 2021a, Rn. 722; Junker, 2021, Rn. 225; siehe auch § 3 Abs. 3 TV-L) und das **Nebentätigkeitsverbot** (grds. nur, wenn dies vereinbart ist; hierzu: Preis, 2021a, Rn. 724–729;

§ 3 Abs. 4 TV-L sieht eine Anzeigepflicht und die Möglichkeit zur Untersagung vor). Vorgaben zu **außerdienstlichem Verhalten** sind nur sehr zurückhaltend möglich (Preis, 2021a, Rn. 730–734). Eine solche Verpflichtung enthält § 3 Abs. 1 TV-L, der die Beschäftigten verpflichtet, sich durch ihr gesamtes Verhalten zur freiheitlichen demokratischen Grundordnung im Sinne des Grundgesetzes zu bekennen. Außerdem obliegen den Arbeitnehmer*innen Handlungs- und Schutzpflichten, um Schäden abzuwenden.

Nebenpflichten der Arbeitgeberin, des Arbeitgebers sind unter anderem: die Pflicht, den/die Arbeitnehmer*in unter bestimmten Voraussetzungen **von der Arbeit freizustellen** (für Mutterschutz, Eltern- und Pflegezeit, Urlaub, Feiertage), die sog. **Fürsorgepflicht** und die Pflicht zur **Gleichbehandlung** der Arbeitnehmer*innen (Junker, 2021, Rn. 257 ff.).

Durch das **Mutterschutzgesetz (MuSchG)** sollen die Gesundheit der Beschäftigten und des Kindes während der Schwangerschaft, nach der Entbindung und in der Stillzeit geschützt werden (§ 1 MuSchG). Es regelt verschiedene Beschäftigungsverbote (§ 3, § 13 Abs. 1 Nr. 3, § 16 MuSchG), enthält Vorgaben zur Ausgestaltung der Arbeitsbedingungen wie den Arbeitszeiten (§§ 4–8 MuSchG), ein Kündigungsverbot (§ 17 MuSchG) sowie Vorschriften zur Sicherung des Einkommens. § 19 MuSchG verweist für die Zeit der Schutzfristen vor, am Tag und nach der Entbindung auf das im Krankenversicherungsrecht (insb. SGB V) geregelte Mutterschaftsgeld. Zu den durch den Arbeitgeber zu zahlenden Vergütungen siehe oben unter Abschn. 5.3.3 Zahlung von Entgelt ohne Arbeitsleistung.

Nach § 15 BEEG besteht für Arbeitnehmer*innen Anspruch auf **Elternzeit**. In der Elternzeit ruhen die Hauptleistungspflichten im Arbeitsverhältnis: es ist weder Arbeitsleistung noch Vergütung geschuldet (Linck, 2019b, Rn. 14). Zum Ausgleich kann Elterngeld beantragt werden (siehe zur Höhe § 2 BEEG). Nach § 15 Abs. 4 BEEG ist es möglich, während der Elternzeit Teilzeit bis zu 32 Stunden durchschnittlich pro Woche zu arbeiten. Nachdem Elternzeit verlangt wurde, besteht gemäß § 18 BEEG ein Kündigungsverbot.

Ähnlich ausgestaltet sind die Regelungen zur **Pflege(-teil)zeit** (Gallner, 2021b, Rn. 1). Nach dem PflegeZG haben Beschäftigte Anspruch auf Freistellung von der Arbeitsleistung (Pflegezeit nach § 3 PflegeZG). Für diese Zeit entfällt auch der Anspruch auf Vergütung (Gallner, 2021b, Rn. 4). Für die Lösung einer akut aufgetreten Pflegesituation besteht ein Leistungsverweigerungsrecht gemäß § 2 Abs. 1 PflegeZG, in der Folge entfällt allerdings grundsätzlich auch der Vergütungsanspruch (vgl. § 3 Abs. 3 PflegeZG).

Nach §§ 1, 3 BUrlG hat jede Arbeitnehmerin und jeder Arbeitnehmer im Kalenderjahr einen Anspruch auf 24 Werktage **Urlaub**. Dabei geht das Gesetz von einer Sechstagewoche aus. Entsprechend beträgt der Anspruch bei einer Fünftagewoche 20 Tage. Die meisten Arbeitnehmer haben aufgrund von Vereinbarungen in Tarifverträgen, Betriebsvereinbarungen oder im Arbeitsvertrag mehr Tage Urlaub im Jahr (Junker, 2021, Rn. 258). So wird auch den Beschäftigten im Anwendungsbereich des TV-L gemäß § 26 Abs. 1 Satz 2 TV-L bei einer Fünftagewoche 30 Arbeitstage Erholungsurlaub gewährt.

Arbeitgeber*innen haben gegenüber ihren Arbeitnehmer*innen eine sog. **Fürsorgepflicht**. Diese ergibt sich – wie bei anderen Schuldverhältnissen auch – aus § 241 Abs. 2 BGB, hat im Arbeitsverhältnis aber eine besondere Bedeutung, da die Arbeitnehmer*innen im Betrieb in eine von der Arbeitgeberin oder des Arbeitgebers gesteuerte Betriebsorganisation eingebunden sind (vgl. Reichold, 2018, Rn. 8). Schaffen Arbeitgeber*innen eine Gefahrenlage, müssen nach § 241 Abs. 2 BGB Vorkehrungen geschaffen werden, um eine Schädigung der Beschäftigten möglichst zu verhindern (Preis, 2021a, Rn. 618). Viele Schutzpflichten sind auch gesetzlich konkretisiert. Zum Schutz von Leben und Gesundheit finden sich etwa Regelungen in: §§ 618, 619 BGB, im Arbeitsschutzgesetz (ArbSchG), Arbeitssicherheitsgesetz (ASiG) oder im Jugendarbeitsschutzgesetz (JArbSchG; diese und weitere Beispiele finden sich bei: Preis, 2021a, Rn. 618). Eine Schutzpflicht besteht auch in Hinsicht auf den Schutz des Persönlichkeitsrechts der Arbeitnehmer*innen (hierzu: Preis, 2021a, Rn. 619–624). Hierzu gehört beispielsweise auch die Verpflichtung, Mobbing zu unterlassen und zu unterbinden.

Der **arbeitsrechtliche Gleichbehandlungsgrundsatz** verbietet es dem/der Arbeitgeber*in zwischen einzelnen Arbeitnehmer*innen oder -gruppen ohne sachlichen Grund hinsichtlich von Begünstigungen oder Belastungen zu differenzieren (Junker, 2021, Rn. 52).

5.3.4 In der Professur

Professor*innen nehmen als Hochschullehrer*innen (unabhängig davon, ob sie im Arbeits- oder Beamtenverhältnis beschäftigt sind) die ihrer Hochschule obliegenden Aufgaben in Wissenschaft und Kunst selbstständig wahr (vgl. z. B. § 46 LHG BW oder § 48 HochSchG RLP). Als Primäraufgaben können dabei Forschung und Lehre gesehen werden, welche untrennbar zusammengehören (Detmer, 2017, Rn. 160 ff.). Hinzukommen als Sekundäraufgaben (siehe zu dieser begrifflichen Unterscheidung Detmer, 2017, Rn. 157) insbesondere Prüfungstätigkeit, Beteiligung an Studienberatung und Studienreform, Mitwirkung an der Selbstverwaltung der Hochschule und die Förderung des wissenschaftlichen Nachwuchses (Detmer, 2017, Rn. 181–193). Im Rahmen der selbstständigen Aufgabenwahrnehmung können Professor*innen Ort und Zeit der Erfüllung der Dienstaufgaben selbst bestimmen (Detmer, 2017, Rn. 209). Sie müssten nur vor Ort präsent sein, falls es für die Aufgabenerfüllung erforderlich ist, gefordert werden könnte aber eine Erreichbarkeit sicherstellen (Detmer, 2017, Rn. 209).

Professor*innen im Beamtenverhältnis erhalten eine Besoldung, zu der das Grundgehalt und weitere Leistungen gehören (vgl. § 1 Abs. 2, Abs. 3 BBesG bzw. entsprechende Regelung im jeweilige Landesbesoldungsgesetz etwa § 3 LBesG RLP). Das Grundgehalt bestimmt sich nach der jeweiligen Besoldungsgruppe und dem (statusrechtlichen) Amt (vgl. § 19 Abs. 1 BBesG bzw. entsprechendes LBesG, z. B. § 22 LBesG RLP), welches sich für Professor*innen aus der jeweiligen Landesbesoldungsordnung W ergibt (z. B. nach § 36, Anlage 4 LBesG

RLP). Neben dem Grundgehalt können Leistungsbezüge vergeben werden (vgl. z. B. § 30 BdgBesG; siehe hierzu Detmer, 2017, Rn. 245). Außerdem können Zulagen gewährt werden für Zeiten in denen von Professor*innen eingeworbene Drittmittel fließen (Forschungs- und Lehrzulage; vgl. z. B. Art. 57 BayBesG oder § 36 BbgBesG; Detmer, 2017, Rn. 247). Teilweise wird auch noch die Bundesbesoldungsordnung C angewandt, die jedoch durch die W-Besoldung nach und nach abgelöst wird (Detmer, 2017, Rn. 223–225).

Im Übrigen finden sich für Professor*innen im Beamtenverhältnis Regelungen zu Rechten und Pflichten im BeamtStG sowie ergänzend in den Landesbeamtengesetzen.

5.4 Beendigung

Ein Arbeitsverhältnis kann einseitig durch Kündigung, beiderseitig durch Aufhebungsvertrag oder automatisch durch Befristung oder Eintritt einer auflösenden Bedingung beendet werden (Überblick bei: Junker, 2021, Rn. 320–322).

Das Beamtenverhältnis endet gemäß § 21 BeamtStG durch Entlassung, Verlust der Beamtenrechte, Entfernung aus dem Beamtenverhältnis nach den Disziplinargesetzen oder Eintritt oder Versetzung in den Ruhestand. Die Regelungen für den einstweiligen Ruhestand sind allerdings nach § 61 Satz 4 BeamtStG zur Sicherung der Wissenschaftsfreiheit auf Hochschullehrer*innen nicht anzuwenden (Reich, 2018, § 61 Rn. 5).

5.4.1 Kündigung des Arbeitsverhältnisses

Hinsichtlich der Kündigung von Arbeitsverhältnissen gibt es aus rechtlicher Sicht kaum Besonderheiten für den Bereich der Wissenschaft. Praktisch gesehen dürfte aber etwa die betriebsbedingte Kündigung nur sehr selten vorkommen.

Bei der Kündigung ist zwischen der ordentlichen (fristgemäßen) und der außerordentlichen (fristlosen) Kündigung zu unterscheiden. Zudem ist zwischen arbeitnehmer- und arbeitgeberseitiger Kündigung zu unterscheiden. Arbeitnehmer*innen brauchen für die ordentliche Kündigung keinen Kündigungsgrund. Arbeitgeber*innen können dagegen, soweit der Anwendungsbereich des Kündigungsschutzgesetzes eröffnet ist – dies dürfte im Bereich der Hochschulen nach Ablauf der Wartezeit von sechs Monaten nach § 1 Abs. 1 KSchG immer der Fall sein – nur bei Vorliegen eines Kündigungsgrundes nach § 1 Abs. 2 KSchG kündigen.

Vorrausetzung einer wirksamen **ordentlichen Kündigung** ist zunächst das Vorliegen einer wirksam abgegebenen und zugegangenen **Kündigungserklärung**. Diese bedarf gemäß § 623 BGB der Schriftform i. S. d. § 126 BGB, insbesondere ist eine eigenhändige Unterschrift erforderlich. Wird die Kündigung in Vertretung ausgesprochen muss dies durch eine vertretungsberechtigte Person erfolgen. Dies kann entweder das vertretungsberechtigte Organ sein (zum Beispiel bei einer GmbH gemäß § 35 Abs. 1 Satz 1 GmbHG die Geschäftsführerin oder der Geschäftsführer) oder eine von diesem Organ bevollmächtigte Person (§ 164 ff. BGB). Ist Arbeitgeberin eine Körperschaft des öffentlichen Rechts, zum Beispiel ein Bundesland, so finden sich Regelungen im Gesetz oder auch in Satzungen (Schulte & Hauck-Scholz, 2020, Rn. 17.14). Spricht eine bevollmächtigte Person die Kündigung aus, ist § 174 BGB zu beachten, wonach die Kündigung zurückgewiesen werden kann, wenn diese Person die Vollmachtsurkunde nicht vorlegt und die Bevollmächtigung auch nicht allgemein bekannt gemacht wurde (vgl. hierzu z. B. Junker, 2021, Rn. 327).

Gemäß §§ 4, 7 KSchG müssen Arbeitnehmer*innen die Unwirksamkeit einer Kündigung innerhalb von drei Wochen nach Zugang der schriftlichen Kündigungserklärung beim Arbeitsgericht geltend machen. Nach Ablauf dieser Frist gilt die Kündigung von Anfang an als rechtswirksam. Die folgenden Punkte müssen nach Ablauf der Frist daher nicht mehr geprüft werden.

Besteht ein **Betriebsrat**, muss dieser gemäß § 102 Abs. 1 BetrVG vor Ausspruch der Kündigung angehört werden. Geschieht dies nicht, ist die Kündigung unwirksam. Das gleiche gilt nach § 128 BPersVG für eine Kündigung ohne **Anhörung des Personalrates**.

Ist das Kündigungsschutzgesetz anwendbar (§§ 1, 23 KSchG, insbesondere muss die **Wartezeit**[9] von sechs Monaten abgelaufen sein, die nach § 23 KSchG erforderliche Anzahl Arbeitnehmer*innen dürfte im Bereich der Hochschulen immer erfüllt sein), so darf die Kündigung gemäß § 1 Abs. 1 KSchG nicht sozial ungerechtfertigt sein. Die Kündigung ist nicht sozial ungerechtfertigt, wenn ein Kündigungsgrund gemäß § 1 Abs. 2 KSchG vorliegt. In Betracht kommen ein personen-, verhaltens- oder betriebsbedingter **Kündigungsgrund**.

Ein **in der Person liegender Kündigungsgrund** muss die Arbeitgeberinteressen beeinträchtigen und auf persönlichen Eigenschaften oder Fähigkeiten des/der Arbeitnehmer*in beruhen (Junker, 2021, Rn. 365). Dies ist der Fall, wenn der/die Arbeitnehmer*in tatsächlich oder rechtlich gehindert ist, die geschuldete Arbeitsleistung zu erbringen (Löwisch & Wertheimer, 2017, Rn. 270). Eine rechtliche Verhinderung kann zum Beispiel vorliegen, wenn der nach § 18 AufenthG erforderliche Aufenthaltstitel fehlt oder ein Berufsverbot besteht (Löwisch & Wertheimer, 2017, Rn. 270). Eine tatsächliche Verhinderung würde vorliegen, wenn etwa Körperkraft, Geschicklichkeit, Seh- oder Hörschärfe oder Konzentrationsfähigkeit nachlassen und daher die physische oder psychische Eignung fehlt (Löwisch & Wertheimer, 2017, Rn. 271). Häufige Fälle der personenbedingten Kündigung sind solche, in denen Arbeitnehmer*innen krankheitsbedingt sehr lange oder sehr häufig fehlen (Schulte & Hauck-Scholz, 2020, Rn. 17.68). In diesem Fall ist jedoch vorher ein betriebliches Eingliederungsmanagement gemäß § 167 Abs. 2 SGB IX durchzuführen.

---

[9] Die Wartezeit gemäß § 1 Abs. 1 KSchG ist nicht zu verwechseln mit der Probezeit, die gemäß § 622 Abs. 3 BGB maximal für die ersten sechs Monate des Arbeitsverhältnisses vereinbart werden kann. Die Probezeit führt dazu, dass die Kündigungsfrist nur zwei Wochen beträgt – statt gemäß § 622 Abs. 1 BGB vier Wochen. Die Wartezeit des § 1 Abs. 1 KSchG gilt jedoch unabhängig von der Vereinbarung einer Probezeit.

Ein **verhaltensbedingter Kündigungsgrund** kann bei vertragswidrigem Verhalten vorliegen, also wenn Arbeitnehmer*innen eine Haupt- oder Nebenpflicht verletzen (Junker, 2021, Rn. 368). Der verhaltensbedingten Kündigung ist in vielen Fällen als milderes Mittel zunächst eine Abmahnung vorzuziehen. Durch die Abmahnung wird auf das Fehlverhalten hingewiesen, zu vertragsgemäßen Verhalten aufgefordert und vor weiteren arbeitsrechtlichen Folgen im Wiederholungsfall gewarnt (Hinweis-, Ermahnungs- und Warnfunktion; Junker, 2021, Rn. 369). Ist allerdings eindeutig, dass der/die Arbeitnehmer*in sich nicht vertragsgemäß verhalten will oder dazu nicht fähig ist oder ist durch das Verhalten das Vertrauensverhältnis unwiederbringlich zerstört, kann eine Abmahnung entbehrlich sein (Junker, 2021, Rn. 369).

Eine **betriebsbedingte Kündigung** liegt vor, wenn dringende betriebliche Erfordernisse einer Weiterbeschäftigung entgegenstehen. Das bedeutet, es müssen aufgrund einer unternehmerischen Entscheidung Arbeitsplätze entfallen (Junker, 2021, Rn. 371). Zum Beispiel könnten Aufgaben aufgrund von Outsourcing oder aufgrund von Verwaltungsvereinfachungen entfallen und dadurch weniger Personal benötigt werden (Löwisch & Wertheimer, 2017, Rn. 279). Wichtig zu wissen ist, dass die Gerichte nicht prüfen, ob die Entscheidung notwendig oder zweckmäßig war. Sie machen nur eine „Missbrauchskontrolle" (War die Entscheidung offensichtlich unsachlich, unvernünftig oder willkürlich?) und prüfen, ob durch die Entscheidung tatsächlich Arbeitsplätze entfallen (Junker, 2021, Rn. 371). Nachdem festgestellt wurde, dass Arbeitsplätze entfallen, muss in einem zweiten Schritt geprüft werden, welche Personen deshalb entlassen werden sollen (sog. Sozialauswahl). Hierbei sind alle Arbeitnehmer*innen einzubeziehen, die vergleichbar sind, weil sie jeweils den Arbeitsplatz der oder des anderen einnehmen könnten. Nach § 1 Abs. 3 KSchG sind der Auswahl zwischen diesen vergleichbaren Personen die Kriterien der Dauer der Betriebszugehörigkeit, Lebensalter und Unterhaltspflichten zu berücksichtigen. Ausnahmsweise dürfen aus dem Kreis der einzubeziehenden Arbeitnehmer*innen nach § 1 Abs. 3 Satz 2 KSchG solche herausgenommen werden, deren Weiterbeschäftigung im berechtigten betrieblichen Interesse liegt, insbesondere wegen ihrer Kenntnisse, Fähigkeiten oder Leistungen oder zur Sicherung einer ausgewogenen Personalstruktur. Besteht beispielsweise Bedarf an Kenntnissen einer bestimmten Sprache, über die nur eine Arbeitnehmerin verfügt, könnte sie von der Sozialauswahl ausgenommen werden.

Bei allen drei Kündigungsgründen sind immer das Prognoseprinzip und das ultima-ratio-Prinzip zu berücksichtigen. Außerdem muss immer eine umfassende Interessenabwägung stattfinden. Nach dem **Prognoseprinzip** muss zum Zeitpunkt des Zugangs der Kündigung vorherzusehen sein, dass aufgrund des Kündigungsgrundes in der Zukunft eine Beschäftigung nicht möglich ist (Junker, 2021, Rn. 363). Die Kündigung darf insbesondere also keine Bestrafung sein, sondern bezieht sich auf die Zukunft (Junker, 2021, Rn. 369). Nach dem **ultima-ratio-Prinzip** müssen vor der Kündigung alle anderen geeigneten, milderen Mittel (z. B. Abmahnung, Versetzung, Änderungskündigung) ausgeschöpft sein, sodass die Kündigung das letzte mögliche Mittel ist (Junker, 2021, Rn. 364). Schließlich ist immer zwischen dem Bestandsinteresse der zu kündigenden Person und dem Auflösungsinteresse der Arbeitgeberseite abzuwägen (Junker, 2021, Rn. 364). Dieser **Interessenabwägung** wird bei der betriebsbedingten Kündigung bereits durch die

Sozialauswahl genügt, bei der personen- oder verhaltensbedingten Kündigung muss dagegen in diesem letzten Schritt noch einmal geprüft werden, ob die Kündigung billigenswert und angemessen erscheint (Junker, 2021, Rn. 364).

Unabhängig davon, ob das Kündigungsschutzgesetz gilt, muss immer geprüft werden, ob ein **vertraglich vereinbarter Kündigungsschutz oder ein besonderer gesetzlicher Kündigungsschutz** besteht (Übersicht bei Junker, 2021, Rn. 398 f.). Als Beispiel für ersteren kann § 34 Abs. 2 TV-L genannt werden, wonach bei einer langen Beschäftigungszeit die ordentliche Kündigung ausgeschlossen sein kann. Nach § 168 SGB IX bedarf es für die Kündigung eines schwerbehinderten Menschen die vorherige Zustimmung des Integrationsamtes. Besonderen Kündigungsschutz gewähren außerdem § 17 MuSchG, § 18 BEEG und § 5 PflegeZG. Mitglieder des Betriebs- oder Personalrats sind nach § 15 KSchG besonders geschützt.

Bei einem **befristeten Arbeitsverhältnis** ist zu beachten, dass dieses nur bei einer entsprechenden Vereinbarung ordentlich gekündigt werden darf (vgl. § 620 Abs. 2, Abs. 3, § 15 Abs. 3 TzBfG). Für den Geltungsbereich des TV-L ermöglicht § 30 Abs. 4, Abs. 5 TV-L die ordentliche Kündigung im befristeten Arbeitsverhältnis.

Die Kündigung wirkt erst zum Ablauf der **Kündigungsfrist**. Die Kündigungsfrist ist in § 622 BGB geregelt. Sie verlängert sich mit der Dauer des Arbeitsverhältnisses. Für den Anwendungsbereich des TV-L ist die abweichende Regelung des § 34 TV-L zu berücksichtigen.

Ohne Einhaltung einer Kündigungsfrist kann aus wichtigem Grund gemäß § 626 BGB gekündigt werden (*außerordentliche Kündigung*). Die Voraussetzungen des § 626 Abs. 1 BGB werden in zwei Schritten geprüft: Im ersten Schritt muss geprüft werden, ob unabhängig von den Umständen des Einzelfalls Tatsachen vorliegen, die einen **wichtigen Grund** bilden können und im zweiten Schritt muss in einer **umfassenden Interessenabwägung** geprüft werden, ob dem/der Arbeitgeber*in unter Berücksichtigung aller Umstände des Einzelfalls die Fortsetzung des Arbeitsverhältnisses bis zum Ablauf der Kündigungsfrist oder zum vereinbarten Beendigungstermin nicht zugemutet werden kann (Junker, 2021, Rn. 400). Bei der Prüfung des wichtigen Grundes sollte sich an den Gründen für eine ordentliche Kündigung gemäß § 1 Abs. 2 KSchG orientiert werden (siehe hierzu: Junker, 2021, Rn. 401–403). Bei der umfassenden Interessenabwägung spielen dann ebenso wie bei der ordentlichen Kündigung Prognoseprinzip, ultima-ratio-Prinzip und die Interessenabwägung im engeren Sinne eine Rolle (Junker, 2021, Rn. 404). Nach § 626 Abs. 2 BGB kann die Kündigung nur innerhalb von zwei Wochen nach Kenntnis der für den Kündigungsgrund maßgeblichen Tatsachen erfolgen (**Kündigungserklärungsfrist**).

5.4.2 Auflösung des Arbeitsverhältnisses durch Aufhebungsvertrag

Das Arbeitsverhältnis kann auch durch Aufhebungsvertrag beendet werden. Dazu bedarf es einer entsprechenden Einigung. Diese Möglichkeit der Beendigung wird auch in § 33 Abs. 1 b) TV-L genannt. Gemäß § 623 BGB ist für die Wirksamkeit die Schriftform erforderlich. Das bedeutet, dass nach § 126 Abs. 1 BGB beide Seiten den Vertrag handschriftlich unterschreiben müssen.

In einigen Bundesländern ist es nach dem jeweiligen Personalvertretungsrecht Wirksamkeitsvoraussetzung des Aufhebungsvertrages, dass der Personalrat angehört wurde (Rolfs, 2021a, Rn. 36). Im BetrVG findet sich keine entsprechende Regelung.

Aus Sicht der Arbeitnehmer*innen besonders zu beachten ist, dass der Abschluss eines Aufhebungsvertrages zu einer (in der Regel zwölfwöchigen) Sperrzeit nach § 159 Abs. 1 Satz 2 Nr. 1, Abs. 3 SGB III führen kann, in der der Anspruch auf Arbeitslosengeld ruht. § 158 SGB III enthält darüber hinaus eine Regelung zum Ruhen des Arbeitsverhältnisses für den Fall, dass eine Entlassungsentschädigung gezahlt wird.

Die Willenserklärung auf Abschluss des Aufhebungsvertrages können wegen Irrtums (§ 119 BGB) sowie wegen arglistiger Täuschung oder widerrechtlicher Drohung (§ 123 BGB) angefochten werden. Bei erfolgreicher Anfechtung ist der Aufhebungsvertrag gemäß § 142 Abs. 1 BGB als von Anfang an nichtig anzusehen.

5.4.3 Befristung oder auflösende Bedingung im Arbeitsverhältnis

Für Befristungen in der Wissenschaft spielen insbesondere das TzBfG und das WissZeitVG eine Rolle. Sie sind nebeneinander anwendbar. Befristungen können grundsätzlich auf beide Gesetze gestützt werden. Stellt allerdings das WissZeitVG für bestimmte Fälle – zum Beispiel für die Qualifizierung von wissenschaftlichem Personal – besondere Regelungen auf, müssen diese beachtet werden.

Nach § 15 Abs. 1 TzBfG endet ein **kalendermäßig befristetes** Arbeitsverhältnis mit Ablauf der vereinbarten Zeit (vgl. auch § 620 Abs. 1, Abs. 3 BGB). Neben der kalendermäßigen Befristung ist auch eine Befristung durch Art, Zweck oder Beschaffenheit der Arbeitsleistung (**zweckbefristeter** Arbeitsvertrag, § 3 Abs. 1 Satz 2 TzBfG) möglich. In diesem Fall endet das Arbeitsverhältnis durch Erreichen des Zwecks, frühestens allerdings zwei Wochen nachdem der/die Arbeitnehmer*in schriftlich über diesen Zeitpunkt unterrichtet wurde, § 15 Abs. 2 TzBfG. Das Gleiche gilt gemäß § 21 TzBfG für den Fall, dass eine **auflösende Bedingung** (§ 158 Abs. 2 BGB) vereinbart wurde.

Bei der auflösenden Bedingung hängt die Beendigung von einem künftigen Ereignis ab, bei dem ungewiss ist, *ob* es eintritt, wie zum Beispiel Eintritt von Erwerbsunfähigkeit oder Nichtbestehen einer Prüfung (Backhaus, 2021b, Rn. 14, Rn. 25). Bei der Befristung steht dagegen fest, *dass* ein Ereignis eintritt: Ist *gewiss, wann* es eintritt, handelt es sich um eine Kalenderbefristung, ist dagegen nur *gewiss, dass*, aber nicht *wann* es eintritt, handelt es sich um eine Zweckbefristung (Backhaus, 2021b, Rn. 25). Soll das Arbeitsverhältnis zum Beispiel am Monatsende nach Vollendung des 60. Lebensjahres enden, läge eine kalendermäßige Befristung vor (denn der Zeitpunkt ist jedenfalls bestimmbar). Soll beispielsweise die Beendigung bei Rückkehr des vertretenden Arbeitnehmers aus der Elternzeit erfolgen, läge eine Zweckbefristung vor.

Voraussetzung für die Beendigung des Arbeitsverhältnisses gemäß § 15 TzBfG ist, dass die Befristung oder die Bedingung wirksam vereinbart wurde, denn andernfalls liegt gemäß **§ 16 TzBfG** ein unbefristetes Arbeitsverhältnis vor. Wollen Arbeitnehmer*innen dies geltend machen, so muss gemäß **§ 17 Satz 1 TzBfG innerhalb von drei Wochen** nach dem vereinbarten Ende des befristeten (oder bedingten) Arbeitsverhältnisses Klage beim Arbeitsgericht erhoben werden. Ansonsten gilt gemäß §§ 17 Satz 2 TzBfG, 7 KSchG das Arbeitsverhältnis als wirksam beendet.

Gemäß § 14 Abs. 4 TzBfG bedarf die Wirksamkeit der Befristung (sowie der auflösenden Bedingung, § 21 TzBfG) der **Schriftform** gemäß § 126 BGB. Wird die Schriftform nicht eingehalten, ist die Befristung unwirksam und es liegt gemäß § 16 TzBfG ein unbefristetes Arbeitsverhältnis vor. Der Formverstoß kann nicht einfach rückwirkend geheilt werden, daher ist es problematisch, wenn vor Abschluss einer schriftlichen Befristungsvereinbarung bereits die Arbeit aufgenommen wird (Überblick über die Rechtsprechung des BAG hierzu: Backhaus, 2021a, Rn. 708–712).

Unter welchen **weiteren Voraussetzungen** eine Befristung zulässig ist, ist in § 14 Abs. 2–3 TzBfG (sachgrundlose Befristung) sowie in § 14 Abs. 1 TzBfG (Sachgrundbefristungen) und außerdem gemäß § 23 TzBfG in besonderen gesetzlichen Regelungen in anderen Gesetzen geregelt. Hier sind insbesondere die Vorschriften des WissZeitVG, § 21 BEEG, § 21 BBiG, § 6 PflegeZG, § 1 Gesetz über befristete Arbeitsverträge mit Ärzten in der Weiterbildung (ÄrzteBefrG) sowie Regelungen für Hochschullehrer in den Landeshochschulgesetzen (z. B. § 50 LHG BW, § 43 BbgHG oder § 86 ThürHG) zu nennen.

Eine kalendermäßige Befristung ist gemäß *§ 14 Abs. 2 TzBfG ohne Sachgrund* bis zu einer Dauer von **zwei Jahren** zulässig, wenn mit demselben/derselben Arbeitgeber*in **zuvor kein Arbeitsverhältnis** bestanden hat. Möglich ist es, ein befristetes Arbeitsverhältnis **bis zu drei Mal zu verlängern** bis die Gesamtdauer von zwei Jahren erreicht ist. § 14 Abs. 2 Satz 3 TzBfG sieht vor, dass in Tarifverträgen eine abweichende Anzahl der Verlängerungen oder Höchstdauer vereinbart werden kann. Im TV-L finden sich in den §§ 30–32 TV-L Regelungen zur Befristung. Nach § 30 Abs. 3 TV-L soll eine sachgrundlose Befristung in der Regel mindestens zwölf Monate, jedenfalls jedoch mindestens sechs Monate betragen.

In § 14 Abs. 2a TzBfG findet sich eine Sonderregelung für die Befristung nach Gründung eines Unternehmens, die im Bereich der Hochschulen wohl kaum relevant sein dürfte. § 14 Abs. 3 TzBfG erlaubt eine sachgrundlose Befristung bis zu fünf Jahre für über 52-jährige Arbeitnehmer*innen, die zuvor beschäftigungslos waren, Transferkurzarbeitergeld bezogen haben oder an einer öffentlich geförderten Beschäftigungsmaßnahme teilgenommen haben.

§ 14 Abs. 1 TzBfG nennt Sachgründe, die die Befristung eines Arbeitsvertrages insbesondere rechtfertigen können. Durch das Wort „insbesondere" wird deutlich, dass die Liste nicht abschließend gemeint ist. Für die Befristung von wissenschaftlichem Personal sind die folgenden Gründe besonders relevant.

§ 14 Abs. 1 Satz 2 Nr. 1 TzBfG nennt als Sachgrund den **vorübergehenden Bedarf** an der Arbeitsleistung. Hiervon zu unterscheiden ist die Unsicherheit über künftige Entwicklungen und der hierdurch hervorgerufene wechselnde Bedarf an

Arbeitskräften, der keinen Befristungsgrund darstellt (Backhaus, 2021a, Rn. 119). Nach § 14 Abs. 1 Nr. 1 TzBfG könnten beispielsweise Mitarbeiter*innen für länger dauernde, aber zeitlich begrenzte Projekte eingestellt werden (Löwisch & Wertheimer, 2017, Rn. 197). Allerdings muss dabei die zeitliche Begrenzung zum Zeitpunkt des Vertragsschlusses vorhersehbar sein und es darf nicht bereits absehbar sein, dass es zu Anschlussprojekten kommen wird (Löwisch & Wertheimer, 2017, Rn. 197). Im Prinzip könnte der Sachgrund des vorübergehenden Bedarfs auch für Drittmittelprojekte herangezogen werden. Da § 2 Abs. 2 WissZeitVG jedoch die Befristung wegen Drittmittelfinanzierung speziell regelt, dürfte dies nur noch für Fälle in Betracht kommen, in denen der Anwendungsbereich des WissZeitVG nicht eröffnet ist (siehe zum Anwendungsbereich unten; vgl. zum Verhältnis von WissZeitVG und TzBfG: BAG, Urteil vom 28. September 2016 – 7 AZR 549/14 –, Rn. 32, juris).

Die **Vertretung** ist der in der Praxis wohl am häufigsten vorkommende Befristungsgrund (Backhaus, 2021a, Rn. 129). Neben der Regelung des § 14 Abs. 1 Satz 2 Nr. 3 TzBfG gibt es in anderen Gesetzen für spezielle Vertretungsfälle weitere Reglungen. § 21 BEEG regelt die Befristung für die Vertretung einer Arbeitnehmerin oder eines Arbeitnehmers für die Dauer eines Beschäftigungsverbotes nach dem Mutterschutzgesetz, einer Elternzeit oder einer auf Vereinbarung (in Tarifvertrag, Betriebsvereinbarung oder einzelvertraglich) beruhenden Freistellung zur Betreuung eines Kindes. Nach § 6 PflegeZG kann für die Dauer der kurzzeitigen Arbeitsverhinderung oder Freistellung nach dem PflegeZG eine Befristung erfolgen. Das Gleiche gilt gemäß § 2 Abs. 3 FPfZG i. V. m. § 6 PflegeZG für die Familienpflegezeit. Auch die Vertretung einer Beamtenstelle ist möglich, da die Verhältnisse die gleichen sind (Löwisch & Wertheimer, 2017, Rn. 139).

In § 14 Abs. 1 Satz 2 Nr. 4 TzBfG wird die **Eigenart der Arbeitsleistung** als Sachgrund genannt. Hierunter könnte auch die Befristung von wissenschaftlichem Personal zum Zweck der wissenschaftlichen Qualifizierung gefasst werden, aber für diese Fälle trifft das WissZeitVG speziellere Regelungen (Backhaus, 2021a, Rn. 133). Zwar kann nach § 1 Abs. 2 WissZeitVG auch im Anwendungsbereich des WisszeitVG weiterhin auf das TzBfG zurückgegriffen werden, allerdings dürfen damit nicht die Anforderungen der speziellen Regelungen des WissZeitVG umgangen werden (Backhaus, 2021a, Rn. 133). Für die Befristung eines Arbeitsvertrages zur Qualifizierung könnte daher nicht auf § 14 Abs. 1 Satz 2 Nr. 2 TzBfG zurückgegriffen werden, den die Befristung den Anforderungen des § 2 WissZeitVG nicht genügt – beispielsweise, weil die Höchstdauer überschritten ist (Backhaus, 2021a, Rn. 133).

Die Befristung zur **Erprobung** (§ 14 Abs. 1 Satz 2 Nr. 5 TzBfG) darf eine angemessene Zeitspanne nicht überschreiten (Löwisch & Wertheimer, 2017, Rn. 140). Zur Orientierung kann auf die Wartezeit des § 1 Abs. 1 KSchG von sechs Monaten zurückgegriffen werden (Löwisch & Wertheimer, 2017, Rn. 141). Viele Landeshochschulgesetze sehen für den Fall der Erstberufung von Professor*innen ebenfalls Befristungen zum Zwecke der Erprobung vor (kritisch hierzu Löwisch & Wertheimer, 2017, Rn. 155).

Ein **in der Person** liegender Grund (§ 14 Abs. 1 Satz 2 Nr. 6 TzBfG) kann beispielsweise vorliegen, wenn durch die befristete Beschäftigung die Zeit der Bewerbung um eine Dauerstelle überbrückt werden soll, etwa nachdem ein wissenschaftlicher/eine wissenschaftliche Mitarbeiter*in die Habilitation abgeschlossen hat (Löwisch & Wertheimer, 2017, Rn. 198). Als weiteres Beispiel kann die Situation genannt werden, dass ein/eine Professor*in von vornherein nur für begrenzte Zeit zur Verfügung stehen kann, etwa weil in einem anderen Dienstverhältnis nur eine begrenzte Beurlaubung erfolgt ist oder weil schon der Eintritt in ein anderes Dienstverhältnis feststeht (Löwisch & Wertheimer, 2017, Rn. 142).

Wenn eine Stelle aus **Haushaltsmitteln** bezahlt wird, die nur für einen konkreten Zweck und eine konkrete Zeitdauer bestimmt sind und anschließend wegfallen, kommt § 14 Abs. 1 Satz 2 Nr. 7 TzBfG in Betracht (Löwisch & Wertheimer, 2017, Rn. 141). Die Rechtsprechung legt die Norm restriktiv aus (ausführliche Zusammenfassung hierzu bei Backhaus, 2021a, Rn. 143–156). Drittmittel sind keine Haushaltsmittel im Sinne der Norm (Backhaus, 2021a, Rn. 153).

Das *Wissenschaftsvertragszeitgesetz* sieht besondere Befristungsmöglichkeiten vor für wissenschaftliches und künstlerisches Personal mit Ausnahme der Hochschullehrer*innen an staatlichen Hochschulen, staatlich anerkannten Hochschulen sowie staatlichen, überwiegend staatlichen oder nach Art. 91b GG finanzierten Forschungseinrichtungen[10] (§ 1 Abs. 1 Satz 1, § 4, § 5 WissZeitVG).[11] Es kann grob zwischen drei verschiedenen Möglichkeiten der Befristung nach dem WissZeitVG unterschieden werden (vgl. Abb. 5.3). § 2 Abs. 1 WissZeitVG ermöglicht Befristungen zur Förderung der Qualifizierung, § 2 Abs. 2 WissZeitVG lässt als Befristungsgrund die Drittmittelfinanzierung zu und § 6 WissZeitVG regelt die befristete Beschäftigung von studentischen Hilfskräften.

Bei der Befristung zur **Förderung der wissenschaftlichen oder künstlerischen Qualifizierung nach § 2 Abs. 1 WissZeitVG** wird unterschieden zwischen der Phase vor der Promotion (Predoc-Phase) und nach der Promotion (Postdoc-Phase). Der Gesetzgeber hat diese Zeiträume als „typisierte Qualifizierungsphasen" konzipiert, innerhalb derer jedoch kein spezifischer Sachgrund erforderlich sein soll (BT-Drs. 18/6489, S. 10). Es gibt aber eine maximal zulässige Befristungsdauer. Bei Überschreiten der Höchstgrenze ist die Befristung unwirksam, sodass gemäß § 16 TzBfG ein unbefristetes Arbeitsverhältnis vorliegt. Die vereinbarte Befristungsdauer muss gemäß § 2 Abs. 1 Satz 3 WissZeitVG der angestrebten Qualifizierung angemessen sein. Die Frage, was angemessen ist, sollen die Wissenschaftseinrichtungen in Leitlinien konkretisieren (BT-Drs. 18/6489, S. 11).

In der Predoc-Phase ist eine Befristung grundsätzlich bis zu sechs Jahren zulässig. Typischerweise wird hier die Promotion angestrebt, der Begriff der wissen-

---

[10] Dazu gehören etwa die Einrichtungen der Helmholtz-Gemeinschaft, der Max-Planck-Gesellschaft, der Fraunhofer-Gesellschaft und der Leibniz-Gemeinschaft (Schmidt, 2021, § 5 Rn. 3).

[11] Nach § 3 WissZeitVG gilt dies auch, wenn der Vertrag nicht mit der Hochschule, sondern einem Mitglied der Hochschule geschlossen wird.

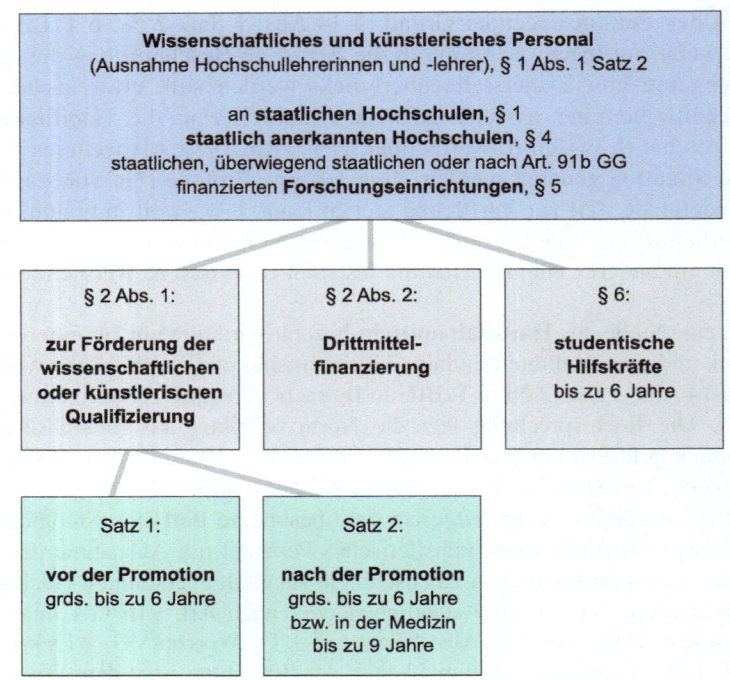

Abb. 5.3 Befristung nach dem WissZeitVG

schaftlichen Qualifizierung erfasst jedoch nicht nur diese formale Qualifikation (BT-Drs. 18/6489, S. 10). Qualifizierungsziel kann auch der Erwerb von Fähigkeiten und Kenntnissen sein, die einer Karriere außerhalb der Wissenschaft dienen (BT-Drs. 18/6489, S. 10).

In der Postdoc-Phase ist grundsätzlich eine Befristung von sechs Jahren bzw. im Bereich der Medizin von neun Jahren zulässig. Voraussetzung ist das Vorliegen einer abgeschlossenen Promotion. Hinsichtlich des Qualifizierungsziels gilt wie in der Predoc-Phase, dass kein formales Qualifizierungsziel wie die Habilitation erforderlich ist.

Das Gesetz sieht zahlreiche Abweichungsmöglichkeiten von der grundsätzlich zulässigen Befristungsdauer vor. Die Postdoc-Phase kann nach § 2 Abs. 1 Satz 2 WissZeitVG um die **Zeitersparnis bei der Promotion** verlängert werden. Dabei werden nicht nur Beschäftigungszeiten, sondern auch Promotionszeiten ohne Beschäftigung eingerechnet.[12] Wer zum Beispiel für die Promotion vier Jahre gebraucht hat, dürfte in der Postdoc-Phase bis zu einer Dauer von acht Jahren – in der Medizin sogar elf Jahre nach § 2 Abs. 1 Satz 2 WissZeitVG befristet beschäftigt werden. Die zulässige Befristungsdauer verlängert sich gemäß § 2 Abs. 1 Satz 4

---

[12] Zur Problematik der Ermittlung des Beginns der Promotionszeit: Löwisch and Wertheimer (2017, Rn. 167), Schmidt (2021, § 2 Rn. 21 f.).

(und Satz 5) WissZeitVG wegen **Kinderbetreuung** um zwei Jahre je Kind. Um etwaige gesundheitsbedingte Nachteile im Falle einer **Behinderung oder einer schwerwiegenden chronischen Erkrankung** abzumildern, erhöht § 2 Abs. 1 Satz 6 WissZeitVG für diese Fälle ebenfalls die zulässige Befristungsdauer um zwei Jahre.

Sog. **Unterbrechungszeiten**, die nach § 2 Abs. 5 Satz 1 WissZeitVG zu einer Verlängerung des Arbeitsverhältnisses führen können, werden erst gar nicht auf die zulässige Befristungsdauer angerechnet. Unterbrechungszeiten sind (vgl. hierzu Schmidt, 2021, § 2 Rn. 71–81): Beurlaubung oder Ermäßigung der Arbeitszeit um mindestens ein Fünftel zu Betreuungszwecken (Nr. 1), Beurlaubung zu Weiterbildungszwecken (Nr. 2), Mutterschutz oder Elternzeit (Nr. 3), Zeiten des Grundwehr- und Zivildienstes (Nr. 4), Zeiten der Freistellung für bestimmte ehrenamtliche Aufgaben (z. B. im Personalrat, Nr. 5) und Zeiten der krankheitsbedingten Arbeitsunfähigkeit ohne Entgeltfortzahlung (Nr. 6). In diesen Fällen verlängert sich das laufende Arbeitsverhältnis automatisch, wenn der/die Arbeitnehmer*in sein/ihr Einverständnis gegenüber der Arbeitgeberseite zum Ausdruck bringt (Schmidt, 2021, § 2 Rn. 69).

War der/die Arbeitnehmer*in oder der Arbeitnehmer schon einmal an einer deutschen Hochschule oder Forschungseinrichtung mit mehr als einem Viertel der regelmäßigen Arbeitszeit tätig, muss diese **Beschäftigungszeit nach § 2 Abs. 3 WissZeitVG** auf die zulässige Befristungsdauer angerechnet werden. Dies gilt nicht für eine Beschäftigung als Hilfskraft.

Keine Rolle spielt eine zulässige Befristungsdauer für die *Drittmittelbefristung nach § 2 Abs. 2 WissZeitVG*. Danach darf wissenschaftliches oder künstlerisches Personal für die Zeit eines aus Drittmitteln finanzierten Projekts befristet beschäftigt werden. Voraussetzung ist, dass die Finanzierung für eine bestimmte Aufgabe und Zeitdauer bewilligt ist und die Beschäftigung überwiegend zu diesem Zweck erfolgt. Die Befristungsdauer soll dem bewilligten Projektzeitraum entsprechen.

Für Sachgrundbefristungen sind nach TzBfG und WissZeitVG keine Höchstdauer vorgesehen. Bei einer sehr langen Laufzeit oder sehr vielen Verlängerungen ist allerdings zu überprüfen, ob die Befristung nicht nach § 242 BGB rechtsmissbräuchlich ist (ausführlich zur *Missbrauchskontrolle*: Backhaus, 2021a, Rn. 83–103).

Nach *§ 6 WissZeitVG* können **studentische Hilfskräfte** bis zu sechs Jahre in befristeten Arbeitsverhältnissen beschäftigt werden. Voraussetzung ist, dass sie an einer deutschen Hochschule für ein Studium eingeschrieben sind, welches zu einem ersten oder einem weiteren berufsqualifizierenden Abschluss führt, und dass sie zur Erbringung wissenschaftlicher oder künstlerischer Hilfstätigkeiten beschäftigt werden. Als wissenschaftliche Tätigkeit können auch etwa Unterrichtstätigkeiten als Tutorin oder Tutor oder die Korrektur von Klausuren zählen, nicht aber die Erledigung von Sekretariatsaufgaben (Schmidt, 2021, § 6 Rn. 4).

Nach § 2 Abs. 4 WissZeitVG muss im Arbeitsvertrag angegeben werden, ob die Befristung auf dem WissZeitVG beruht („**Zitiergebot**"). Fehlt die Angabe, führt dies nur zur Unwirksamkeit der Befristung, wenn sie nicht auf andere Normen – z. B. auf § 14 TzBfG – gestützt werden kann (Schmidt, 2021, § 2 Rn. 64 f.).

5.5 Arbeitnehmervertretungen

In Deutschland ist die kollektive Interessenvertretung der Arbeitnehmer*innen „zweispurig" geregelt (Junker, 2021, Rn. 642). Gewerkschaften und Betriebs- bzw. Personalräte nehmen jeweils unterschiedliche Aufgaben wahr (vgl. § 2 Abs. 3 BetrVG, § 9 Abs. 3 Satz 1 BPersVG).

5.5.1 Gewerkschaften

Gewerkschaften sind – wie Arbeitgeberverbände – Vereinigungen, in denen sich Arbeitnehmer*innen[13] bzw. Arbeitgeber*innen zusammenschließen, um bei der Gestaltung von Arbeits- und Wirtschaftsbedingungen ihre Interessen zu bündeln (vgl. Art. 9 Abs. 3 GG; Junker, 2021, Rn. 455). Der Oberbegriff hierzu ist „Koalition". Koalitionen können Tarifverträge abschließen (§ 1 Abs. 1 TVG) und dürfen hierzu die Gegenseite mit Arbeitskämpfen unter Druck setzen. Ihr Bestand, ihre Betätigung (insbesondere der Abschluss von Tarifverträgen) und die Mittel hierzu (Arbeitskampf) werden durch die Koalitionsfreiheit gemäß Art. 9 Abs. 3 GG geschützt (Junker, 2021, Rn. 477 ff.). Neben dieser kollektiven Koalitionsfreiheit gewährleistet Art. 9 Abs. 3 GG auch die individuelle Koalitionsfreiheit (Junker, 2021, Rn. 467 ff.): jede und jeder hat das Recht Koalitionen zu gründen, einer bestehenden beizutreten und Mitglied dieser zu bleiben (positive Koalitionsfreiheit) sowie Koalitionen fernzubleiben oder sie zu verlassen (negative Koalitionsfreiheit).

5.5.2 Personalrat und Betriebsrat

Im öffentlichen Dienst werden von den Beschäftigten (Arbeitnehmer*innen sowie Beamt*innen) auf Ebene der Dienststelle, dies kann etwa eine staatliche Hochschule sein, nach dem jeweiligen Landespersonalvertretungsgesetz (vgl. z. B. §§ 1, 10 LPVG BW) Personalräte gewählt. Auf den Verwaltungsebenen darüber können zudem Bezirkspersonalräte und Hauptpersonalräte gebildet werden (vgl. § 89 BPersVG). In einigen Landespersonalvertretungsgesetzen werden Professor*innen und bestimmte weitere Angehörige des wissenschaftlichen Personals vom Anwendungsbereich des Personalvertretungsrechts ausgenommen (Löwisch & Wertheimer, 2017, Rn. 360).

Auf Ebene des Betriebs können Arbeitnehmer*innen nach § 1 BetrVG (im Bereich der privaten Hochschulen) Betriebsräte wählen. § 47 Abs. 1 BetrVG sieht daneben bei Unternehmen mit mehreren Betriebsräten die Errichtung eines Gesamtbetriebsrates vor. Auf Konzernebene kann nach § 54 BetrVG ein Konzernbetriebsrat errichtet werden.

---

[13] Auch wer im Beamtenverhältnis steht, hat das Recht einer Gewerkschaft beizutreten, allerdings besteht ein Streikverbot (vom BVerfG anerkannt, aber umstritten).

Sowohl für das Betriebsverfassungsrecht als auch für das Personalvertretungsrecht gilt für das Verhältnis zwischen Betriebs- bzw. Personalrat und Arbeitgeber*in der Grundsatz der vertrauensvollen Zusammenarbeit (vgl. § 2 Abs. 1 BetrVG, § 2 Abs. 1 BPersVG), wonach beide Seiten sowohl dem Interesse der Beschäftigten als auch des Betriebs bzw. zur Erfüllung der der Dienststelle obliegenden Aufgaben verpflichtet sind. Regelungsinstrument ist die Betriebs- bzw. Dienstvereinbarung (siehe hierzu unter 5.1.3 Rechtsquellen).

Personalrat und Betriebsrat stehen nach dem jeweiligen Gesetz verschiedene Beteiligungsrechte zur Verfügung. Der Aufbau unterscheidet sich in den unterschiedlichen Gesetzen (vgl. hierzu Einleitung zur Systematik bei: Richardi, 2020, Rn. 26 f.).

Unterschieden werden kann nach Art der Angelegenheit. So ist etwa das BetrVG strukturiert: §§ 87–89 BetrVG betreffen soziale, §§ 92–105 BetrVG personelle und §§ 106–113 BetrVG wirtschaftliche Angelegenheiten.

Im BPersVG[14] richtet sich der Aufbau dagegen eher nach Art der Beteiligungsrechte: Das BPersVG nennt in §§ 78–80 BPersVG zunächst die Angelegenheiten, in denen Mitbestimmungsrecht – die stärkste Form der Beteiligung – vorgesehen ist. Nach § 70 Abs. 1 BPersVG können mitbestimmungspflichtige Maßnahme nur mit Zustimmung des Personalrats getroffen werden. §§ 84 und 85 BPersVG enthalten dagegen bloße Mitwirkungsrechte, bei denen nach § 81 Abs. 1 BPersVG die Maßnahme lediglich mit dem Personalrat zu erörtern ist. Bei Angelegenheiten nach §§ 86 und 87 BPersVG ist der Personalrat nur anzuhören.

Für wissenschaftliches und künstlerisches Personal ist zu beachten, dass der durch Art. 5 Abs. 3 Satz 1 GG geschützten Wissenschaftsfreiheit und Kunstfreiheit Geltung verschafft werden müssen (Löwisch & Wertheimer, 2017, Rn. 363 f.). Von der Entscheidung über die Personalangelegenheiten der wissenschaftlichen Mitarbeiter*innen hängt das Forschungs- und Lehrprofil der Hochschule ab (Löwisch & Wertheimer, 2017, Rn. 364). Daher sehen das BetrVG sowie einige Personalvertretungsgesetze ausdrücklich Ausnahmen bei Mitbestimmungsrechten bezüglich des wissenschaftlichen Personals vor. Nach § 118 Abs. 1 Nr. 1 BetrVG können Regelungen des BetrVG nicht anwendbar sein, wenn die Eigenart als wissenschaftliche (oder künstlerische) Einrichtung entgegensteht („Tendenzschutz"). Das bedeutet insbesondere, dass der Betriebsrat in personellen Angelegenheiten nur noch Unterrichtung- und Anhörungsrechte statt eines Mitbestimmungsrechts hat, wenn eine personelle Maßnahme „tendenzbedingt" erfolgt (Löwisch & Wertheimer, 2017, Rn. 377). § 78 Abs. 3 BPersVG sieht bei Personalangelegenheiten der überwiegend wissenschaftlichen oder künstlerischen Tätigen nur auf Antrag eine Mitbestimmung des Personalrats vor. Eine solche Regelung trifft zum Beispiel auch § 76 Abs. 2 Nr. 1 lit. c) LPVG BW. § 89 PersVG Berlin sieht ganz allgemein in diesen Fällen statt einem Mitbestimmungs- nur ein Mitwirkungsrecht vor.

---

[14] Bei den meisten Hochschulen ist allerdings nicht das BPersVG, sondern das jeweilige Landespersonalvertretungsgesetz anwendbar. Das BPersVG wird nur als Beispiel herangezogen, da die einzelnen Landespersonalvertretungsgesetze ähnlich sind, aber doch auch erhebliche Unterschiede aufweisen.

Literatur

Backhaus, L. (2021a). TzBfG § 14. In R. Linck, U. Preis & I. Schmidt (Hrsg.), *Kündigungsrecht: Großkommentar zum gesamten Recht der Beendigung von Arbeitsverhältnissen* (6. Aufl.). C.H. Beck.
Backhaus, L. (2021b). TzBfG § 3. In R. Linck, U. Preis & I. Schmidt (Hrsg.), *Kündigungsrecht: Großkommentar zum gesamten Recht der Beendigung von Arbeitsverhältnissen* (6. Aufl.). C.H. Beck.
BT-Drs. 18/6489.
von Coelln, C. (2020). Grundlagen des Hochschulrechts in Deutschland. In C. von Coelln & V. M. Haug, *Beck'scher Online-Kommentar Hochschulrecht Baden-Württemberg* (18). C.H. Beck.
Conze, P., Karb, S. K., Wölk, W., & Reidel, A.-I. (2020). *Personalbuch Arbeits- und Tarifrecht öffentlicher Dienst: TVöD, TV-L, TV-Hessen, TV-Ärzte mit Lohnsteuerrecht, Sozialversicherungsrecht und Exkursen zum Beamtenrecht* (6. Aufl.). C.H. Beck.
Detmer, H. (2017). Das Recht der (Universitäts-)Professoren. In M. Hartmer & H. Detmer (Hrsg.), *Hochschulrecht: Ein Handbuch für die Praxis* (3. Aufl.). C.F. Müller.
Gallner, I. (2021a). BUrlG § 11. In R. Müller-Glöge, U. Preis & I. Schmidt (Hrsg.), *Erfurter Kommentar zum Arbeitsrecht* (21. Aufl.). C.H. Beck.
Gallner, I. (2021b). PflegeZG § 3. In R. Müller-Glöge, U. Preis & I. Schmidt (Hrsg.), *Erfurter Kommentar zum Arbeitsrecht* (21. Aufl.). C.H. Beck.
Hagen, D. (2020/2021). BBiG § 26. In C. Rolfs, R. Giesen, R. Kreikebohm, M. Meßling & P. Udsching (Hrsg.), *BeckOK Arbeitsrecht* (58. Aufl.). C.H. Beck.
Hauck-Scholz, P. (2020). In A. Groeger (Hrsg.), *Arbeitsrecht im öffentlichen Dienst* (3. Aulf.). Otto Schmidt.
Hense, A. (2021). GG Art. 33. In V. Epping & C. Hillgruber (Hrsg.), *BeckOK Grundgesetz* (46. Aufl.). C.H. Beck.
Jachmann-Michel, M., & Kaiser, A.-B. (2018). GG Art. 33. In P. M. Huber & A. Voßkuhle (Hrsg.), *Grundgesetz: Kommentar* (7. Aufl.). C.H. Beck.
Junker, A. (2021). *Grundkurs Arbeitsrecht* (Grundkurse, 20. Aufl.). C.H. Beck.
Kaiser, D., & Annuß, G. (2020). BPersVG § 75. In R. Richardi, H.-J. Dörner & C. Weber (Hrsg.), *Personalvertretungsrecht: Bundespersonalvertretungsgesetz mit Erläuterungen zu den Personalvertretungsgesetzen der Länder. Kommentar* (5. Aulf., Beck'sche Kommentare zum Arbeitsrecht, Band 14). : C.H. Beck.
Kuner, M. (2020). § 2. In K. Bepler, T. Böhle, W. Pieper & V. Geyer (Hrsg.), *TV-L: Tarifverträge der Länder, Entgeltordnung*. C.H. Beck.
Lecheler, H. (2007). § 110 Der öffentliche Dienst. In J. Isensee & P. Kirchhof (Hrsg.), *Handbuch des Staatsrechts* (Band V: Rechtsquellen, Organisation, Finanzen, 3. Aufl.). C. F. Müller.
Linck, R. (2019a). § 1 Grundlagen des Arbeitsrechts. In G. Schaub, M. Ahrendt, U. Koch, R. Linck, J. Treber & H. Vogelsang (Hrsg.), *Arbeitsrechts-Handbuch: Systematische Darstellung und Nachschlagewerk für die Praxis* (18. Aufl.). C.H. Beck.
Linck, R. (2019b). § 172 Elternzeit. In G. Schaub, M. Ahrendt, U. Koch, R. Linck, J. Treber & H. Vogelsang (Hrsg.), *Arbeitsrechts-Handbuch: Systematische Darstellung und Nachschlagewerk für die Praxis* (18. Aufl.). C.H. Beck.
Löwisch, M., & Wertheimer, F. (2017). Das Arbeitsrecht des Hochschulpersonals. In M. Hartmer & H. Detmer (Hrsg.), *Hochschulrecht: Ein Handbuch für die Praxis* (3. Aufl.). C.F. Müller.
Preis, U. (2021a). BGB § 611a. In R. Müller-Glöge, U. Preis & I. Schmidt (Hrsg.), *Erfurter Kommentar zum Arbeitsrecht* (21. Aufl.). C.H. Beck.
Preis, U. (2021b). BGB § 615. In R. Müller-Glöge, U. Preis & I. Schmidt (Hrsg.), *Erfurter Kommentar zum Arbeitsrecht* (21. Aufl.). C.H. Beck.
Reich, A. (2018). *Beamtenstatusgesetz: Kommentar* (3. Aufl.). C.H. Beck.

Reichold, H. (2018). § 91 Allgemeine Interessenwahrungspflicht (Fürsorgepflicht) des Arbeitgebers. In H. Kiel, S. Lunk & H. Oetker (Hrsg.), *Münchener Handbuch zum Arbeitsrecht* (4. Aufl.). C.H. Beck.

Reinhard, B. (2021). EFZG § 3. In R. Müller-Glöge, U. Preis & I. Schmidt (Hrsg.), *Erfurter Kommentar zum Arbeitsrecht* (21. Aufl.). C.H. Beck.

Richardi, R. (2020). Einleitung. In R. Richardi, H.-J. Dörner & C. Weber (Hrsg.), *Personalvertretungsrecht: Bundespersonalvertretungsgesetz mit Erläuterungen zu den Personalvertretungsgesetzen der Länder. Kommentar* (Beck'sche Kommentare zum Arbeitsrecht, Band 14, 5. Aufl.). C.H. Beck.

Richardi, R. (2021). § 1 Arbeitsrecht als das Recht der abhängigen Arbeit auf vertraglicher Grundlage. In H. Kiel, S. Lunk & H. Oetker (Hrsg.), *Münchener Handbuch zum Arbeitsrecht* (5. Aufl.). C.H. Beck.

Riesenhuber, K. (2020). AGG § 11. In H. P. Westermann, B. Grunewald & G. Maier-Reimer (Hrsg.), *Bürgerliches Gesetzbuch: Handkommentar mit AGG, EGBGB (Auszug), ErbbauRG, LPartG, ProdHaftG, VBVG, VersAusglG und WEG* (16. Aufl.). Schmidt Otto.

von Roetteken, T. (2014). § 7. In T. von Roetteken & C. Rothländer (Hrsg.), *BeamtStG: Kommentar zum Beamtenstatusgesetz* (19. Update Juni 2020). R.V. Decker.

Rolfs, C. (2021a). Aufhebungsvertrag. In R. Linck, U. Preis & I. Schmidt (Hrsg.), *Kündigungsrecht: Großkommentar zum gesamten Recht der Beendigung von Arbeitsverhältnissen* (6. Aufl.). C.H. Beck.

Ruffert, M. (2016). AEUV Art. 1. In C. Calliess & M. Ruffert (Hrsg.), *EUV/AEUV: Das Verfassungsrecht der Europäischen Union mit Europäischer Grundrechtecharta. Kommentar* (5. Aufl.). C.H. Beck.

Schmidt, I. (2021). WissZeitVG. In R. Linck, U. Preis & I. Schmidt (Hrsg.), *Kündigungsrecht: Großkommentar zum gesamten Recht der Beendigung von Arbeitsverhältnissen* (6. Aufl.). C.H. Beck.

Schulte, W., & Hauck-Scholz, P. (2020). In A. Groeger (Hrsg.), *Arbeitsrecht im öffentlichen Dienst* (3. Aufl.). Otto Schmidt.

Temming, F. (2018). § 18 Arbeitnehmerbegriff. In H. Kiel, S. Lunk & H. Oetker (Hrsg.), *Münchener Handbuch zum Arbeitsrecht* (4. Aufl.). C.H. Beck.

Milena Herbig ist Volljuristin und als Forschungsreferentin im Deutschen Forschungsinstitut für öffentliche Verwaltung tätig.

Rechtsfragen des Studiums

Jana Weber und Alexander Rindfleisch

6.1 Der Bologna-Prozess – von Europa in die Hochschulen

6.1.1 Die europäische Studienreform im Überblick

Die Entwicklung der Hochschulsysteme in den Mitgliedsstaaten der Europäischen Union ist seit 1998 untrennbar mit der Universität Sorbonne in Paris und mit Bologna, der ältesten Universitätsstadt Italiens verbunden. Am 25.05.1998 unterzeichneten die Kultusminister*innen von Deutschland, Frankreich, Großbritannien und Italien anlässlich einer Konferenz an der Universität Sorbonne eine Erklärung, mit der die Grundlage für eine Harmonisierung der Architektur des europäischen Hochschulsystems gelegt wurde. Schon im darauffolgenden Jahr unterzeichneten 30 Mitgliedsstaaten der Europäischen Union die Bologna-Erklärung,[1] die Namensgeber für den **Bologna-Prozesses** ist, der bis heute die Wissenschaftssysteme der inzwischen **48 Unterzeichnerstaaten**[2] begleitet und vor Herausforderungen stellt.

Auf den Bologna-Folgekonferenzen, die im Abstand von zwei, später drei Jahren in Prag (2001), Berlin (2003), Bergen (2005), London (2007), Löwen und Louvain-

---

[1] Die Bologna Deklaration der europäischen Bildungsminister (19. Juni 1999), in: Themenportal Europäische Geschichte, 2006, https://www.europa.clio-online.de/quelle/id/q63-28289, letzter Zugriff: 20. Mai 2022.

[2] European Higher Education Area Members, in: http://ehea.info/page-members, letzter Zugriff: 20. Mai 2022.

J. Weber (✉)
Technische Universität Berlin, Referat Prüfungen, Berlin, Deutschland
E-Mail: jana.weber@tu-berlin.de

A. Rindfleisch
Technische Universität Berlin, Referat Studierendensekretariat, Berlin, Deutschland
E-Mail: alexander.rindfleisch@tu-berlin.de

© Der/die Autor(en), exklusiv lizenziert an Springer-Verlag GmbH, DE, ein Teil von Springer Nature 2022
G. Speiser (Hrsg.), *Wissenschaftsrecht*, Springer-Lehrbuch,
https://doi.org/10.1007/978-3-662-64722-6_6

la-Neuve (2009), Bukarest (2012), Jerewan (2015), Budapest und Wien (2010), Paris (2018) stattfanden, wurden weitere Staaten aufgenommen, die Bologna-Ziele konkretisiert und erweitert. Standen anfangs vor allem die Schaffung eines Systems vergleichbarer Abschlüsse, die Förderung der Mobilität durch Vereinfachung der Anerkennung von Leistungen und Abschlüssen in Verbindung mit Maßnahmen zur Qualitätssicherung im Fokus, dachte man schnell größer: erklärtes Ziel ist bis heute die Etablierung eines weltweit anerkannten, attraktiven **europäischen Hochschul- und Forschungsraumes**, in dem neben Studierenden auch Forschende und Personal aus der Wissenschaftsverwaltung mobil sind, Netzwerke bilden und so die internationale Wettbewerbsfähigkeit der Hochschulen steigern und gleichzeitig die Autonomie der Hochschulen stärken.

In **Deutschland** wurden seither große Anstrengungen unternommen, die europäischen Ziele geeignet umzusetzen. Auf politischer Ebene agieren länderübergreifend die Kultusministerkonferenz (**KMK**)[3] und die Gemeinsame Wissenschaftskonferenz (**GWK**)[4] sowie, als Interessensvertretung der Hochschulen, die Hochschulrektorenkonferenz (**HRK**)[5] mit Beschlüssen, Vereinbarungen und Empfehlungen. Die rechtlich verbindlichen Grundlagen für die Hochschulen in Form von Hochschulgesetzen und Verordnungen auf Bundes- und Landesebene setzen der Bundestag und im Wesentlichen die Landesparlamente der Bundesländer, denn Bildung ist nach Artikel 30 GG Ländersache. Dem gegenüber steht Artikel 74 Abs. 1 Nr. 33 GG, der die Themen Hochschulzulassung und Hochschulabschlüsse der konkurrierenden Gesetzgebung unterwirft, d. h. die Länder schaffen Regelungen solange und soweit der Bund es nicht tut.

Es ist Ergebnis des Föderalismus, dass die Landesparlamente trotz der Bemühungen von KMK und HRK um gemeinsame Standards, jeweils individuelle Schwerpunkte setzen und europäische Vereinbarungen unterschiedlich und in unterschiedlicher Geschwindigkeit umsetzen. Seit 1999 wurden die **Landeshochschulgesetze** aller Bundesländer mehrfach **reformiert** und geändert.

Die Hochschulen sind spätestens seit der Unterzeichnung der Bologna-Erklärung 1999 einem **ständigen Veränderungsprozess** unterworfen, der praktisch einer Rundumerneuerung gleichkommt: Es werden nicht mehr nur Inhalte von Studium und Lehre und Forschungsbereiche aufgrund der Entwicklungen in Forschung und Gesellschaft hinterfragt, sie werden auf der Grundlage gesetzlicher Regelungen und länderübergreifender Vereinbarungen neu strukturiert: Bachelor, Master, Kompetenzorientierung, Modularisierung, Leistungspunktesystem, Internationalisierung und Mobilität sind nur einige der Schlagworte, mit denen Studierende, Hochschullehrer*innen, wissenschaftliches Personal und die Verwaltung seither arbeiten müssen. Dabei erfolgreich und attraktiv zu bleiben, erfordert Kommunikation, Selbstreflexion und Offenheit.

---

[3] https://www.kmk.org, letzter Zugriff: 20. Mai 2022.
[4] https://www.gwk-bonn.de, letzter Zugriff: 20. Mai 2022.
[5] https://www.hrk.de, letzter Zugriff: 20. Mai 2022.

Folgende Veränderungen im deutschen Hochschulsystem hat der Bologna-Prozess u. a. zur Folge:

- der deutsche Hochschulabschluss „Diplom" wich nach und nach dem gestuften **Bachelor- und Mastersystem**,
- der Blick auf die Qualifikation wandelt sich vom Fachinhalt aus Sicht der Lehrenden hin zu Lernergebnissen (**Learning Outcomes**), die beschreiben, über welche Qualifikationen zum Beispiel die Absolventen eines Studiengangs nach erfolgreichem Abschluss verfügen. Der Europäische Qualifikationsrahmen für lebenslanges Lernen[6] beschreibt Learning Outcomes auf insgesamt acht Qualifikationsstufen und dient der „Übersetzung" nationaler Qualifikationsrahmen. Der Deutsche Qualifikationsrahmen[7] beschreibt für die Hochschulen die drei Qualifikationsstufen Bachelorebene, Masterebene und Doktoratsebene.
- Vor- und Hauptdiplom, Fach-, Zwischen- und Abschlussprüfungen wichen einem System studienbegleitender **Modulprüfungen**, in denen fachübergreifende Kompetenzen nachgewiesen und bewertet werden,
- der studentische zeitliche Aufwand für erbrachte Leistungen (workload) wird nach dem Europäischen System zur Übertragung und Akkumulierung von Studienleistungen (**ECTS**)[8] gemessen, d. h. mit der Beschreibung von Lernergebnissen und ihrer Einordnung in einen zeitlichen Rahmen wird die Anerkennung von Kompetenzen an anderen Hochschulen des europäischen Hochschulraumes erleichtert. Dabei entspricht ein Leistungspunkt nach ECTS 26 bis 30 Zeitstunden.
- HRK und KMK vereinbarten 1998 die Einführung eines Akkreditierungssystems,[9] in dem durch Akkreditierungsagenturen zunächst Studiengänge mit der sog. **Programmakkreditierung**, seit 2008 hochschulinterne Steuerungs- und Qualitätssicherungssysteme im Rahmen einer **Systemakkreditierung** begutachtet werden und ein Siegel des Akkreditierungsrates erhalten.

6.1.2 Das Handeln der Hochschulen – im Spannungsfeld zwischen gesetzlichem Auftrag und Hochschulautonomie

Grundlagen des Verwaltungshandelns
Der Bologna-Prozess und die Beschlüsse der Konferenzen spiegeln die europäischen Ziele und Handlungsrahmen wider, doch ohne die Hochschulen in den Ländern ist die Umsetzung in die Realität nicht möglich. In welchem Rahmen und mit

---

[6] Office for Official Publications of the European Communities (2008). The European Qualifications Framework for Lifelong Learning, ISBN 978-92-79-08474-4.
[7] Bund-Länder-Koordinierungsstelle für den Deutschen Qualifikationsrahmen für lebenslanges Lernen: www.dqr.de letzter Zugriff: 20. Mai 2022 .
[8] ECTS Users' Guide: https://ec.europa.eu/education/sites/education/files/document-library-docs/ects-users-guide_de.pdf, letzter Zugriff: 20. Mai 2022.
[9] Regeln für die Akkreditierung von Studiengängen und für die Systemakkreditierung: Beschluss des Akkreditierungsrates vom 08.12.2009, zuletzt geändert am 20.02.2013., letzter Zugriff: 20. Mai 2022.

welchen Mitteln die Hochschulen agieren können, hängt nicht nur davon ab, in welchem Maß die handelnden Personen überzeugt werden, von gewohnten und bewährten Strukturen abzurücken. Es kommt vor allem darauf an, die gesetzlichen Grundlagen für ein Handeln zu schaffen.

Hochschulen entstehen als Körperschaften des öffentlichen Rechts durch staatliche Entscheidungen (Hoheitsakte) und sind Teil der Exekutive. Das Recht der Exekutive ist das Verwaltungsrecht, das in **allgemeines und besonderes Verwaltungsrecht** unterschieden wird. Allgemeine Regeln des Verwaltungsverfahrens oder des Verwaltungsstreitverfahrens finden sich im Verwaltungsverfahrensgesetz des Bundes und den Verwaltungsverfahrensgesetzen der Länder. Das Hochschulrecht ist u. a. ein Teil des besonderen Verwaltungsrechts, in dem die spezifischen Aufgaben der akademischen Bildung geregelt sind. Auf Landesebene verleihen die **Hochschulgesetze** wiederum Satzungsautonomie, d. h. sie räumen den Hochschulen das Recht ein oder verpflichten sie, eigene Satzungen zu erlassen mit denen spezifische Aufgabengebiete geregelt werden (siehe Abb. 6.1).

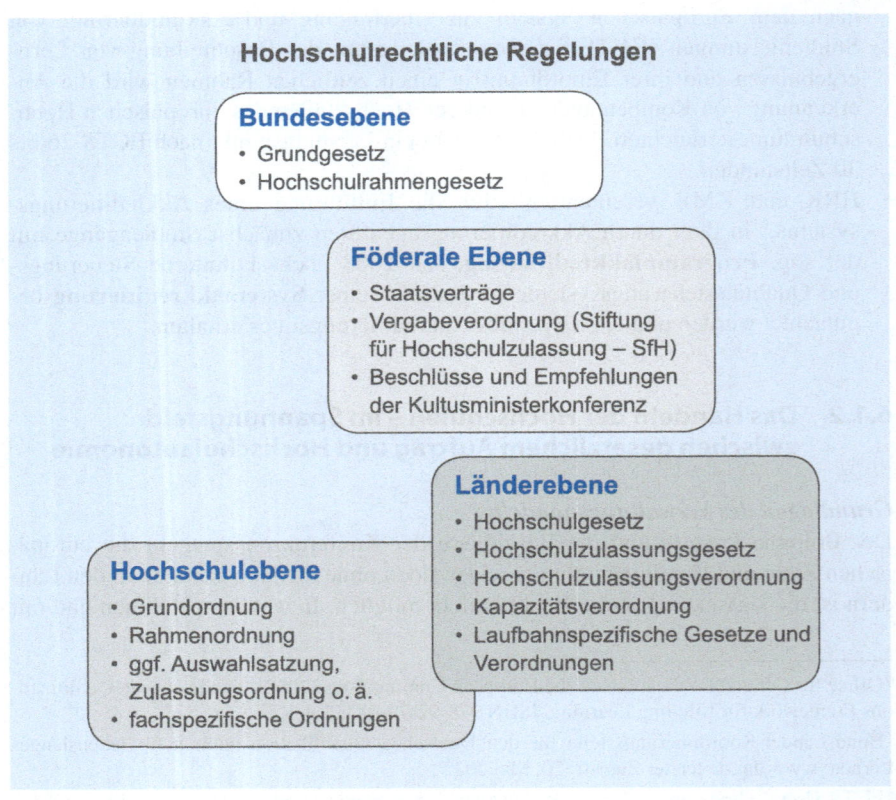

Abb. 6.1 Wesentliche Rechtsgrundlagen für Hochschulen in der Bundesrepublik Deutschland

6 Rechtsfragen des Studiums

Alles Handeln der (Hochschul)Verwaltung folgt drei wesentlichen Grundsätzen:
Gesetzmäßigkeit, d. h. Verwaltungshandeln inkl. in Autonomie erlassene Satzungen dürfen nicht gegen höherrangiges Recht verstoßen (Vorrang des Gesetzes) und jeder Eingriff, mit dem der Adressat der Entscheidung belastet wird, bedarf einer gesetzlichen Grundlage bzw. einer gesetzlichen Erlaubnis (Vorbehalt des Gesetzes)
Gleichbehandlung, d. h. insbesondere dort, wo Entscheidungen unter Ermessensausübung erfolgen, sind gleich gelagerte Fälle immer gleich zu behandeln. Das wird auch als Selbstbindung der Verwaltung bezeichnet. Insofern umfasst dieser Grundsatz das Verbot der Diskriminierung (‚Gleiches gleich behandeln') und das Gebot der Differenzierung (‚Ungleiches differenzieren').
Verhältnismäßigkeit, d. h. Maßnahmen müssen für den Zweck geeignet, erforderlich und ihm angemessen sein und nur solange andauern, bis der verfolgte Zweck erreicht wurde.

Management des Bologna-Prozesses an Hochschulen

Bei der Implementierung der Vereinbarungen der Bologna-Konferenzen und der mit ihnen verbundenen Beschlüsse auf europäischer und nationaler Ebene in Studium und Lehre sind die **Länder** und Hochschulen **unterschiedliche Wege** gegangen. Es einte sie jedoch das Erfordernis eines gesetzlichen Auftrages und kompetenter Beratung sowie einer Veränderung von Aufgabengebieten in der Verwaltung.

Das **Berliner Hochschulgesetz** zum Beispiel wurde seit 1999 ein Mal grundlegend reformiert. Am 13.02.2003 erfolgte die Bekanntmachung einer Neufassung, die mit dem Gesetz zur Modernisierung des Hochschulzugangs und zur Qualitätssicherung von Studium und Prüfung vom 20.05.2011 geändert wurde. Unter Berücksichtigung der Änderungen weitere Gesetze, die Auswirkungen auf das Hochschulgesetz haben, wurde am 26.07.2011 der Gesamtwortlaut der bis heute geltenden Fassung bekannt gemacht.

Von diesem Zeitpunkt an hatten die Hochschulen zwei Jahre Zeit für die Anpassung ihrer studiengangbezogenen Satzungen und für die Regelung zur Einstellung von Diplom- und Magisterstudiengängen. Es hat also nach der Bologna-Erklärung 1999 vier Jahre gedauert, bis ein erstes Gesetz Grundlagen für gestufte Abschlüsse gelegt hat und weitere acht Jahre bis zu einer Konkretisierung.

Parallel zum Gesetzgebungsverfahren wurde selbstverständlich an den Universitäten bereits diskutiert, geplant und umstrukturiert. Jedoch gab es insbesondere von den Ingenieurstudiengängen Widerstand, der erst mit Inkrafttreten der Hochschulgesetze und den ersten Erfahrungen im europäischen Hochschulraum langsam schwand. Fragen wurden gestellt wie:

- Kann ein Studienabschluss nach drei Jahren berufsqualifizierend sein?
- Bleiben in der Modularisierung die einzelnen Fachgebiete sichtbar?
- Aus welchen Mitteln werden Akkreditierungsverfahren bezahlt?
- Wie kann eine Prüfungsverwaltung funktionieren, wenn semesterweise viele Modulprüfungen abgelegt werden?

Allein diese Fragen zeigen, auf welch vielschichtige Weise die Bologna-Reform die Hochschulen beschäftigt hat – eine **Managementaufgabe mit allen denkbaren Herausforderungen**.

Es wurde mit den Landesparlamenten über Hochschulfinanzierung beraten, Zielvereinbarungen abgeschlossen, Umstrukturierungen vorgenommen.

Für die Beratung der Fakultäten zur Anpassung der Regelungen von Studien- und Prüfungsordnungen wurde an der TU Berlin zentral eine neue Stelle zur Beratung der dezentralen Referate für Studium und Lehre geschaffen. Zur Arbeitserleichterung wurden Templates entwickelt, hochschulintern abgestimmt und dann den Fakultäten als Vorlage bereitgestellt. Es wurden Informationsveranstaltungen durchgeführt und best practices vorgestellt.

Die **Aufgabenverteilung** zwischen **Verwaltung und Fakultäten** wurde neu verhandelt, denn zum Beispiel die Evaluierung von Lehre und Studium, die Voraussetzung für ein erfolgreiches Akkreditierungsverfahren ist, hat sich im Umfang und hinsichtlich der Anforderungen gewandelt.

Anwendungsbeispiele
Wie komplex das Zusammenspiel der Beschlüsse auf europäischer Ebene mit der Bundes- und Landesgesetzgebung bis hin zu Satzungen der Hochschulen ist, sollen die folgenden Beispiele verdeutlichen:

Zur Gesetzmäßigkeit des Verwaltungshandelns
Ein Normenkontrollverfahren über landesrechtliche Regelungen zur **Akkreditierung** von Studiengängen am **Bundesverfassungsgericht**[10] zeigte 2016, in welchem Spannungsfeld sich Gesetzgeber und Hochschulen bewegen. Der Landesgesetzgeber hatte die Anerkennung privater Hochschulen und damit die Einrichtung von Studiengängen und die Zulassung von Studierenden zum Studium von einer positiven Akkreditierungsentscheidung abhängig gemacht. Die Akkreditierung selbst liegt in den Händen von Agenturen, die der Zulassung durch den Akkreditierungsrat bedürfen. Der Akkreditierungsrat macht auf der Basis europäischer Beschlüsse zur Qualitätssicherung Vorgaben für die Akkreditierung, jedoch erarbeiten die Agenturen auch eigene Bewertungskriterien, die in den Akkreditierungsverfahren angewendet werden. Kurz: der Gesetzgeber legt also nicht nur die Durchführung des Verfahrens und die Entscheidung in die Hände dritter, nicht staatlicher Organisationen, sondern hat es versäumt, die Entscheidungskriterien selbst festzulegen. Damit ermöglicht er einen unzulässigen **Eingriff in die Wissenschaftsfreiheit**.

Der Leitsatz zum Beschluss in diesem Normenkontrollverfahren lautet:

„Das Grundrecht der Wissenschaftsfreiheit aus Art. 5 Abs. 3 Satz 1 GG steht zwar Vorgaben zur Qualitätssicherung von Studienangeboten grundsätzlich nicht entgegen. Wesentliche Entscheidungen zur Akkreditierung darf der Gesetzgeber jedoch nicht weitgehend anderen

---

[10] BVerfG, Beschluss des Ersten Senats vom 17. Februar 2016 – 1 BvL 8/10 -, Rn. 1-88, http://www.bverfg.de/e/ls20160217_1bvl000810.html, letzter Zugriff: 20. Mai 2022.

Akteuren überlassen, sondern muss sie unter Beachtung der Eigenrationalität der Wissenschaft selbst treffen."

Im Jahr 2017 haben die **Bundesländer** den Staatsvertrag über die Organisation eines gemeinsamen Akkreditierungssystems zur Qualitätssicherung in Studium und Lehre an deutschen Hochschulen (**Studienakkreditierungsstaatsvertrag**) beschlossen. Nach der Ratifizierung in den Landesparlamenten trat er am 01.01.2018 in Kraft. Dieser ist seither Grundlage für die Akkreditierungsverfahren an den Hochschulen.

Zum Gleichbehandlungsgrundsatz im Verwaltungshandeln
Nicht erst seit der Bologna-Reform ist Internationalisierung ein wichtiges Thema an den Hochschulen. Viele ausländische Studierende schreiben sich an den Berliner Hochschulen ein und streben einen Abschluss an oder sie sind für einen begrenzten Studienaufenthalt in der Stadt, legen Prüfungen ab, die sie an ihrer Heimathochschule auf ihr Studium angerechnet haben möchten. Immer wieder stellt sich in diesem Zusammenhang die Frage, ob es gegen den Grundsatz der **Gleichbehandlung** verstößt, wenn für diese Studierenden die **Prüfungssprache Englisch** in deutschsprachigen Modulen angewendet wird.

Die Antwort ergibt sich, wenn man die Zielstellung der Prüfung betrachtet: Studierende sollen nachweisen, auf welchem Niveau sie die Lernergebnisse des Moduls erreicht haben. Mit Ausnahme von Modulen zum Spracherwerb kommt es dabei meist nicht darauf an, in welcher Sprache sie das kommunizieren, sondern auf die fachlich-inhaltlichen Kompetenzen. Insofern ist für die Bewertung allein die Fachkompetenz ausschlaggebend, so dass gegen das Angebot einer anderen Prüfungssprache nichts einzuwenden ist. Kommt es jedoch auf die Sprachkompetenz an, so ist die Frage genau entgegengesetzt zu beantworten.

Zur Verhältnismäßigkeit von Maßnahmen
Während eines **Streiks der studentischen Tutor*innen** im Mai und Juni 2018 wurden Räume an Hochschulen besetzt und waren so nicht für Lehrveranstaltungen nutzbar. Nach einiger Zeit wurde die Räumung beauftragt und umgesetzt. Die Frage der Verhältnismäßigkeit kann hier aus zwei Blickwinkeln betrachtet werden: (1) Ist es aus Sicht der Tutor*innen ein geeignetes Mittel, um der Forderung Nachdruck zu verleihen, oder ist nicht allein schon die Arbeitsniederlegung geeignet? (2) Ist die Räumung aus Sicht der Hochschule eine angemessene Maßnahme. Die Hochschule hat hier von ihrem Hausrecht Gebrauch gemacht und sie hat einem weiteren Interesse dienen müssen. Für die Studierenden, die nicht Tutor*innen sind und ihr Studium fortsetzen möchten, ist gegebenenfalls die Nutzung des besetzten Raumes erforderlich, so dass man von einem öffentlichen Interesse sprechen könnte. In Unkenntnis aller Randbedingungen kann diese Fragen nicht abschließend beantwortet werden – sie zeigt jedoch, wie wichtig es ist, jede Maßnahme am Grundsatz der Verhältnismäßigkeit zu messen.

6.2 Zugang und Zulassung

Im folgenden Teil wird die Frage behandelt, in welcher Form Voraussetzungen für die Aufnahme eines Studiums zulässig sind, auf welcher Rechtsgrundlage eine Vergabe von Studienplätzen erfolgt und wie sich diese in der Praxis darstellt. Dabei können an dieser Stelle nur Grundlagen vorgestellt werden. Auf Themen wie die Zulassung zu höheren Fachsemestern, Wechsel von Hochschule und Studiengang, Details zum Hochschulzugang für ausländische Bewerber*innen und anderes soll an dieser Stelle nur hingewiesen werden, ohne dass sie im Einzelnen behandelt werden. Einige Beispiele und Besonderheiten aus der Praxis werden jedoch skizziert.

6.2.1 Zugang zum Hochschulstudium

Für den Zugang zu einem Hochschulstudium in Deutschland sind grundsätzlich bestimmte Voraussetzungen zu erfüllen (siehe Abb. 6.2). Welches diese **Zugangsvoraussetzungen** im Einzelfall sind, hängt unter anderem von der Staatsangehörigkeit der Bewerber*innen ab, vom angestrebten Abschluss (z. B. Bachelor oder Master) und vom konkreten Studiengang. Die Zugangsvoraussetzungen lassen sich in drei Gruppen einteilen – in formale Voraussetzungen, inhaltliche Voraussetzungen und sprachliche Voraussetzungen, die im Folgenden kurz charakterisiert werden sollen.

	Voraussetzungen für ein Studium
Bachelor	• Hochschulzugangsberechtigung – Allgemeine Hochschulreife/Abitur – Fachhochschulreife – Fachgebundene Hochschulreife – Berufliche Qualifikation • Sprache • Fachliche Voraussetzungen • Ausnahmen möglich insbesondere für künstlerische Studiengänge
Master konsekutiv	• Erster Hochschulabschluss (Bachelor) • Sprache • Eignungs- und Qualifikationsvoraussetzungen, sofern für den Abschluss nachweislich erforderlich • Ausnahmen möglich insbesondere für künstlerische Studiengänge
Master weiterbildend	• Erster Hochschulabschluss (Bachelor) • Berufserfahrung

Abb. 6.2 Gestufte Abschlüsse und erforderliche Voraussetzungen

6 Rechtsfragen des Studiums

Formale Voraussetzungen
Für die Aufnahme eines **grundständigen Studiums**, d. h. insbesondere eines Bachelorstudiengangs, benötigten Bewerber*innen eine entsprechende Hochschulzugangsberechtigung (HZB), die in der Regel im Hochschulgesetz sowie Schulgesetz des jeweiligen Bundeslandes definiert sind. Dies kann entweder eine **Allgemeine HZB** sein, wie sie vor allem mit dem Abitur erworben wird und mit der grundsätzlich alle Studiengänge an allen Hochschularten studiert werden können. Daneben steht die s. g. **fachgebundene HZB**, die zum Studium bestimmter Fächer an allen Hochschulen berechtigt und schließlich die Fachhochschulreife, die den Zugang zum Studium (ausschließlich) an Fachhochschulen ermöglicht. Schließlich existiert inzwischen in allen Bundesländern die Möglichkeit, auch ohne schulische HZB aufgrund einer beruflichen Qualifikation ein Studium aufzunehmen. Die Regelungen unterscheiden sich zwischen den Bundesländern, in der Regel sehen sie jedoch eine allgemeine HZB aufgrund eines Meisterabschlusses vor sowie alternativ die Möglichkeit, nach Ausbildung und mehreren Jahren Berufstätigkeit ein fachlich einschlägiges Studium zu beginnen.

Für **weiterführende Studiengänge**, d. h. Master-Studiengänge, wird in der Regel ein **abgeschlossenes Studium** mit erstem berufsqualifizierendem Abschluss vorausgesetzt. Auch wenn dieser Terminus nirgends formal definiert ist, hat sich in der Praxis der Hochschulen und anderen mit der Zulassung befassten Stellen der Begriff der Masterzugangsberechtigung (MZB) eingespielt. Die Möglichkeit, bereits vor Abschluss des ersten Studiums ein Masterstudium aufzunehmen, um ohne Zeitverlust einen reibungslosen Übergang zu ermöglichen, sei an dieser Stelle nur erwähnt, aber nicht weiter ausgeführt. Hierzu finden sich in den einzelnen Hochschulzulassungsgesetzen der Bundesländer entsprechende Regelungen.

Inhaltliche Voraussetzungen
Einzelne Studiengänge können über die formalen Zugangsvoraussetzungen hinaus weitere inhaltliche Voraussetzungen haben. Zu nennen sind hier z. B. philologische Studiengänge oder solche aus dem Bereich Sport. Bei **konsekutiven Masterstudiengängen** wird vorausgesetzt, dass ein entsprechend einschlägiger Abschluss eines Studiengangs mit ersten berufsqualifizierendem Abschluss vorliegt. Bei **nicht-konsekutiven Masterstudiengängen**, d. h. in der Regel weiterbildenden Studiengängen wird neben dem ersten Hochschulabschluss eine (einschlägige) Berufserfahrung benötigt.

Sprachvoraussetzungen
Für ein Studium an einer deutschen Hochschule werden grundsätzlich **ausreichende deutsche Sprachkenntnisse** benötigt. Diese werden in der Regel durch den Abschluss einer deutschsprachigen Schule nachgewiesen. Das heißt auch, dass deutsche Staatsangehörige nicht automatisch formal über die benötigten Sprachkenntnisse verfügen. So muss beispielsweise eine deutsche Schülerin, die eine spanisch-sprachige Schule in Südamerika besucht hat, ihre Deutschkenntnisse ebenso formal nachweisen wie ihre nicht-deutschen Mitschüler*innen.

Für **ausländische Studienbewerber*innen ohne deutschen Schulabschluss** sind die Nachweise über die deutschen Sprachkenntnisse in der „Rahmenordnung über deutsche Sprachprüfungen für das Studium an deutschen Hochschulen" sowie im Beschluss der KMK zum „Zugang von ausländischen Studienbewerberinnen und Studienbewerbern mit ausländischem Bildungsnachweis zum Studium an deutschen Hochschulen: Nachweis der deutschen Sprachkenntnisse" festgelegt. Dabei werden nicht lediglich abstrakt bestimmte Niveaus des Gemeinsamen Europäischen Referenzrahmens vorgegeben, sondern konkrete Nachweise benannt, von denen an dieser Stelle nur die „Deutsche Sprachprüfung für den Hochschulzugang" (DSH) und das „Deutsche Sprachdiplom" (DSD) genannt werden sollten.

Für Studiengänge, deren Unterrichtssprache nicht (ausschließlich) Deutsch ist, können die Sprachvoraussetzungen abweichen. Sie sind dann in der Regel in der jeweiligen fachspezifischen Studienordnung festgelegt.

Bildungsinländer und Bildungsausländer
Im Rahmen des Hochschulzugangs und der Zulassung wird zwischen Bildungsinländern und Bildungsausländern unterschieden. Bildungsinländer bezeichnet dabei alle Personen, unabhängig von ihrer Staatsangehörigkeit, die über eine HZB nach deutschem Recht verfügen. Bildungsausländer sind dementsprechend Personen, die nicht über eine HZB nach deutschem Recht verfügen.

6.2.2 Zulassungsbeschränkungen

Nach **Artikel 12 GG** besteht Freiheit der Berufswahl. Dies bezieht sich auch auf die Freiheit, ohne Einschränkung einen Studiengang zu wählen. Gleichzeitig stehen selbstredend nicht für alle Studienbewerber*innen in dem jeweils gewünschten Studiengang am präferierten Studienort ausreichend Studienplätze zur Verfügung. Vor diesem Hintergrund hat das **Bundesverfassungsgericht 1972** entschieden, dass sich Artikel 12 GG auch auf die Freiheit der Studienplatzwahl erstreckt, diese mithin ein Grundrecht darstellt. Angesichts der de facto bestehenden begrenzten Kapazitäten seien (absolute) Zulassungsbeschränkungen zwar notwendig, diese dürften aber nur unter bestimmten, klar definierten Umständen bestehen. Insbesondere seien Studiengänge mit begrenzter Kapazität bundesweit zu vergeben und dabei einheitliche Maßstäbe und Kriterien anzuwenden, vor allem die Note des Schulabschlusses. Dieses s. g. Numerus-Clausus-Urteil ist in seiner grundsätzlichen Aussage seitdem mehrfach bestätigt worden.

Zuletzt hat das Bundesverfassungsgericht **2017** die aktuelle Regelung zur Studienplatzvergabe insbesondere in den zentral vergebenen, **medizinischen Studiengängen**, als nicht verfassungskonform beurteilt und die Politik aufgefordert, hier Abhilfe zu schaffen. Zum einen sollen die Auswahlkriterien neben der Abiturnote neu geregelt werden. Insbesondere komme der Wartezeit ein zu großes Gewicht zu. Zum anderen seien auch die Abiturnoten der Bundesländer nicht ohne Weiteres vergleichbar. Hier müsse ebenfalls ein Ausgleich hergestellt werden. In der Folge des Urteils wurden neue Zulassungskriterien für das Medizinstudium beschlossen, die seit dem Jahr 2020 gelten.

6.2.3 Auswahl- und Zulassungsverfahren

In Studiengängen mit begrenzter Platzkapazität bestehen s. g. Zulassungsbeschränkungen. Für diese Studiengänge ist eine Bewerbung notwendig, aufgrund derer ein Auswahlverfahren zur Vergabe der Studienplätze durchgeführt wird. Ausgewählte Bewerber erhalten eine Zulassung und können im Anschluss einen Antrag auf Immatrikulation stellen. In Studiengängen ohne Zulassungsbeschränkung, den zulassungsfreien Studiengängen, entfällt der gesamte Prozess der Bewerbung, Auswahl und Zulassung. In diesen Studiengängen können Bewerber direkt einen Antrag auf Immatrikulation stellen. Vereinfacht gesagt lassen sich **drei Typen von Auswahl- und Zulassungsverfahren** unterscheiden.

Zentrale Vergabe
In den Studiengängen **Humanmedizin, Veterinärmedizin, Zahnmedizin und Pharmazie** werden die Studienplätze zentral über die Stiftung für Hochschulzulassung (SfH) vergeben. Eine geringe Anzahl von Plätzen wird vorab an bestimmte Bewerbergruppen vergeben. Dies betrifft insbesondere Härtefälle, Zweitstudienbewerber*innen oder Bewerber*innen, die sich verpflichten, nach Abschluss des Studiums als Hausärztin oder Hausarzt in unterversorgten Regionen tätig zu sein. Der überwiegende Teil der Studienplätze wird in den drei s. g. Hauptquoten vergeben: der Abiturbestenquote, der Zusätzlichen Eignungsquote (ZEQ) und nach Auswahlverfahren der Hochschulen (AdH). Dabei nehmen alle Bewerber automatisch an der Vergabe in allen drei Quoten teil. Zur besseren Koordinierung der Studienplatzvergabe in den bundesweit zulassungsbeschränkten Studiengängen einerseits und den örtlich zulassungsbeschränkten Studiengängen andererseits wird das Zentrale Verfahren in das Dialogorientierte Serviceverfahren integriert.

Dialogorientiertes Serviceverfahren
Studienplätze in Studiengängen mit erstem berufsqualifizierendem Abschluss, in denen eine **örtliche Zugangsbeschränkung** besteht, werden grundsätzlich über das s. g. Dialogorientierte Serviceverfahren (DoSV) vergeben. Das von der SfH koordinierte DoSV startete 2012 mit dem Ziel, die große Zahl an unbesetzten Studienplätzen zu verringern. Das Problem war, dass sich Bewerber*innen bei vielen Hochschulen parallel bewarben. Sie bekamen mitunter auch von mehreren Hochschulen eine Zulassung, konnten aber natürlich nur an einer Hochschule eingeschrieben werden. An den anderen Hochschulen blieben diese Plätze zunächst frei und mussten dann in einem s. g. Nachrückverfahren vergeben werden – in dem sich das Phänomen unter Umständen noch einmal wiederholte. Die Konsequenz war, dass sich die Zulassungsverfahren sehr lange, bis nach Semesterbeginn, zogen und vielfach am Ende Studienplätze unbesetzt blieben, obwohl ausreichend Bewerber*innen vorhanden waren. Im Rahmen des DoSV führen die Hochschulen die Vergabeverfahren vollständig selbst durch, ohne dass eine zentrale Vergabe von Studienplätzen erfolgt. Die **Zulassungen** werden dann jedoch **zentral koordiniert**, gerade um Mehrfachzulassungen durch mehrere Hochschulen zu vermeiden.

Auch in den örtlich zulassungsbeschränkten Studiengängen wird ein Teil der Studienplätze in **Vorabquoten** vergeben. Die Anzahl der Plätze, die über diese Quoten vergeben werden, ist eng begrenzt, an die zugrunde liegenden Kriterien sind strenge Maßstäbe anzulegen. Denn jeder Platz, der über Vorabquoten vergeben wird, steht nicht allgemein, in einer der **Hauptquoten** zur Verfügung und kann daher auch nicht unter allen Bewerber*innen vergeben werden. Insofern steht dies zunächst im Widerspruch zum Grundsatz einer gleichberechtigten Vergabe aller Studienplätze unter allen Bewerber*innen. Wenn dennoch Plätze über diese Vorabquoten vergeben werden, dann vor allem, um spezifische Nachteile bestimmter Bewerbergruppen auszugleichen. In Berlin sind dies beispielsweise die Minderjährigenquote und Härtefallquote. Über die Härtefallquote sollen diejenigen Bewerber*innen einen Studienplatz erhalten können, die über eine der Hauptquoten keinen Studienplatz erhalten würden, denen aber nicht zugemutet werden kann, eine übliche Anzahl von Semestern auf einen Studienplatz zu warten. Dies betrifft unter anderem Bewerber*innen mit Erkrankungen, bei denen mit einer drastischen Verschlechterung zu rechnen ist, so dass ein erfolgreicher Abschluss des Studiums nicht zu erwarten ist.

Daneben versucht das Land, über bestimmte **Quoten politisch steuernd** zu wirken. Dies betrifft z. B. die Quote für Studierende mit beruflicher Qualifikation, die Quote für ausländische Bewerber*innen und die s. g. Profilquote. Über diese werden Personen zugelassen, deren Zulassung in einem besonderen öffentlichen Interesse des Landes ist, insbesondere Spitzensportler*innen, die am Olympiastützpunkt betreut werden.

Nach Berücksichtigung der Vorabquoten werden die Studienplätze in den drei Hauptquoten nach Qualifikation („Abiturnote"), Wartezeit sowie dem Ergebnis eines hochschulspezifischen Auswahlverfahrens vergeben. Im Rahmen dieses Auswahlverfahrens können verschiedene Auswahlkriterien berücksichtigt werden (Berufserfahrung, studienspezifische Eignungstests), allerdings kommt auch hier der Note der HZB eine ausschlaggebende Bedeutung zu.

Weiterführende Studiengänge (Master)
Die Vergabeverfahren für weiterführende Studiengänge sind deutlich weniger reguliert als diejenigen der Bachelorstudiengänge. Dies beruht letztlich auf dem Verständnis, dass der Bachelor der Regelabschluss ist und nur ein Teil der Studierenden das Studium in einem Masterstudiengang fortsetzen.

Im Allgemeinen werden daher Studienplätze in Masterstudiengängen nur in wenigen Quoten vergeben. Dies sind beispielsweise in Berlin eine Härtefallquote sowie die Wartezeitquote und die Quote des Auswahlverfahrens der Hochschule.

Anders als in den Vergabeverfahren für grundständige Studiengänge erfolgt auch keine bundesweite Koordinierung der Zulassungen. Dementsprechend lässt jede Hochschule nach dem jeweils eigenen Zeitplan in Hauptverfahren sowie ggf. mehreren Nachrückverfahren zu (sofern noch Plätze frei geblieben sind).

6.2.4 Aus der Praxis

Die folgenden Beispiele sollen illustrieren, in welchem komplexen Zusammenhang zwischen geltendem Recht, Anforderungen an modernes Management und sozialer Verantwortung sich die Hochschulen bei der Hochschulzulassung befinden.

uni-assist
Anfang der 2000er-Jahre nahm die Zahl der **Studienbewerber*innen aus dem Ausland** deutlich zu. Dieser von den Hochschulen grundsätzlich sehr begrüßte Umstand führte jedoch auch zu deutlich mehr Arbeit, da die Prüfung dieser Bewerbungen deutlich aufwändiger war als die inländischer Bewerbungen. Daher gründeten 2003 mehrere, vor allem Berliner Hochschulen die „Arbeits- und Servicestelle für internationale Studienbewerbungen" (uni-assist) als eingetragenen Verein. Aufgabe des Vereins ist es, eine **Vorprüfung** der eingegangenen Bewerbungen anhand von den Hochschulen vorgegebener Kriterien vorzunehmen und positiv geprüfte Anträge an die Hochschulen weiterzuleiten. Im Jahr 2020 hat uni-assist rund 170 Mitgliedshochschulen; fast alle Bewerbungen nicht-deutscher Bewerber erfolgen über uni-assist.

uni-assist leitet nur Anträge an die Hochschulen weiter, bei denen alle Voraussetzungen erfüllt sind. Fehlerhafte Anträge werden nicht weitergeleitet, die Bewerber*innen erhalten ein Schreiben mit Angabe der Gründe, aus denen die Bewerbung nicht weitergeleitet werden konnte. Für die Hochschulen bringt der Service von uni-assist den großen Vorteil, nur die Anträge bearbeiten zu müssen, die im Vergabeverfahren berücksichtigt werden können. Die Bewerber*innen profitieren davon, Bewerbungen nicht an mehreren Stellen mit unterschiedlichen Prozessen einreichen zu müssen, sondern nur an einer zentralen Stelle für alle (fast) alle deutschen Hochschulen.

An uni-assist ist wiederholt **Kritik** geübt worden: Zum einen wird kritisiert, dass sich der Verein primär über die Bearbeitungsentgelte der Bewerber*innen finanziert. Zum anderen wird den Hochschulen vorgeworfen, hoheitliche Aufgaben an einen Verein abzugeben. Da uni-assist Bewerbungen, die nicht alle Voraussetzungen erfüllen, nicht automatisch an die Hochschulen weiterleitet, erhalten diese Bewerber*innen unter Umständen keinen klagefähigen Ablehnungsbescheid.

Geflüchtete Studienbewerber*innen
Im Rahmen der verstärkten Fluchtbewegungen, insbesondere aufgrund der Bürgerkriegshandlungen in Syrien und Afghanistan, gab es seit 2015 vermehrt Anfragen von Geflüchteten, die ihr Studium in Deutschland aufnehmen oder fortsetzen wollten. Grundsätzlich galten für sie zunächst dieselben Rechtsgrundlagen wie für andere ausländische Studienbewerber*innen. Allerdings konnten viele dieser Personen fluchtbedingt ihren Bildungsweg nicht oder nicht in der eigentlich vorausgesetzten Form nachweisen, so dass sie keinen oder nur einen sehr erschwerten Zugang zum Studium erhalten hätten. Gleichzeitig stand jedoch außer Frage, dass aufgrund dieser außergewöhnlichen Situation vorhandene Rechtsgrundlagen und Prozesse möglicherweise angepasst werden mussten. Einzelne Hoch-

schulen – unter anderem die TU Berlin – haben zunächst ganz pragmatisch versucht, auf der Grundlage geltenden Rechts **Einzelfallentscheidungen** zu treffen und diese zu **systematisieren**, um daraus wieder vergleichbare und transparente Vorgehensweisen zu schaffen. Schließlich hat die KMK Verfahren beschlossen, über die auch ohne (ausreichende) Nachweise ein Hochschulzugang ermöglicht werden sollten. Diese wurden dann von einzelnen Bundesländern noch konkretisiert. So kann beispielsweise eine HZB auch indirekt durch andere Dokumente nachgewiesen werden. Sofern gar keine Dokumente vorliegen, kann der Nachweis auch über andere Verfahren erbracht werden. An der TU Berlin erfolgt dies in der Regel über die Feststellungsprüfung nach Besuch des Studienkollegs.

Literatur

Die Bologna Deklaration der europäischen Bildungsminister (19. Juni 1999). In: Themenportal Europäische Geschichte, 2006, www.europa.clio-online.de/quelle/id/q63-28289. Zugegriffen am 20.06.2020.

Gesetz über die Hochschulen im Land Berlin (Berliner Hochschulgesetz – BerlHG) in der Fassung vom 26. Juli 2011 (GVBl. 2011, 378), zuletzt geändert durch Artikel 6 des Gesetzes vom 02.02.2018 (GVBl. S. 160). http://gesetze.berlin.de/jportal/?quelle=jlink&query=HSchulG+BE&psml=bsbeprod.psml&max=true&aiz=true. Zugegriffen am 20.05.2022.

Gesetz über die Zulassung zu den Hochschulen des Landes Berlin in zulassungsbeschränkten Studiengängen (Berliner Hochschulzulassungsgesetz – BerlHZG) in der Fassung der Bekanntmachung vom 18. Juni 2005 (GVBl. 2005, 393), zuletzt geändert durch Artikel I des Gesetzes vom 26.06.2013 (GVBl. S. 198). http://gesetze.berlin.de/jportal/?quelle=jlink&query=HSchulZulG+BE&psml=bsbeprod.psml&max=true&aiz=true. Zugegriffen am 20.05.2022.

Grundgesetz für die Bundesrepublik Deutschland in der im Bundesgesetzblatt Teil III, Gliederungsnummer 100-1, veröffentlichten bereinigten Fassung, das zuletzt durch Artikel 1 des Gesetzes vom 15. November 2019 (BGBl. I S. 1546) geändert worden ist.

Hochschulzugang und Hochschulzulassung für Studienbewerberinnen bzw. Studienbewerber, die fluchtbedingt den Nachweis der im Heimatland erworbenen Hochschulzugangsberechtigung nicht erbringen können, Beschluss der Kultusministerkonferenz vom 03.12.2015. https://www.kmk.org/fileadmin/Dateien/veroeffentlichungen_beschluesse/2015/2015_12_03-Hochschulzugang-ohne-Nachweis-der-Hochschulzugangsberechtigung.pdf. Zugegriffen am 20.05.2022.

Musterrechtsverordnung gemäß Artikel 4 Absätze 1 – 4 Studienakkreditierungsstaatsvertrag (Beschluss der Kultusministerkonferenz vom 07.12.2017). https://www.akkreditierungsrat.de/sites/default/files/downloads/2019/Musterrechtsverordnung.pdf. Zugegriffen am 20.05.2022.

Ordnung zur Regelung des allgemeinen Studien- und Prüfungsverfahrens (AllgStuPO) vom 9. September 2020. https://www.tu-berlin.de/fileadmin/ref23/AMBl_TU/AMBl_TU_2021/AMBl._Nr._19_vom_11.08.2021.pdf. Zugegriffen am 20.05.2022.

Rahmenordnung für den Hochschulzugang mit ausländischen Bildungsnachweisen, für die Ausbildung an den Studienkollegs und für die Feststellungsprüfung (Beschluss der Kultusministerkonferenz vom 15.04.1994 i. d. F. vom 21.09.2006). https://www.kmk.org/fileadmin/veroeffentlichungen_beschluesse/1994/1994_04_15-RO-HS-Zugang-ausl-Bildungsnachweis.pdf. Zugegriffen am 20.05.2022.

Staatsvertrag über die Hochschulzulassung vom 21./27. März 2019 und 4. April 2019 (GVBl. 2019, 695). http://gesetze.berlin.de/jportal/?quelle=jlink&query=HSchulZulStVtr+BE&psml=bsbeprod.psml&max=true. Zugegriffen am 20.05.2022.

Verordnung über die Kapazitätsermittlung, die Curricularnormwerte und die Festsetzung von Zulassungszahlen (Kapazitätsverordnung – KapVO) vom 10. Mai 1994, zuletzt geändert durch Verordnung vom 13.06.2019 (GVBl. S. 403). http://gesetze.berlin.de/jportal/?quelle=jlink&query=KapV+BE&psml=bsbeprod.psml&max=true. Zugegriffen am 20.05.2022.

Verordnung über die Verfahren der Vergabe von Studienplätzen durch die Stiftung für Hochschulzulassung (Studienplatzvergabeverordnung Stiftung) vom 2. Dezember 2019, zuletzt geändert am 24.06.2020 (GVBl. 2019, 756; GVBl. 2020, 598).

Verordnung zur Regelung der Zulassung in zulassungsbeschränkten Studiengängen durch die Hochschulen des Landes Berlin (Hochschulzulassungsverordnung – BerlHZVO) Vom 4. April 2012 (GVBl. 2012, 111), zuletzt geändert durch Artikel 2 der Verordnung vom 18.06.2018 (GVBl. S. 455). http://gesetze.berlin.de/jportal/?quelle=jlink&query=HSchulZulV+BE&psml=bsbeprod.psml&max=true&aiz=true. Zugegriffen am 20.05.2022.

Zugang von ausländischen Studienbewerberinnen und Studienbewerbern mit ausländischem Bildungsnachweis zum Studium an deutschen Hochschulen: Nachweis der deutschen Sprachkenntnisse (Beschluss der Kultusministerkonferenz vom 02.06.1995 i. d. F. vom 24.03.2016). https://www.kmk.org/fileadmin/Dateien/veroeffentlichungen_beschluesse/1995/1995_06_02-Nachweis-deutsche-Sprachkenntnisse.pdf. Zugegriffen am 20.05.2022.

Jana Weber ist Volljuristin und leitet das Referat Prüfungen an der Technischen Universität Berlin.

Dr. Alexander Rindfleisch ist Sozialwissenschaftler und leitet das Studierendensekretariat an der Technischen Universität Berlin.

Urheber-, Marken- und Patentrecht 7

Wolf Albin und Guido Speiser

7.1 Urheberrecht

7.1.1 Schutzbereich und Urheber

Die **Hochschule** ist ein Ort, an dem sehr **viel geistiges Eigentum** geschaffen wird. Aber an kaum einer anderen Stelle wird geistiges Eigentum so nachlässig geschützt wie an den Hochschulen. Dieses Kapitel gibt einen orientierenden Überblick über die Entstehung und den Schutz geistigen Eigentums nach deutschem Urheberrecht, Markenrecht und Patentrecht. Die Besonderheit des Hochschulwesens und einige wichtige Interessenkollisionen sollen dabei besonders berücksichtigt werden. Zwei Abschnitte widmen sich den Spezialfällen des Markenrechts und des Patentrechts. Auf Besonderheiten des Gebrauchsmusterrechts (an etwa von Designern entworfenen Gebrauchsmustern entsteht kein Urheberrecht, es kann aber ein Gebrauchsmuster eingetragen werden) wird indes nicht eingegangen. Kleine Alltagsfälle sollen für die Problematik sensibilisieren. Im Text wird immer wieder Bezug auf einzelne Normen im **Urhebergesetz** (UrhG) genommen, das **1965** erlassen und seither vielfach geändert und ergänzt wurde. Die Lektüre des Gesetzestextes vermittelt ein grundsätzliches Gefühl für die Problemlagen im Urheberrecht. In Konfliktfällen lohnt sich jedoch immer der Gang zur Rechtsberatung durch Hochschule oder einem/einer Anwalt*in. Das Recht des Geistigen Eigentums mit seinen vielen Sonderregelungen und seinen vielen Präzedenzfällen gehört zu den anspruchsvollen Rechtsmaterien.

W. Albin
Senatsverwaltung für Wissenschaft, Gesundheit, Pflege und Gleichstellung,
Berlin, Deutschland

G. Speiser (✉)
Berliner Büro der Max-Planck-Gesellschaft, Berlin, Deutschland

© Der/die Autor(en), exklusiv lizenziert an Springer-Verlag GmbH, DE, ein Teil von Springer Nature 2022
G. Speiser (Hrsg.), *Wissenschaftsrecht*, Springer-Lehrbuch,
https://doi.org/10.1007/978-3-662-64722-6_7

Das Urheberrecht muss nicht angemeldet werden. Ein Urheberrecht entsteht unmittelbar selbst als Ergebnis einer persönlichen geistigen Schöpfung des/der Urheber*in. Der/die Urheber*in muss zum Schutz seiner/ihrer Rechte nichts Weiteres tun. Das Urheberrecht wird weder eingetragen noch geschützt oder auf andere Weise formalisiert.

Die zwei Voraussetzungen für die Entstehung des Urheberrechts sind ernst zu nehmen. Es muss sich um eine **geistige und eine persönliche Schöpfung** handeln. Werke der Technik fallen nicht hierunter. Sie können nur über das Patent- oder Wettbewerbsrecht gesichert werden. Da es eine Vielzahl von negativen Abgrenzungen gibt – so sind etwa auch computergenerierte Werke oder Schöpfungen der Natur keine geistigen Schöpfungen – lohnt es sich, die im Gesetz aufgezählten Beispiele als Vorbild zu nehmen. Nach Kategorien unterschieden werden folgende Werke geschützt.

- Sprachwerke (§ 2 Abs. 1 Nr. 1 UrhG)
- Werke der Musik (§ 2 Abs. 1 Nr. 2 UrhG)
- Pantomimische Werke (§ 2 Abs. 1 Nr. 3 UrhG)
- Werke der Kunst (§ 2 Abs. 1 Nr. 4 UrhG)
- Lichtbildwerke (§ 2 Abs. 1 Nr. 5 UrhG)
- Filmwerke (§ 2 Abs. 1 Nr. 6 UrhG)
- Darstellungen wissenschaftlicher und technischer Art (§ 2 Abs. 1 Nr. 7 UrhG).

Besondere, für die Wissenschaft relevante Fragen sind der (nur in bestimmten Fällen gegebene) urheberrechtliche Schutz von Forschungsdaten, Sammelwerken und Datenbanken (§ 4 UrhG).

Urheber*in ist der/die Schöpfer*in des Werkes und nur dieser/diese (§ 7 UrhG). Wer Tipps und Anregungen für eine Schöpfung gibt, bleibt lediglich Gehilfe. Er/Sie unterstützt die schöpferische Tätigkeit des/der Urheber*in, schafft selbst aber keine eigenständige schöpferische Leistung. Haben mehrere zusammen zu der Schöpfung beigetragen und lassen sich ihre Beiträge nicht voneinander trennen – was insbesondere bei aufwendigen Forschungsprojekten regelmäßig der Fall sein wird – werden sie **gleichberechtigte Miturheber*innen** (§ 8 UrhG). Ihnen steht die Verwertung gemeinsam zu, und sie sind zusammen als Urheber*innen zu nennen. Lassen sich die Beiträge zwar trennen, sind sie aber von den Urheber*innen bewusst zu einem neuen Werk zusammengefügt worden (z. B. mehrere Beiträge in einer Festschrift oder die Komposition und das Libretto zu einer Oper) liegt eine Werkverbindung von (§ 9 UrhG). Jeder Mitwirkende bleibt alleiniger Urheber*in seines/ihres (Teil)Beitrages und hat das Recht, von dem/der jeweiligen Partner*in Einwilligung zur Veröffentlichung, Verwertung und Änderung der verbundenen Teile zu verlangen. Ausnahmen von diesen Grundsätzen gelten lediglich für wenige Werke, an denen regelmäßig eine Vielzahl von Beteiligten gemeinschaftlich arbeitet (z. B. Filmproduktionen, Datenbanken).

Mit der Betonung des/der Urhebers*in als Schöpfer **unterscheidet** sich das deutsche Urheberrecht fundamental vom **US-amerikanischen Prinzips des „work made for hire"**. Vertraglich wird die Entstehung des Urheberrechts in den Vereinigten

Staaten und in vergleichbaren Rechtsordnungen in den allermeisten Fällen auf den/die Arbeitgeber*in übertragen.

7.1.2 Rechte, Übertragung und Grenzen

Urheberpersönlichkeitsrecht und wirtschaftliche Verwertungsrechte
Das Urheberrecht gewährt dem/der Schöpfer*in eines Werkes einen umfassenden Schutz in seiner/ihrer persönlichen Beziehung zum Werk (Urheberpersönlichkeitsrecht) und wahrt seine Interessen auf wirtschaftliche Verwertung (Verwertungsrechte).

Die **Urheberpersönlichkeitsrechte** schützen den/die Urheber*in in seinen/ihren persönlichen Beziehungen zum Werk. Das Urheberpersönlichkeitsrecht ist eine wesentliche Besonderheit des deutschen Rechts. Der/die Urheber*in behält auch bei vollständiger Abtretung sämtlicher Nutzungsrechte immer einen Rechtebestand, den er/sie notfalls gegen seine/ihre Auftraggeber durchsetzen kann. Neben anderen Rechten sind dies das Recht zur Veröffentlichung (§ 12 UrhG), das Recht auf Anerkennung der Urheberschaft (§ 13 UrhG) und das Recht auf Schutz gegen Entstellung oder Beeinträchtigung des Werkes (§ 14 UrhG), sowie das Recht stets als Schöpfer*in seiner/ihrer Werke genannt zu werden.

Das Urheberpersönlichkeitsrecht ist auch der Grund dafür, dass von Gerkan als Architekt des Berliner Hauptbahnhofs im Rechtsstreit mit der Deutschen Bahn AG seine Architekturauffassung erfolgreich durchsetzen konnte. Obschon der Architekt die Nutzungsrechte an seinem Entwurf an seinen Auftraggeber abgetreten hatte, erkannte das Landgericht Berlin 2006 in den Änderungen der Bahn eine Entstellung der Planung.

Neben dem Schutz in persönlicher Hinsicht soll der/die Urheber*in sein/ihr Werk aber auch wirtschaftlich verwerten dürfen. Dafür bestehen am Werk **Verwertungsrechte**. Der/die Urheber*in kann sein/ihr Werk in körperlicher und unkörperlicher Form verwerten (§ 15 UrhG). Die Verwertungsrechte kann der/die Urheber*in zwar ebenfalls nicht übertragen. Er/sie kann jedoch an den Verwertungsrechten **Nutzungsrechte an Dritte** einräumen. Die Übertragung der Nutzungsrechte wird durch eine angemessene Vergütung entschädigt.

Fall 7.1: The Ghostwriter

Der an einer bekannten deutschen Universität lehrende Professor P schließt mit seinem Assistenten A, den er noch aus New-Yorker Tagen kennt, einen Ghostwriter-Vertrag zur regelmäßigen Erstellung von Fachaufsätzen. Im Vertrag einigen sich beide auf die Anwendbarkeit amerikanischen Rechts. Dort heißt es: „Alle im Auftrag von Herrn P durch Herrn A erbrachten Vorarbeiten und Entwürfe unterfallen als Auftragswerke der Urheberschaft von Herrn P. Veröffentlichungen finden ausschließlich unter dem Namen des Urhebers statt." Nachdem P etliche Aufsätze ohne ein Komma zu ändern unter seinem Namen veröffentlicht hat, grämt sich A und verlangt mindestens eine gemeinschaftliche namentliche Nennung. P weigert sich.

Wer ist Urheber der Aufsätze und kann A bei der Redaktion einer Fachzeitschrift durchsetzen, dass er allein oder neben P genannt wird?
Lösung: Urheber*in ist, wer Schöpfer des Werks ist. Dies ist weiterhin A. Aus dem mit P geschlossenen Vertrag ist A nicht verpflichtet, auf sein Recht zu verzichten, da es sich beim Recht auf Namensnennung um einen nicht übertragbaren urheberpersönlichkeitsrechtlichen Anspruch handelt. Auf den Vertrag ist deutsches Recht anwendbar, da er in Deutschland geschlossen wurde. Damit kann A ebenfalls durchsetzen, dass der Verlag die Veröffentlichung nicht ohne seine Namensnennung betreibt. Allerdings ist der Verlag nicht verpflichtet, den Beitrag überhaupt zu veröffentlichen, da A nicht Vertragspartner des Verlages ist. ◂

Die Verwertung des Werks in körperlicher, fassbarer Form umfasst im Wesentlichen das Recht, vom Werk **Vervielfältigungsstücke anzufertigen (§ 16 UrhG)** und das Recht, Original oder **Kopien zu verbreiten (§ 17 UrhG)**. Daneben gibt es für die klassischen Künste noch das Recht des/der Urheber*in, das Werk auszustellen, bzw. das Recht, ein noch unveröffentlichtes Werk der bildenden Künste oder ein unveröffentlichtes Lichtbildwerk (z. B. eine Fotografie) öffentlich zur Schau zu stellen (§ 18 UrhG). Besonders bedeutsam sind aber das Vervielfältigungs- und das Verbreitungsrecht. Daneben wird im Folgenden noch das besondere Bearbeitungsrecht beleuchtet.

Der/die Urheber*in hat das Recht, vom Werkoriginal eine unbegrenzte Zahl an Vervielfältigungsstücken bzw. Kopien anzufertigen (§ 16 Abs. 1 UrhG). Unter einer Vervielfältigung ist jede neue körperliche Festlegung des Werkes zu verstehen. Voraussetzung ist lediglich, dass die erstellte Kopie unmittelbar wahrnehmbar ist oder zumindest mittelbar wahrnehmbar gemacht werden kann. Ein Beispiel: Das Werkoriginal ist ein Manuskript. Der Text kann dann in Buchform gedruckt, auf Papier kopiert, in eine Textdatei übertragen, in HTML übertragen, in einem Browser-Cache temporär festgehalten oder auf einem Massenspeicher fixiert werden. Alle genannten Methoden vervielfältigen den Text.

Fall 7.2: Film ohne Ton

Studentin W wird im Vorführsaal eines Kinos erwischt, wie sie mit einer Handkamera die Premiere eines neuen Kinofilms mitschneidet. Gegenüber den Kinomitarbeitern verteidigt sie sich damit, dass sie keinen Mitschnitt angefertigt habe, weil sie versehentlich den Ton ausgestellt hatte.
Lösung: Bei einem Filmwerk handelt es sich um ein urheberrechtlich geschütztes Werk im Sinne vonon § 2 UrhG. Zwar handelt es sich bei der Filmrolle nur wiederum um eine Kopie der Masterdatei. Doch können Kopien auch mit Hilfe von Vervielfältigungsstücken erstellt werden. Die digitale Aufzeichnung des Filmes stellt grundsätzlich eine nahezu identische Vervielfältigung dar, die nur dem/der Urheber*in gestattet ist. Die Tatsache, dass der Aufzeichnung die wesentliche Eigenschaft des Tons fehlt, entlastet W nicht. Ein Film ist eine Werkverbindung (Drehbuch, Filmmusik, Regie, Schauspieler). Wenn eines dieser Werke fehlt

(z. B. die Filmmusik), verbleibt es bei der Verletzung der übrigen Werkarten. Eine Vervielfältigung liegt im Übrigen auch dann noch vor, wenn es sich nur um eine teilidentische Vervielfältigung handelt. ◄

Die nächste Stufe der Verwertung des Urheberrechts liegt in dem Inverkehrbringen des Originals oder der Vervielfältigungsstücke. Das Gesetz gewährt dem/der Urheber*in das Recht, über Angebot und Einführung körperlicher Werkstücke als Verbreitungsrecht zu entscheiden (§ 17 Abs. 1 UrhG).

Mit der öffentlichen Verbreitung des Werkes endet allerdings auch der Schutz des/der Urheber*in. Sein/ihr Recht, ausschließlich über das Werk zu verfügen, hat sich erschöpft, sofern er/sie das Werk vollständig an einen Dritten überträgt (**Erschöpfungsgrundsatz**). Weitere Veräußerungen des Werkes durch den/die Eigentümer*in kann der/die Urheber*in grundsätzlich nicht beeinflussen. Allerdings kann sich der/die Urheber*in durch die Art der Vertragsgestaltung weitere Mitwirkungsrechte vorbehalten, indem er/sie etwa das Werk nur für eine bestimmte Zeit vermietet. Beispielsweise werden Kopien eines Kinofilms nach der Premiere von einem Verleih an Kinos verliehen. Das Eigentum an den Filmrollen verbleibt beim Film. Es tritt keine Erschöpfung ein. Der Verleih kann eine weitere Verbreitung des Filmes untersagen. Sechs Monate später wird der Film auf DVD vermarktet. Käufer*innen der DVD können einzelne Kopien nach dem Kauf auch gegen den Willen des Verleihs weiterveräußern. Das Verbreitungsrecht ist bzgl. der DVD-Auswertung erschöpft.

Das Verbreitungsrecht erfasst nur die körperliche oder analoge **Verbreitung von Werkstücken**. Andere Formen der Verbreitung schützt das Gesetz allgemein durch das **Recht der öffentlichen Wiedergabe** (§ 15 Abs. 2 UrhG) und durch eine ganze Reihe besonderer Schutzrechte (§§ 19–22 UrhG). Dies sind:

- Das Recht zur öffentlichen Zugänglichmachung. Es umfasst das unkörperliche Anbieten von Werken z. B. durch Online-basierte Demand-Dienste (§ 19a UrhG).
- Das Vortragsrecht, also das Recht, ein Sprachwerk persönlich in öffentlicher Darbietung vorzutragen (§ 19 UrhG).
- Das Aufführungsrecht, also das Recht, ein Werk der Musik oder des Theaters durch persönliche Darbietung öffentlich vorzuführen (§ 19 Abs. 2 UrhG).

Bei den genannten Rechten handelt es sich um so genannte Erstverwertungsrechte. Nachdem eine solche Werknutzung stattgefunden hat, schließt das Gesetz einen weiteren **Schutz der Zweitverwertung** durch weitere Rechte an:

- Senderecht, als Spezialfall für Rundfunkübertragungen per Kabel, Satellit und terrestrischen Funk (§ 20 UrhG)
- Das Recht der öffentlichen Wiedergabe durch Bild- und Tonträger (§ 21 UrhG)
- Das Recht der Wiedergabe von Funksendungen und von öffentlicher Zugänglichmachung (§ 22 UrhG)

Ein besonderes Recht ist der Anspruch des/der Urheber*in, dass **ohne** seine/ihre **Einwilligung keine Bearbeitungen eines Werkes veröffentlicht oder verwertet** werden (§ 23 Satz 1 UrhG). Filmwerke, Werke der Bildenden Kunst (§ 23 Satz 2 UrhG) sowie Computerprogramme (§ 69c Nr. 2 UrhG) dürfen sogar ohne die Einwilligung des/der Urheber*in nicht einmal bearbeitet werden. Während die Bearbeitung ohne Einwilligung gänzlich untersagt ist oder zumindest die Früchte der Bearbeitung nicht weiterverwendet werden dürfen, ist die s. g. freie Benutzung eines Werkes erlaubt (§ 24 Abs. 1 UrhG).

Die Abgrenzung von zustimmungsbedürftiger Bearbeitung und **freier Benutzung** ist schwierig. Eine freie Benutzung ist nur möglich, wenn das Originalwerk lediglich Denkanstoß zur Schaffung eines neuen selbstständigen Werkes ist. Wahrt das neue Werk diesen Abstand und ist es seinem Wesen nach als selbstständig anzusehen, weil in ihm die Inhalte des Originals „verblassen", gilt es als freie Benutzung. Dabei ist die **Abgrenzung** nicht abstrakt, sondern in jedem **Einzelfall** neu zu treffen. Sie zählt deshalb zu den anspruchsvollsten Aufgaben auf dem Gebiet des Urheberrechts und sollte im Zweifel von Rechtskundigen vorgenommen werden.

Folgende Fragen kann man sich bei Einzelfällen in der Regel stellen:

- Welche Merkmale sind für das Original charakteristisch und welche Merkmale finden sich in dem neuen Werk wieder?
- Welchen Umfang machen die Originalmerkmale am neuen Werk aus?
- Hält das neue Werk bei einem hohen Maß an äußerer Übereinstimmung einen inneren Abstand zu dem Original ein?

Abschließende Faustregel: Je künstlerisch wertvoller ein Original ist, desto schwieriger gestaltet sich seine freie Benutzung. Dagegen ist ein eher einfach gestricktes Werk, außer bei vollständiger Übernahme des Inhalts, fast immer ohne Einwilligung des/der Rechteinhaber*in im o. g. Sinne zu benutzen. Umgekehrt spricht eine hohe künstlerische Qualität des neuen Werks dafür, dass die Voraussetzungen der freien Benutzung eingehalten worden sind.

Allen Formen einer **unkörperlichen Verwertung** ist gemeinsam, dass **nur die öffentliche Wiedergabe** die Interessen des/der Urheber*in berührt. Das eröffnet für den geschlossenen **Hochschulbetrieb** Lücken. Öffentlich ist die Wiedergabe nämlich nur dann, wenn die Teilnehmenden einer Veranstaltung nicht durch persönliche Verbindungen miteinander verbunden sind.

Die Wiedergabe von urheberrechtlich geschützten Werken in Seminaren und auch zu Prüfungszwecken gilt wegen des **überschaubaren und miteinander vertrauten Teilnehmerkreises** regelmäßig als nicht öffentliche Aufführung. Zu solchen Veranstaltungen können auch externe Personen hinzukommen (z. B. Referent*innen), ohne dass ihr privater Charakter dadurch automatisch entfallen muss. Umgekehrt lässt die oft unüberschaubare Studentenzahl an Massenuniversitäten nicht regelmäßig auf einen abgeschlossenen Personenkreis schließen.

Als Faustregel kann jedoch gelten: Je kleiner der Personenkreis, desto mehr spricht für eine geschlossene private Veranstaltung, auch wenn externe Personen hinzugezogen werden. Je größer der Teilnehmerkreis, desto stärker muss auf die

Abgrenzung geachtet werden. In jedem Fall fehlt es am privaten Charakter bei Veranstaltungen, die sich erkennbar an eine breite Öffentlichkeit richten, z. B. Theaterabende, Absolventenfeiern, öffentliche Ringvorlesungen etc.

Verwiesen sei an dieser Stelle auf die 2018 vorgenommene Reform des UrhG, die grundsätzlich klargestellt hat, wem urheberrechtlich geschützte Werke im Bildungs- und Wissenschaftsbereich zur Verfügung gestellt werden dürfen (vgl. § 60a UrhG; s. auch unten).

Praktisch bedeutsam wird Unterscheidung von „privat" und „öffentlich" bei der **Aufführung von Musik**. Das so genannte **große Aufführungsrecht** zur bühnenmäßigen Präsentation eines Werkes der Musik liegt regelmäßig bei dem/der Urheber*in oder beim Verlag. Sehr viel häufiger wird Musik aber öffentlich, jedoch nicht bühnenmäßig, z. B. im Rahmen eines Unterhaltungsprogramms dargeboten. Diese **kleine Recht** nimmt im Bereich der Musik die GEMA wahr (s. Abschn. 7.1.3). Die GEMA nimmt darüber hinaus insbesondere das Recht zur Wiedergabe durch Bild- oder Tonträger wahr (§ 21 S. 1 UrhG).

Für das große Aufführungsrecht im Rahmen einer öffentlichen Veranstaltung ist regelmäßig ein Nutzungsentgelt zu zahlen. Eine praktisch wichtige Ausnahme bildet das Recht, veröffentlichte Werke ohne kommerzielle Ziele aufzuführen (§ 52 UrhG).

Die Bereitstellung von elektronischen Medien im **Internet oder Intranet** ist wegen des im Vergleich zu Seminaren immer sehr breiten Empfängerkreises regelmäßig als **öffentliche Form der Zugänglichmachung** einzuordnen (§ 19a UrhG). Das gilt auch für Veröffentlichungen im hochschuleigenen Intranet, da zwischen den zahlreichen Nutzer*innen an einer Hochschule i. d. R. keine persönlichen Beziehungen bestehen. Anders ist allenfalls zu urteilen, wenn es sich um ein begrenztes, beispielsweise institutseigenes Netz handelt oder der Zugriff auf eine Homepage durch die restriktive Vergabe eines Passwortes begrenzt ist.

Das Urheberrechtsgesetz ist in den vergangenen Jahren mehrfach geändert worden. Für die Wissenschaft relevant ist insbesondere das **Urheberrechts-Wissensgesellschafts-Gesetz** (UrhWissG) vom März 2018. Damit wurden die Regelungen reformiert, auf deren Grundlage urheberrechtlich geschützte Werke in Bildung und Wissenschaft verwendet werden dürfen. Ziel der Reform war es, das UrhG transparenter zu gestalten sowie die Nutzungsfreiheiten teilweise zu erweitern. Die Novelle betrifft v. a. Schulen, Hochschulen, Bibliotheken und andere Bildungseinrichtungen. In das UrhG eingeführt wurden insbesondere §§ 60a–60h. Diese **Schrankenregelungen** können nicht durch vertragliche Vereinbarungen geändert werden. Die Paragrafen regeln, wer unter welchen Bedingungen urheberrechtlich geschütztes Material in Bildung und Wissenschaft verwenden darf, ohne die Erlaubnis des/der Rechtsinhaber*in einzuholen. Von besonderem Interesse ist die Frage, wie viel von einem geschützten Werk in der Hochschullehre genutzt werden darf (hier greift die s. g. „15 %-Regel", s. § 60a Abs. 1 UrhG). In der Forschung wurde geregelt, wie urheberrechtlich geschützte Werke für die eigene Forschung verwendet werden dürfen und wie die eigenen Forschungsergebnisse geschützt sind (§ 60c UrhG). Erstmals geregelt wurden auch die neuen, mit der Digitalisierung aufgekommenen wissenschaftlichen Methoden des Text- und Data-Mining (§ 60d UrhG; zu den Details der Regelungen, s. BMBF, 2020, S. 13 ff.).

Im Juni **2021** sind gesetzlichen Anpassungen des Urheberrechts in Kraft getreten, mit denen das Urheberrecht an die Erfordernisse des digitalen Binnenmarkts angepasst wurde. Dabei wurde auch die skizzierte, zunächst für fünf Jahre befristete **„Wissenschaftsschranke" dauerhaft entfristet**. Damit können Wissenschaftler*innen auch weiterhin u. a. Werkauszüge in bestimmtem Umfang für einen digitalen Semesterapparat verwenden oder große Textmengen mit spezialisierter Software analysieren, ohne zuvor die Genehmigung jedes/jeder einzelnen Rechteinhaber*in (Autor*innen oder Verlage) einzuholen.

Übertragung von Nutzungsrechten
Den Interessenkonflikt zwischen Auftraggeber*in und Auftragnehmer*in löst das Urheberrechtsgesetz durch die Einräumung von Nutzungsrechten oder Lizenzen. Da der/die Urheber*in das Urheberrecht nicht als Ganzes übertragen kann, räumt er/sie **Lizenzen** an seiner Benutzung ein. Das ermöglicht eine Aufsplittung einzelner Rechte am Urheberrecht. So können Rechte geografisch, zeitlich oder auf einzelne Nutzungsarten beschränkt vergeben werden. In aller Regel macht das anspruchsvolle Vertragsgestaltungen notwendig.

Ist zwischen den Parteien nichts vereinbart worden, richtet sich der Umfang der übertragenen Nutzungsrechte nach dem **Zweck der vertraglichen Abrede** (§ 31 Abs. 5 UrhG). Dabei handelt es sich um eine Auslegungsregel, die einen Ausgleich zwischen dem Nutzungsinteresse des/der Auftraggeber*in und dem Interesse des/der Urheber*in auf angemessene Vergütung herstellen soll. Ohne genaue Abrede überträgt der/die Urheber*in immer nur genau so viele Lizenzen, wie für die Erfüllung des vertraglichen Zwecks notwendig. Die Zweckübertragungslehre kommt in der Regel zu urheberfreundlichen Ergebnissen, die im Zweifel die Nutzungsrechte bei dem/der Urheber*in belassen. Lizenzverträge in der Praxis sehen dagegen häufig einen **„Buy Out"**, also einen Ausverkauf des Urheberrechts vor. In diesen Fällen lässt sich der/die Nutzer*in alle erdenklichen und übertragbaren Rechte am Urheberrecht einräumen. Mit Ausnahme des nicht übertragbaren Urheberpersönlichkeitsrechts überträgt der/die Urheber*in so alle Nutzungsrechte an seinem geistigen Eigentum.

Bei alten Verträgen ist immer auch gesondert zu prüfen, welche bekannten Nutzungsarten der Abrede im Moment des Vertragsschlusses zu Grunde lagen. Multimedia, Internet, neue Massenspeicher etc. sind erst seit Anfang und Mitte der 90er-Jahre bekannt. Alte Rechte erstrecken sich nach der Zweckübertragungslehre regelmäßig nicht auf solche früher unbekannten Nutzungsarten.

Erschafft der/die Urheber*in sein Werk im **Rahmen eines Arbeits- oder Dienstverhältnisses** (§ 43 UrhG), greifen ähnliche Überlegungen. Der/die abhängig beschäftigte Urheber*in ist im Rahmen seiner/ihrer vertraglichen Verpflichtung grundsätzlich verpflichtet, seinem/seiner Arbeitgeber*in oder Dienstherr*in Nutzungsrechte an dem Werk einzuräumen (§§ 413, 398 BGB i. V. m. §§ 31 ff. UrhG). Welche Rechte dies sind, sollte bei Abfassung der Arbeitsverträge genau bedacht werden. Aber auch wenn ein Arbeitsvertrag keine ausdrückliche

Abrede zur Übertragung von Nutzungsrechten enthält, wird man aus dem Zweck des Vertrages ebenfalls auf eine Einräumung der zur Erfüllung seiner Arbeitsverpflichtung notwendig zu übertragenden Rechte schließen können.

Von immer größerer Bedeutung sind die **offenen Lizenzen**, mit denen der/die Urheber*in der Allgemeinheit die kostenfreie Nutzung seines/ihres Werkes gestattet, i. d. R. aber unter bestimmten Bedingungen. Zu den hierfür verwendeten standardisierten Lizenzen gehört die Creative-Commons-Lizenz. In Wissenschaft und Bildung wichtig sind in diesem Zusammenhang Open Educational Resources (frei zugängliche Bildungsmaterialien) sowie Veröffentlichungen unter Open Access (unentgeltliche Verfügbarkeit von Publikationen im Internet). Im Wissenschaftsbereich relevant ist überdies das Zweitveröffentlichungsrecht nach § 38 UrhG.

Zu der Regel der Unübertragbarkeit des Urheberrechts gibt es zwei wichtige Ausnahmen. Bei **Filmproduktionen** geht wegen der Vielzahl der Beteiligten das Urheberrecht automatisch auf den/die Filmhersteller*in (Produzent*in) über (§ 89 Abs. 1 UrhG). Eine weitere Sonderregelung gibt es für Software. Die Rechte an einem im Auftrag erstellten Computerprogramm gehen kraft Gesetzes auf den/die Dienstherr*in über (§ 69b UrhG). Diese Grundsätze gelten sowohl für abhängig wie für selbstständig Beschäftigte.

Fall 7.3: Urheberrecht an Open-Source-Software

Im Hochschulinstitut für Freie Software beauftragt Leiterin L den Programmierer P mit der Herstellung einer Open-Source-basierten Steuerungssoftware. P, der zeichnerisch begabt ist, entwirft auch gleich ein Cover für die CD-Hülle. Nachdem die Software zum Standard geworden ist, will P am Erfolg beteiligt werden und verlangt von der Hochschule die Zahlung angemessener Lizenzgebühren.

Lösung: Auch an Open-Source-basierter Software entsteht ein Urheberrecht. Grundsätzlich wird P an dem von ihm geschaffenen Werken, hier der Software, Urheber. Weil er aber „ein Computerprogramm von einem Arbeitnehmer in Wahrnehmung seiner Aufgaben geschaffen" hat „ist ausschließlich der Arbeitgeber zur Ausübung aller vermögensrechtlichen Befugnisse an dem Computerprogramm berechtigt" (§ 69b UrhG). Zwischen L und P ist auch nichts Abweichendes vereinbart worden. Aus der Abrede, dass es sich um Open Source handeln soll, ergibt sich für P gerade kein Vorteil. Open Source bedeutet lediglich, dass der Quelltext frei verfügbar ist, nicht jedoch, dass die Software kostenlos sein muss. ◄

Für die Übertragung von Nutzungsrechten im **Hochschulbereich** gelten grundsätzlich die dargelegten Regeln. Sofern nichts vereinbart wurde, ist der Umfang der Rechteübertragung mit Hilfe der Zweckübertragungslehre zu bestimmen. Aus dem grundgesetzlichen Schutz der Hochschule und ihrer Mitarbeiter*innen leiten sich aber einige **Besonderheiten** ab.

Professor*innen sind in Lehre und Forschung frei. Ihr Anspruch auf **Wissenschaftsfreiheit** bedeutet, dass zur Erfüllung ihrer vertraglichen Pflichten grundsätzlich keine Nutzungsrechte an Urheberrechten übertragen werden müssen. Damit partizipiert auch die Hochschule nicht an den urheberrechtlich geschützten Früchten der Forschung ihrer Hochschullehrer*innen. Andere Ergebnisse können sich nur aus besonderen Interessenkonstellationen ergeben. Die gleichen Überlegungen gelten auch für das **wissenschaftliche Personal**, aber mit anderem Ergebnis. Da wissenschaftliche Mitarbeiter*innen in ihrer Forschertätigkeit und in der Lehre nicht in gleichem Maße wie Professor*innen frei agieren können, ergibt sich bei Auslegung ihrer Arbeits- und Dienstverträge regelmäßig auch eine **breitere Übertragung von Nutzungsrechten**. Wenn etwa eine Abschlussarbeit in technischen Fächern für einen privaten Drittmittelgeber erstellt wird, sollte der/die Kandidat*in auch ohne ausdrückliche Absprache regelmäßig von der Übertragung seiner Nutzungsrechte im Gegenzug zur Finanzierung der Forschertätigkeit ausgehen.

Grenzen des Urheberrechts
Das Urheberrecht gilt nicht schrankenlos. Auf den Grundsatz der Erschöpfung und die Möglichkeit der freien Benutzung wurde bereits oben hingewiesen. Daneben gibt es weitere bedeutsame Einschränkungen der Rechte der Urheber (§§ 44a ff. UrhG), von denen hier nur einige vorgestellt werden sollen.

Die praktisch bedeutsamste Schranke ist das **Recht auf Privatkopie**. Der/die Urheber*in hat das Recht, Kopien seines/ihres Werks herzustellen. Dem/der Erwerber*in eines Werks ist es wiederum gestattet, hiervon für den privaten oder eigenen Gebrauch Kopien anzufertigen (§ 53 UrhG). Für Computerprogramme gelten Sonderregelungen (§§ 69d, 69e UrhG). Eingeschränkt ist das Recht auch bei Datenbanken und Büchern. Die Anfertigung einer Privatkopie ist nur in engen Grenzen möglich (rechtmäßige Vorlage, streng privater Gebrauch, Herstellung durch Dritte nur auf Anweisung).

Wegen der unkontrollierbaren Zahl an Vervielfältigungen durch neue technische Möglichkeiten, insbesondere von Musikdaten über P2P-Systeme, sind immer wieder gesetzgeberische Anstöße zur Abschaffung der Privatkopie unternommen worden. Bislang hält der Gesetzgeber jedoch an der Privatkopie als Schranke des Urheberrechts fest.

Die massenhafte Beeinträchtigung des Vervielfältigungsrechts des Urhebers werden durch Abgaben aufgefangen. Dafür werden **Vervielfältigungsgeräte** mit einer Pauschalabgabe belastet (§§ 54 ff. UrhG). Die Wahrnehmung dieser Rechte obliegt den Verwertungsgesellschaften.

Zitate sind in der Wissenschaft Ausweis wissenschaftlicher Arbeitsweise. Im Urheberrecht gibt es ebenfalls die Möglichkeit zum Zitieren fremder Werke. Das Recht, fremde Filme, Fotos, Musik oder Bilder zu zitieren, ist eine Einschränkung des Ausschließlichkeitsanspruchs des Urheberrechts. Nach § 51 UrhG ist es deshalb an Grenzen gebunden. Man unterscheidet Großzitate, Kleinzitate und Musikzitate.

Das **Großzitat** ist ein Privileg der Wissenschaft. Nur wissenschaftliche Werke dürfen fremde Werke vollständig zitieren. Die Voraussetzungen sind jedoch eng, da das zitierende Werk wissenschaftlichen Voraussetzungen genügen muss.

Werden nur Teile eines Werkes genutzt, handelt es sich um ein **Kleinzitat**. Wird ein Musikwerk teilweise zitiert, handelt es sich um ein Musikzitat. Über den Wortlaut des Gesetzes hinaus sind Kleinzitate überall gebräuchlich, wo nur Stellen eines Werkes herangezogen werden. Teilweise lassen sich Werke aber nicht auf Teile reduzieren (z. B. Fotografien und Werke der bildenden Kunst). Die Wahl von Ausschnitten kann den Zitatzweck nicht mehr erfüllen. Hier geht die Rechtsprechung aber dahin, auch diese s. g. „Großen Kleinzitate" zu erlauben.

Zitate sind nur selten erlaubt. Das Zitatrecht ist an Bedingungen geknüpft. Wer von Zitaten Gebrauch machen will, sollte genau prüfen, ob der Zitatzweck erfüllt ist (es muss ein innerer Bezug zwischen zitierendem und zitiertem Werk bestehen) und die Quelle genannt wird.

Fall 7.4: Zitatrecht oder nicht?

Student S der Filmhochschule F stellt seinen Abschlussfilm vor. In dem als Dokumentarfilm konzipierten Streifen reiht er Werbespots aneinander und kontrastiert etwa die Bilder einer Kaffee-Werbung mit den Arbeitsbedingungen von Kaffeepflückern in Lateinamerika. Dem erbosten Konzern T gegenüber beruft sich S für die vollständige Wiedergabe der Spots auf sein Zitatrecht, zu Recht?

Lösung: Es handelt sich nicht um ein Großzitat. Der Abschlussfilm entsteht zwar im Rahmen des Studiums. Das Filmgenre genügt regelmäßig aber nicht wissenschaftlichen Ansprüchen, da auch ein Dokumentarfilm primär unterhaltenden Charakter hat. Die Grenzen eines Kleinzitats sind gesprengt, da S ganze Spots und nicht nur Teile wiedergibt.

Es handelt sich auch nicht um eine noch nicht erwähnte Berichterstattung über Tagesfragen. Nach § 50 UrhG dürfen bei tagesaktuellen Fernsehbildern auch ganze Werke wiedergeben werden. Politisch relevant sind die Bilder in dem Film von S sicherlich. Es handelt sich dabei aber nicht um aktuelle Berichterstattung, da ein festgelegter Sendetermin den Film nicht uninteressant machen würde.

Letztlich dürfte auch kein Großes Kleinzitat vorliegen. Hätte S nur Ausschnitte aus den Spots gewählt, würde dies nicht sinnstellend wirken. Beziehen sich die filmischen Kommentare von S aber auf alle Sequenzen der Werbung, könnte S die Auseinandersetzung möglicherweise doch noch gewinnen. Letztlich kommt es auf Prüfung im Einzelfall an. ◀

Das Urheberrecht währt nicht endlos. Es ist aber an sehr lange Fristen gebunden. Erst **70 Jahre** nach dem Tod des/der Urheber*in **erlöschen die Rechte** an dem Werk. Aus Shakespeare „Romeo und Julia" darf also ungehemmt übernommen werden.

7.1.3 Verwertungsgesellschaften

Der/die Urheber*in erhält als Kompensation für erlaubte Werknutzungen Vergütungsansprüche. Allein ist er/sie jedoch wirtschaftlich nicht in der Lage, diese Ansprüche auch effektiv durchzusetzen. Deshalb haben sich schon früh **Verwertungsgesellschaften** gegründet. Sie nehmen bestimmte Rechte der Urheber*innen gemeinschaftlich gegenüber Dritten wahr (vgl. § 58 UrhG). Der/die Urheber*in schließt zu diesem Zweck einen Wahrnehmungsvertrag mit der Verwertungsgesellschaft und erhält einen Anteil an den Gesamteinnahmen. Für alle wichtigen Werkformen haben sich Verwertungsgesellschaften gegründet. Die wichtigsten sind die **GEMA**, zur Wahrnehmung der Rechte der Komponisten, Texter und Musikverleger; die **VG Wort**, welche die Rechte der Autor*innen und Verleger*innen insbesondere von wissenschaftlichen Werken besorgt; die **VG Bild-Kunst**, als Verwertungsgesellschaft für Urheber*innen im Filmbereich, bildende Künstler*innen, Fotograf*innen; die Verwertungsgesellschaft zur Verwertung von Leistungsschutzrechten (GVL) etc.

Verwertungsgesellschaften nehmen die Rechte der Urheber*innen im Inland wahr. Die meisten Verwertungsgesellschaften haben zugleich Verträge mit vergleichbaren Einrichtungen im Ausland geschlossen. Der Vorteil für die Nutzer*innen liegt darin, dass die Verwertungsgesellschaften einem Wahrnehmungs- und Abschlusszwang unterliegen. Will ein/eine Nutzer*in Rechte erwerben, muss die Gesellschaft sie diesem/dieser gegen festgesetzte Tarife überlassen.

Mit einer Reform des UrhG wurden 2017 die Vergütungsregelungen für Urheber*innen und die Regelungen zu Fragen der Verlegerbeteiligung neu gefasst. Damit sollen die rechtliche Position und die Durchsetzbarkeit der Vergütung von Urheber*innen, Autor*innen und Künstler*innen verbessert werden.

7.1.4 Durchsetzung von Urheberrechten

Verletzungen des Urheberrechts können auf verschiedene Arten verfolgt werden. Dem/der Verletzten stehen dabei u. a. folgende zivilrechtliche Instrumente zur Verfügung:

- Abmahnung
- Unterlassensanspruch
- Auskunftsansprüche
- Schadenersatz

Die Abmahnung entspringt dem Wettbewerbsrecht und dient der raschen außergerichtlichen Durchsetzung von Ansprüchen. Eine Abmahnung umfasst in der Regel den Anspruch auf Unterlassen der Rechtsverletzung durch einen/einer Verletzer*in, die Erteilung von Auskünften über die Art der Nutzung und daraus erzielte Einkünfte, Ersatz des entstandenen Schadens und häufig die Vereinbarung einer Vertragsstrafe im Wiederholungsfall.

Sollte sich die Rechtsverletzung als zutreffend erweisen, ist die Abgabe einer **Unterlassenserklärung** gegenüber dem Rechtsstreit der kostengünstigere Weg. Das gilt selbst dann, wenn fremde Rechtsanwaltskosten getragen werden müssen, da sich im Rechtsstreit hierzu noch die gerichtlichen Gebühren addieren. In der Praxis werden aber viele fehlerhafte Abmahnungen verfasst. Häufig sind die

Streitwerte überzogen, obwohl diese im Urheberrecht rasch hohe Höhen erreichen können. Am häufigsten ist die Unterlassenserklärung zu unpräzise oder zu weitgehend abgefasst. Sollte die Rechtsverletzung bestehen, sollte ohne Anerkennung einer Rechtspflicht eine eigene Unterlassenserklärung erwogen werden. Die Details sollten aber erfahrenen Expert*innen überlassen werden.

Der/die Geschädigte hat **Anspruch auf Auskunft** über die Art der Verwendung seines/ihres geistigen Eigentums. Die Offenlegung der Geschäfte des/der Verletzer*in ist notwendig, weil der/die Geschädigte ohne Einblick in die geschäftlichen Vorgänge der Gegenseite seinen/ihren Schaden nur schwer plausibel darlegen kann.

Nach erfolgter Auskunft kann der/die Geschädigte den Verletzergewinn als Schaden fordern. Ist dieser gering oder nicht mehr zu ermitteln, bleiben dem/der Geschädigten zwei alternative Möglichkeiten. Sofern es ihm/ihr möglich ist, einen konkreten Schaden darzulegen, kann er/sie beispielsweise den ihm/ihr durch die Verletzungshandlung entgangenen Gewinn fordern. Da auch diese Möglichkeit in der Praxis nicht selten an den Darlegungslasten scheitert, kann der/die Verletzte auch die Zahlung der für die Benutzung seines/ihres Rechts im Geschäftsverkehr übliche Lizenz vom Verletzer fordern. Diese Berechnung im Wege der **Lizenzanalogie** ist dort im Urheberrecht sehr verbreitet, wo sich Tarife und Marktpreise herausgebildet haben, die die Darlegung einer üblichen Lizenz sehr vereinfachen (z. B. im Pressebereich, Film, Fotografien).

7.2 Markenrecht

7.2.1 Eintragung und Nutzung

Marken und Markeninhaber
Eine Marke ist ein geschäftliches Kennzeichen, das Verbraucher*innen ermöglicht, aus der Marke auf einen Hersteller zu schließen. Es gibt rein textbezogene Wortmarken (z. B. „Springer"), Bildmarken (z. B. ✎) und kombinierte Wort- und Bildmarken, (z. B. ✎ Springer)

Die Marke gewährt dem/der Inhaber*in das Recht, Dritten zu untersagen, die Marke oder ein ähnliches Zeichen im geschäftlichen Verkehr zu nutzen. Wie andere gewerbliche Schutzrechte auch gewährt die Marke damit ein exklusives Recht (Ausschließlichkeitsrecht). Im Streit zweier Marken gilt grundsätzlich das **Prioritätsprinzip**. Werden zwei identische Marken angemeldet, kann derjenige/diejenige sich durchsetzen und auf seinem/ihrem Ausschließlichkeitsrecht bestehen, dessen/deren Marke früher eingetragen wurde.

Eintragung einer Marke
Als förmliches Recht muss die Marke eingetragen werden. Die Eintragung erfolgt für deutsche Marken beim **Deutschen Patent- und Markenamt (DPMA)**. Europaweit gültige Marken werden dagegen beim Europäischen Markenamt in Alicante/ Spanien geschützt. Durch verschiedene internationale Abkommen kann der Schutz auf eine Vielzahl weiterer Staaten erweitert werden. Ohne die formelle Eintragung entsteht Markenschutz nur in seltenen Fällen, indem etwa eine Marke durch geschäftliche Benutzung in den beteiligten Verkehrskreisen Geltung erlangt hat, oder es sich um notorisch bekannte Marken handelt (z. B. Boss, Chrysler, McDonald´s etc.).

Für die Eintragung beim DPMA ist eine **Gebühr** zu zahlen (300 €). Die Eintragung erfolgt für bestimmte Waren- und Dienstleistungsklassen (§ 32 Abs. 2, Gesetz über den Schutz von Marken und sonstigen Kennzeichen (Markengesetz – MarkenG)). Damit wird eine Marke i. d. R. nur für die Bereiche geschützt, in denen sie geschäftlich benötigt wird. Es stehen **45 Klassen** zur Verfügung. Die Grundgebühr deckt drei Klassen ab. Die Eintragung für jede weitere Klasse kostet 100 €. Die Eintragung einer Marke für ein studentisches Modelabel erfolgt z. B. in der Warenklasse 25 („Bekleidungsstücke, Schuhwaren, Kopfbedeckungen").

Seit 2018 kann man sich auch s. g. **Gewährleistungsmarken** als eine neue Markenkategorie eintragen lassen. Während Marken sonst auf einen Hersteller hinweisen, schützen Gewährleistungsmarken nach § 106a MarkenG das Vertrauen in die Garantiefunktion einer Marke – z. B. können Labels und Gütesiegel so einen Schutz erhalten, weil sie ein Leistungsversprechen enthalten. Auch sie werden dann für bestimmte Markenklassen eingetragen.

Das DPMA prüft, ob der Eintragung formelle Gründe entgegenstehen und ob absolute Schutzhindernisse nach §§ 3, 8 oder 10 MarkenG der Eintragung entgegenstehen. **Absolute Schutzhindernisse** sind solche, die einer Eintragung einer Marke generell entgegenstehen. Lässt sich eine Marke nicht grafisch darstellen (z. B. ein Klang oder ein Geruch) oder fehlt es ihr an der **Unterscheidungskraft**, weil etwa ein alltäglicher Name eingetragen werden soll (z. B. „Diesel" für ein Auto oder „Computer" für einen PC) trägt das DPMA den Begriff gar nicht erst ein. Ob einem Begriff die notwendige Unterscheidungskraft fehlt oder nicht, ist eine große Streitfrage. Gestritten wurde oder wird etwa darüber, ob Buchstabenfolgen, dreidimensionale Marken, Geruchsmarken oder Farbmarken (z. B. „Magenta" für die Telekom) eingetragen werden können. Hier sollte in Zweifelsfällen Rechtsrat eingeholt werden. Vorsicht ist überdies bei der Eintragung von Marken für Lebensmittel und Weine geboten, die bestimmten geografischen Regionen zugeordnet sind.

Fall 7.5: Schutz von alltäglichen Begriffen

Vier Berliner Modestudierende gründen ihr eigenes Label K.U.L.T. Bestehen für die Markeneintragung absolute Schutzhindernisse? Könnte man notfalls auf Berlin – K.U.L.T. ausweichen?

Lösung: Kult ist zunächst – auch in der entfremdeten Schreibweise – ein Wort der Alltagssprache. Als solches ist es grundsätzlich nicht unterscheidungsfähig, insbesondere nicht für Modeartikel, da gerade hier mit der Zuschreibung „kultig", „Kult-" vielfach Werbung betrieben wird, die durch die mit der Markeneintragung einhergehende Monopolisierung nicht beschnitten werden darf. Es besteht ein so genanntes **Freihaltebedürfnis** für diesen beschreibenden Begriff. In der Kombination mit einer geografischen Herkunftsbezeichnung (Berlin – K.U.L.T.) ergibt sich nur die Dopplung zweier freihaltebedürftiger Begriffe. Viele Wettbewerber*innen greifen auf geografische Angaben zur Bezeichnung ihrer Produkte zurück. Wenn nicht besondere Umstände des Einzelfalles Schutzhindernisse entfallen lassen, sind geografische Angaben (Spreewälder Gurken, Beelitzer Spargel) ebenfalls nicht schutzfähig. Allerdings können allein nicht schutzfähige Begriffe in der Kombination mit schutzfähigen Begriffen oder in Kombination mit schutzfähigen Bildmotiven als Marke eingetragen werden. ◄

Während beim Bestehen absoluter Schutzrechte das DPMA keine Eintragung vornimmt, ist es für die Eintragung der Marke unerheblich, ob dadurch die Rechte prioritätsälterer Marken verletzt werden. Solche **relativen Eintragungshindernisse** werden nur dann relevant, wenn ein Dritter den Konflikt zwischen den Marken bemerkt und aus der älteren Marke gegen die prioritätsjüngere Marke vorgeht.

Relevant und teuer werden solche Auseinandersetzungen, wenn man – ob absichtlich oder versehentlich – eine schon einmal eingetragene Marke noch einmal eintragen lässt. Das gilt erst recht, wenn die Marke für die gleiche Klasse eingetragen wurde (§ 9 Abs. 1 Nr. 1 MarkenG). Während man solche Fälle durch eine Markenrecherche vielleicht noch selbst vermeiden kann, wird es noch schwieriger, wenn nur eine **Ähnlichkeit zwischen den Marken** besteht. Die ältere Marke wird dann ihre Rechte durchsetzen, wenn eine Verwechslungsgefahr mit der jüngeren Marke besteht (§ 9 Abs. 1 Nr. 2 MarkenG). Besonders durchsetzungsstark sind bekannte Namen. Wird der Ruf prominenter Marken ausgenutzt, verwässert, geschädigt oder deren Bekanntheit genutzt, kann auch gegen die jüngere Marke vorgegangen werden.

Beispielsweise bleibt ein deutscher Sekt immer ein **Sekt** und wird nie **Champagner** heißen dürfen, weil er nicht aus der gleichnamigen französischen Region stammt. Hier besteht ein absolutes Eintragungshindernis, das seine zusätzliche Absicherung in einer geschützten geografische Angabe hat (§ 130 MarkenG). Eine auf Champagner bezugnehmende Marke für die Klasse 33 (alkoholhaltige Getränke) würde also gar nicht erst eingetragen. Würde der/die Anmelder*in stattdessen ein alkoholfreies Getränk aus seinem/ihrem Angebot „den Champagner unter den Mineralwässern" in der Klasse 32 (alkoholfreie Getränke) taufen, würde wohl die Eintragung gelingen. Er/sie müsste dann aber mit rechtlichen Schritten gegen sich rechnen, weil er/sie den Ruf der Marke Champagne damit im wahrsten Sinne des Wortes verwässert.

Das Eintragungsverfahren dauert erfahrungsgemäß etwa zehn bis zwölf Monate und kann durch Zahlung einer Beschleunigungsgebühr (220 €) auf drei bis vier Monate verkürzt werden. Im Laufe dieser Zeit können genaue Bezeichnung und Aussehen der Marke nicht mehr verändert werden. Nach erfolgreicher Prüfung wird die

Marke rückwirkend für den Tag der Anmeldung eingetragen (§§ 33, 41 MarkenG). Wird die Marke nicht eingetragen, ist Widerspruch gegen die Entscheidung möglich.

Die Eintragung beim **Amt der Europäischen Union für geistiges Eigentum (EUIPO)** ist teurer (850 € für eine Klasse; 900 € für zwei Klassen). Dafür erstreckt sich der Schutz dieser Marke auf den gesamten EU-Raum. Jede weitere Klasse kostet 150 €. Im Unterschied zum deutschen Verfahren recherchiert das EUIPO nach entgegenstehenden älteren Marken und erspart dem/der Anmelder*in damit u. U. eine eigene aufwendige Recherche nach Drittrechten. Das Amt trägt die Marke nur ein, sofern wiederum keine absoluten Schutzhindernisse bestehen. Prüfungsmaßstab ist dabei nicht das deutsche Markengesetz, sondern das europäische Recht. Kann das Amt keine entgegenstehenden Rechte feststellen, veröffentlicht es die Anmeldung, um Dritten Einwendungen schon in diesem frühen Stadium zu ermöglichen. Danach oder nach Abschluss eines Zwischenstreits über die Eintragungsfähigkeit wird die Marke eingetragen. Gegen die Entscheidung des EUIPO ist Beschwerde möglich.

Die Marke hat nach deutschem Recht zunächst eine **Schutzdauer von zehn Jahren**, beginnend am Tag nach der Anmeldung. Der Schutz kann aber durch Zahlung einer Schutzgebühr beliebig jeweils um weitere zehn Jahre **verlängert** werden, wenn rechtzeitig, d. h. spätestens sechs Monate vor Ablauf des Schutzrechts, eine Verlängerungsgebühr gezahlt wird. Wird später gezahlt, fallen Zuschlagsgebühren an. Anders als bei Urheber- und Patentrechten ist der Schutz der Marke damit prinzipiell zeitlich unbefristet.

Die Marke erlischt in einigen Fällen, z. B. wenn die Verlängerungsgebühr nicht gezahlt wird, auf Grund einer von Dritten betriebener Löschung (relative Schutzhindernisse), durch Nichtigkeit (nicht erkannte absolute Schutzhindernisse), durch Verzicht des/der Markeninhaber*in oder Verfall etwa durch mangelnde Benutzung der Marke im geschäftlichen Verkehr.

Die Marke kann vollständig oder in Teilen an Dritte **übertragen** werden (§ 27 MarkenG). Es können aber auch wie im Urheberrecht beschränkte **Lizenzen** erteilt werden (§ 30 MarkenG). Die Lizenz kann räumlich, produktbezogen, zeitlich oder auf andere geeignete Art und Weise beschränkt werden.

Fall 7.6: Räumlich beschränkte Lizenz

Das Modelabel Berlin K.U.L.T. will, nun in Verbindung mit einem grafischen chinesischen Schriftzeichen, seine Waren auch in Hamburg verkaufen. Per Lizenzvertrag gestattet es einem Hamburger Unternehmen, Bekleidung unter der Marke in der Hansestadt abzusetzen. Die Hamburger Lizenznehmer weiten den Verkauf dann auch auf Düsseldorf aus. Zu Recht?

Lösung: Die erteilte Lizenz wurde räumlich beschränkt für Hamburg erteilt. Verkäufe außerhalb des Lizenzbereichs erfolgen damit ohne Einverständnis des Markeninhabers, sind rechtswidrig und können von ihm unterbunden werden. ◄

7.2.2 Schutzumfang und Verletzungen

Die Marke verleiht ihrem/ihrer Inhaber*in ein ausschließliches Recht (§ 14 Abs. 1 MarkenG), also das, was man im Marketing Exklusivität nennt. Das ausschließliche Recht an der Marke ermöglicht es dem/der Markeninhaber*in, Dritten im geschäftlichen Verkehr zu untersagen,

- identische Zeichen für identische Waren- und Dienstleistungen zu gebrauchen (§ 14 Abs. 2 Nr. 1 MarkenG),
- Zeichen zu benutzen, die identisch oder ähnlich sind und die vom Publikum verwechselt und mit einer anderen Marke gedanklich verbunden werden könnten (§ 14 Abs. 2 Nr. 2 MarkenG),
- Zeichen zu benutzen, die die Unterscheidungskraft oder die Wertschätzung einer bekannten Marke in unlauterer Weise rechtswidrig ausnutzt oder beeinträchtigt (§ 14 Abs. 2 Nr. 3 MarkenG).

Untersagt werden können die oben genannten Handlungen nur dann, wenn sie im geschäftlichen Verkehr erfolgen – also nur, wenn die Handlung eigenen oder fremden Geschäftszwecken dient. Rein private, wissenschaftliche oder politische Handlungen sind dagegen erlaubt.

Fall 7.7: Politik und Schutzrechte

An der Hochschule regt sich Protest gegen die Mercedes-Benz AG. Studierende demonstrieren, in dem sie den Mercedes-Stern auf ihren Autos anbringen oder ihn durchgestrichen auf Vorlesungsunterlagen benutzen. Ist das Schutzrecht von Mercedes betroffen?

Lösung: Nein, das Schutzrecht ist nicht betroffen, da die Studierenden nicht im geschäftlichen Verkehr handeln, sondern aus politischen Gründen.

Abwandlung: Um den Absatz von Mercedes zu stören, die Marke zu verwässern und die eigenen Aktionen zu finanzieren, verkaufen Aktivisten gefälschte Mercedes-Sterne auf Ebay.

Lösung: Der Verkauf hat neben dem politischen Ziel zumindest noch den Nebenzweck, Geld zu verdienen. Die Studierenden handeln im geschäftlichen Verkehr, in dem sie ein identisches Warenzeichen unerlaubt verwenden (§ 14 Abs. 2 Nr. 1 MarkenG). ◄

Zunächst kann gegen den Gebrauch **identischer Wortmarken** vorgegangen werden. Geprüft wird, ob die gegenüberstehenden Zeichen und Produkte identisch sind („Doppelte Identität"). Hier gilt wiederum der Prioritätsgrundsatz, d. h. die ältere setzt sich gegen die jüngere Marke durch.

Der identische Gebrauch einer Marke ist ein eher seltener Fall. **Häufiger** kommt es zu einer **Verwechslungsgefahr** zwischen ähnlichen Marken. Die Verwechslungsgefahr ist deshalb der zentrale markenrechtliche Verletzertatbestand. Die gerichtliche

Kasuistik ist dabei sehr vielfältig, wegen vieler Urteile des Europäischen Gerichtshofs nahezu unübersichtlich und wird hier deshalb hier nicht dargestellt.

Grundsätzlich gilt: Eine Verwechslungsgefahr besteht, wenn sich das Publikum in Bezug auf die Herkunft (Firma) einer gekennzeichneten Ware oder Dienstleistung täuschen *kann*. Es kommt nicht darauf an, dass es konkrete Fälle von Verwechslungen tatsächlich gegeben hat. Die nachgewiesene *Gefahr* einer Verwechslung reicht aus. Die Gefahr einer Verwechslung hängt wiederum maßgeblich von der Unterscheidungskraft der angegriffenen Marke ab. Je höher die Kennzeichnungskraft einer von einem Unternehmen verwendeten Marke ist, desto wahrscheinlicher ordnet das Publikum eine ähnliche Marke diesem Unternehmen auch zu. Als grobe Orientierung können also die Kennzeichenkraft der älteren Marke, die Ähnlichkeit der Marken und die Ähnlichkeit der Waren und Dienstleistungen als Kriterien für die Gefahr einer Verwechslung verwendet werden.

Zuletzt genießt „eine im Inland bekannte Marke" einen **erweiterten Schutz**. Aus dieser Marke kann gegen eine Benutzung vorgegangen werden, welche die Unterscheidungskraft oder die Wertschätzung einer bekannten Marke in unlauterer Weise rechtswidrig ausnutzt oder beeinträchtigt. Im Unterschied zur Verwechslungsgefahr muss lediglich eine Zeichenähnlichkeit vorliegen. Der Schutz nach § 14 Abs. 2 Nr. 3 MarkenG ist ein **Privileg bekannter Marken**. Deswegen ist anhand des Marktanteils, der Intensität der Bekanntheit im Inland und dem Umfang der Werbeausgaben genau zu prüfen, ob die angegriffene Marke bekannt ist. Wird dies bejaht, kann aus der Marke selbst gegen fernliegende Beeinträchtigungen wie die Benutzung der Telefonnummer 4711 für eine Güllefirma an Stelle des Parfums vorgegangen werden.

Gegen Verletzungen der Marke kann grundsätzlich mit dem Anspruch auf Unterlassen vorgegangen werden. Am sinnvollsten wird der Anspruch im einstweiligen Rechtsschutz verfolgt. Der **Unterlassensanspruch** kann wie im Urheberrecht mit **Auskunfts- und Schadenersatzansprüchen** verbunden werden. Daneben bestehen eine ganze Reihe weiterer Ansprüche aus der verletzten Marke, u. a. das Recht auf Löschung der betreffenden Marke und der Anspruch auf Rücknahme einer Markenanmeldung. Bei Markenpiraterie kann sogar verlangt werden, die nachgemachte Ware vernichten zu lassen. Verletzungen gegen das Markenrecht sind zudem teilweise strafbewehrt.

7.3 Patentrecht

7.3.1 Patent und Erfindung

Dreh- und Angelpunkt des Patentrechts ist das Patent. Als Patent kann man ein **technisches Schutzrecht** bezeichnen, das für eine Erfindung **Ausschließlichkeitsrechte** gewährt. Ausschließlichkeitsrecht bedeutet, dass der/die Patentinhaber*in andere von der Nutzung der durch das Patent geschützten Erfindung ausschließen kann. Wie in anderen Bereichen des gewerblichen Rechtsschutzes kann der/die Patentinhaber*in sein/ihr Recht mit anderen über Lizenzen teilen.

7 Urheber-, Marken- und Patentrecht

Nicht jede technische Errungenschaft kann patentrechtlich geschützt werden. Das Gesetz gewährt Patentschutz nur für Erfindungen, die **neu** sind, auf einer **erfinderischen Tätigkeit** beruhen und **wirtschaftlich nutzbar** sind. Unter einer Erfindung versteht die Rechtsprechung (maßgeblich der Bundesgerichtshof in einem Urteil von 1969) eine so genannte Lehre zum planmäßigen Handeln unter Einsatz beherrschbarer Naturkräfte zur Erreichung eines kausal übersehbaren Erfolges. Diese strenge Definition setzt der Patentierbarkeit technischer Regeln und Erzeugnissen wichtige Grenzen.

Neu ist eine Erfindung, wenn sie zuvor noch nicht bekannt war und dadurch den Stand der Technik erweitert. Es darf deshalb keine – auch **keine** mündliche – **Vorveröffentlichung** geben. Jede Form der Veröffentlichung, auch im Ausland, lässt die Neuheit und damit die Erfindung entfallen. Zum Stand der Technik gehören alle Kenntnisse, auch solche, die dem Patentanmelder durch ein bereits angemeldetes, aber noch nicht veröffentlichtes Patent noch unbekannt sind. Die Voraussetzungen werden streng angewendet. Da Forschung aber aufwendig ist und gerade an Hochschulen eine Vielzahl von Mitarbeiter*innen gebunden sind, könnten diese Voraussetzungen nur selten eingehalten werden. Das Patentrecht hilft hier insofern, dass es erlaubt ist, eine **begrenzte Öffentlichkeit** herzustellen, sofern über vertragliche Geheimhaltungspflichten Forschungsergebnisse vor der Fachöffentlichkeit zurückgehalten werden können.

Patentierbar sind sowohl technische Regeln und **Verfahren** zur Herstellung von Erzeugnissen oder das **Erzeugnis selbst**. Patentierbar als Verfahrenspatente sind damit Arbeitsverfahren, Herstellungsverfahren, Anwendungs- oder Verrichtungsverfahren. Als Erzeugnispatente können bestimmte Herstellungsapparate als Arbeitsmittel oder Stoffpatente (Patent bezieht sich auf einen bestimmten neuartigen Stoff) patentiert werden.

Im Umkehrschluss zu der Definition der Erfindung ist **nicht patentierbar**, was nicht auf einer technischen Lehre beruht. Das Gesetz nennt einige Fälle (§ 1 Abs. 3 Patentgesetz (PatG)):

1. Entdeckungen sowie wissenschaftliche Theorien und mathematische Methoden;
2. ästhetische Formschöpfungen;
3. Pläne, Regeln und Verfahren für gedankliche Tätigkeiten, für Spiele oder für geschäftliche Tätigkeiten sowie Programme für Datenverarbeitungsanlagen;
4. die Wiedergabe von Informationen.

Damit fehlt beispielsweise den **Gesetzen der Thermodynamik** die Möglichkeit, patentiert zu werden. Es handelt es sich um vorgefundene Naturgesetze oder, sofern sie widerlegt würden, zumindest um wissenschaftliche Theorien. Naturgesetze können aber nutzbar gemacht werden, um ein technisches Problem zu lösen. Diese technische Idee wäre wiederum als Patent zu schützen.

Nicht patentierbar sind nach den gesetzlichen Vorgaben auch **Designschöpfungen**, etwa die Schöpfung eines neuen „Zauberwürfels" als Spiel oder eines Computerprogramms als Ganzem. Einzelne Komponenten einer Software können dagegen Erfindungen darstellen, sofern sich in ihnen eine neue technische

Problemlösung abbildet. So kann ein Computerspiel als Ganzes keinen Schutz erlangen, weil es aus einer Unzahl einzelner Komponenten besteht. Eine einzelne Komponente wiederum ist ggf. patentierbar, wie z. B. der s. g. Fortschrittsbalken oder das MP3-Kompressionsformat.

Patente werden keinesfalls auf Erfindungen erteilt, deren gewerbliche Verwertung gegen die **öffentliche Ordnung oder die guten Sitten verstoßen** würde (§ 2 PatG), z. B. Verfahren zum Klonen oder die Verwendung von menschlichen Embryonen zu industriellen oder kommerziellen Zwecken. Ebenfalls nicht patentierbar sind Teile des menschlichen Körpers (inkl. der Keimzellen) und die Entdeckung seiner Bestandteile (inkl. von Gensequenzen). Ein isolierter Bestandteil des menschlichen Körpers (inkl. der Sequenz oder Teilsequenz eines Gens) kann hingegen, unter genau definierten Umständen (§ 1a Abs. 2–4), eine patentierbare Erfindung sein.

Liegt kein gesetzlicher Ausschlussgrund vor und hält der/die Anmelder*in eine Erfindung in der Hand, kann die Erfindung noch wegen **mangelnder gewerblicher Anwendbarkeit** (§ 5 PatG) und wegen **mangelnder Schöpfungshöhe** ausgeschlossen werden. Der technischen Idee fehlt die erforderliche Erfindungshöhe, wenn ein/eine Expert*in in naheliegender Weise aus dem Stand der Technik die gleiche Lösung hätte ermitteln können (§ 4 PatG). Das kann der Fall sein, wenn eine bekannte technische Lösung nur auf ein anderes technisches Gebiet übertragen wird oder verschiedene bereits bekannte Verfahren miteinander kombiniert werden.

Die Erfindung kann zum Patent angemeldet werden, wenn ein fachkundiger Dritter die Erfindung nachvollziehen kann. Dafür ist es nicht notwendig, dass der zu patentierende Vorgang oder die Herstellung eines neuartigen Stoffes wissenschaftlich erklärt werden. Die Erfindung muss aber aus dem Versuchsstadium heraus sein, so dass sie sich in der praktischen Anwendung bewährt.

Erfinder*in kann immer nur eine **natürliche Person** aus. Juristische Personen wie eine Hochschule können keine Erfinder*innen sein. Bei Erfindungen im Team gilt als Miterfinder*in, wer durch einen eigenständigen Beitrag einen schöpferischen Anteil an der Erfindung beigesteuert hat. Peripher an der Forschung beteiligte Personen wie wissenschaftliche Mitarbeiter*innen, Hilfskräfte, Laborassistent*innen etc. kommen damit nicht als Miterfinder*in in Betracht. Arbeiten zwei Forscher*innen an demselben Thema und kommen sie nachweislich unabhängig voneinander zu gleichen Ergebnissen, so wird demjenigen/derjenigen ein Patent zugesprochen, der/die das Patent zuerst beim Patentamt angemeldet hat (§ 6 Satz 3 PatG).

7.3.2 Rechte und Grenzen des Patents

Das Patent muss angemeldet werden. Der Anspruch auf das Patent selbst steht zwar dem/der Erfinder*in zu (§ 6 Satz 1 PatG). Die **Anmeldung** kann jedoch jegliche Person übernehmen, nicht nur der/die Erfinder*in selbst (§ 7 PatG). Der/die Erfinder*in kann seinen Anspruch daher z. B. im Rahmen eines Finanzierungsvertrages an Dritte abtreten (§ 15 PatG).

Neben diesem Anspruch auf das Patent existiert wie im Urheberrecht ein persönlichkeitsrechtlicher Patentanspruch auf Namensnennung des/der Erfinder*in. Der Anspruch (§ 37, 63 PatG) ist aber insgesamt schwächer als im Urheberrecht ausgestaltet. Der/die Erfinder*in kann sich auch entschließen, seine/ihre Erfindung nicht patentieren zu lassen.

Der/die **Patentinhaber*in** genießt aus dem Patent das **exklusive Recht, das Patent selbst zu nutzen**, es an eine andere Person zu veräußern oder das Recht auf verschiedene dritte Personen zu verteilen. Dritten, die das Patent widerrechtlich nutzen, kann er/sie die Nutzung des Patents untersagen. Darüber hinaus kann er/sie bei Erzeugnispatenten die Herstellung, Inverkehrbringung, den Gebrauch, die Einführung und sogar den Besitz an diesem Stoff untersagen. Bei Verfahrenspatenten kann er/sie über das Unterlassen des Gebrauchs des technischen Verfahrens hinaus das Anbieten der damit hergestellten Produkte verbieten. Ebenso kann er/sie verbieten lassen, dass mittels des patentierten Verfahrens hergestellte Produkte in den Verkehr gebracht werden oder aus dem Ausland eingeführt werden (§ 9 PatG).

Das Verfahren zum Betreiben von **Patentverletzungen** ist ähnlich wie im übrigen gewerblichen Rechtsschutz ausgestaltet. Der Anspruch kann im Wege der Stufenklage verfolgt werden (Unterlassensanspruch, Auskunftsanspruch, Schadenersatz). Für die Schadensberechnung stehen dem/der Patentinhaber*in die gleichen Möglichkeiten wie im Urheberrecht einschließlich der Zugrundelegung einer Lizenzanalogie offen (§§ 139 ff. PatG).

Der Patentschutz **endet** im Inland mit **Erschöpfung**: Ist die patentierte Erfindung in den Geschäftsverkehr etwa durch Verkauf gelangt, kann der/die Patentinhaber*in auf die weitere Verwendung keinen Einfluss mehr ausüben. Das durch das Patent gewährte Ausschließlichkeitsrecht endet im Inland zudem nach einer **Schutzdauer von 20 Jahren** (§ 16 PatG).

Patentschutz außerhalb der deutschen Grenzen muss ggw. immer noch sehr aufwändig betrieben werden. **Schutz im EU-Raum** kann über das **Europäische Patentamt (EPA)** in München erlangt werden. Anders als im Markenrecht ist die Harmonisierung des Patentrechts in Europa noch nicht sehr weit fortgeschritten. Die Kosten für die Patentanmeldung im Ausland sind nach wie vor sehr hoch. Derzeit läuft in Deutschland die Ratifizierung eines Abkommens zur Errichtung eines Einheitlichen Europäischen Patentgerichts. Wegen anhängiger Verfassungsbeschwerden beim Bundesverfassungsgericht war der Prozess bei Redaktionsschluss noch nicht abgeschlossen.

7.3.3 Arbeitnehmererfindungen

Einen für Hochschulen relevanten Sonderfall stellen Arbeitnehmererfindungen dar. Einzelheiten regelt das **Gesetz über Arbeitnehmererfindungen (ArbnErfG)**. Innerhalb des Gesetzes gelten nochmals Besonderheiten für Hochschulen (§ 42 ArbnErfG).

Nach Arbeitnehmererfindungsrecht muss ein/eine Arbeitnehmer*in **Erfindungen**, die er/sie während seiner/ihrer Beschäftigung in Ausübung seiner/ihrer Arbeitsverpflichtung getätigt hat (§ 4 ArbnErfG), seinem/ihrem Arbeitgeber **mel-**

den (§ 5 ArbnErfG). Der/die Arbeitgeber*in hat dann eine Wahlmöglichkeit. Er/sie kann die Erfindung innerhalb von vier Monaten für sich **beanspruchen** (§ 6 ArbnErfG). Ihm/ihr stehen dabei mehrere Optionen offen. Er/sie kann das Recht unbeschränkt für sich verlangen (§ 7 Abs. 1 ArbnErfG). Beim Patentamt wird er/sie dann als Alleinbefugte*r eingetragen. Der/die Arbeitgeber*in kann sich entscheiden, die Erfindung beschränkt in seinem Unternehmen zu nutzen (§ 7 ArbnErfG). Er/sie kann sich auch entschließen, die Erfindung an den/die Arbeitnehmer*in freizugeben (§ 8 ArbnErfG). Arbeitgeber*innen haben bei Erfindungen, die im öffentlichen Dienst getätigt werden, ein Sonderrecht, anstelle der Inanspruchnahme der Diensterfindung an den Erlösen beteiligt zu werden (§ 40 ArbnErfG).

Die Wahlmöglichkeit des/der Arbeitgeber*in wird auf der anderen Seite im Wesentlichen dadurch beschränkt, dass der/ **Arbeitnehmer***in nach Grad der Inanspruchnahme seiner/ihrer Erfindung einen **Anspruch auf angemessene Vergütung** erlangt (§ 9 ArbnErfG).

Von diesen Grundsätzen gibt es für den staatlichen **Hochschulbereich** nochmals **Ausnahmen** (§ 42 ArbnErfG). Hochschulangehörige sind haben das Recht, Diensterfindungen im Rahmen der Forschungs- und Lehrtätigkeit zu offenbaren, sofern sie diese Absicht zuvor dem Dienstherrn gemeldet haben. Damit entfällt die für andere Arbeitnehmer*innen gültige Geheimhaltungspflicht für Diensterfindungen (§ 24 Abs. 2 ArbnErfG). Der/die Hochschulangehörige kann sich auch entscheiden, die Erfindung nicht zu offenbaren. In diesem Fall muss er/die seinem/seiner Dienstherr*in überhaupt keine Anzeige über die Erfindung machen. Entscheidet sich der/die Dienstherr*in nach einer Anzeige, das Patent zu beanspruchen, erhält der/die Erfinder*in einen Anteil von **30 Prozent der durch die Verwertung erzielten Einnahmen** (§ 42 Abs. 1 Ziff. 4 ArbnErfG). Der/die Erfinder*in darf die Erfindung im Rahmen seiner Forschungs- und Lehrtätigkeit außerdem weiterhin nutzen.

Die den/die Erfinder*in privilegierenden Folgen der Regelung sind genau zu prüfen. Insbesondere ist darauf zu achten, ob der/die Erfinder*in Angestellte/r im öffentlichen Dienst der Hochschule (z. B. Hochschullehrer*in, Dozent*in, wissenschaftliche/r Mitarbeiter*in, studentische Hilfskraft, Verwaltungsangestellte*r) oder nicht direkt mit der Hochschule in einem Beschäftigungsverhältnis verbunden ist (z. B. Ehrenprofessor*in, Gastdozent*in, Doktorand*in). Da die Norm ein aus der **Wissenschaftsfreiheit abgeleitetes Recht** ist, sind die Voraussetzungen für eine eigenverantwortliche wissenschaftliche Arbeitsweise im Sinne von Art. 5 Abs. 3 GG zusätzlich zu prüfen. Es muss sich um eine Erfindung handeln, die der/die Beschäftigte im Dienstauftrag gemacht hat. Grundsätzlich spielt es keine Rolle, wer die Forschung finanziert. Auch Drittmittelforschung erfolgt grundsätzlich im Auftrag der Hochschule. Anderes kann sich ergeben, wenn der/die Hochschullehrer*in, etwa im privaten Auftrag, einer erlaubten Nebentätigkeit nachgeht. Die Privilegien des § 42 ArbnErfG können zudem nicht in Vertragsbedingungen zum Nachteil des/der Arbeitnehmer*in abgeändert werden.

Literatur

BMBF: FAQ-Liste für Forschende und Lehrende. (o. J.). https://www.bmbf.de/bmbf/shareddocs/kurzmeldungen/de/was-forschende-und-lehrende-wissen-sollten.html. Zueggriffen am 04.05.2021.

BMBF: Urheberrecht in der Wissenschaft. (2020). Ein Überblick für Forschung, Lehre und Bibliotheken (August 2020). https://www.bmbf.de/SharedDocs/Publikationen/de/bmbf/1/31518_Urheberrecht_in_der_Wissenschaft.pdf?__blob=publicationFile&v=3 DPMA Patente: 2.10.2021 DPMA Marken: 6.6.2021. Zugegriffen am 08.09.2021.

Chrocziel, P. (2019). *Einführung in den Gewerblichen Rechtsschutz und das Urheberrecht* (3. Aufl.). C.H. Beck.

Deutsches Patent- und Markenamt (DPMA). (2019) Patente – eine Informationsbroschüre zum Patentschutz (November 2019). https://www.dpma.de/docs/dpma/veroeffentlichungen/broschueren/bro_patente_dt.pdf.

Deutsches Patent- und Markenamt (DPMA). (2021). Marken – eine Informationsbroschüre zum Markenschutz (März 2021). https://www.dpma.de/docs/dpma/veroeffentlichungen/broschueren/bro_marken_dt.pdf.

Hildebrandt, U. (2021). *Marken und andere Kennzeichen. Handbuch für die Praxis* (6. Aufl.). Carl Heymanns Verlag.

Ingerl, R., Rohnke, C., & Nordermann, A. (2022). *Markengesetz* (4. Aufl.). C.H. Beck.

Nirk, R., Ullmann, E., & Metzger, A. (2018). *Patentrecht* (4. Aufl.). C.F. Müller.

Dr. Wolf Albin ist Volljurist und leitet das Büro der Senatorin für Wissenschaft, Gesundheit, Pflege und Gleichstellung.

Dr. Guido Speiser ist Geistes- und Sozialwissenschaftler und im Berliner Büro der Max-Planck-Gesellschaft tätig.

The manufacturer's authorised representative in the EU is Springer Nature Customer Service Centre GmbH, Europaplatz 3, 69115 Heidelberg, Germany. If you have any concerns regarding our products, please contact ProductSafety@springernature.com

Printed and bound by CPI Group (UK) Ltd, Croydon, CR0 4YY

25/03/2026

02078231-0007